DESCRIPTION DE PARIS,

DE VERSAILLES, DE MARLY, DE MEUDON, DE S. CLOUD, DE FONTAINEBLEAU,

Et de toutes les autres belles Maisons & Châteaux des Environs de Paris.

Par M. PIGANIOL DE LA FORCE.

TOME SIXIE'ME.

CONTENANT

L'autre partie du Quartier de Saint André, & celui de Luxembourg.

Avec des Figures en Taille-douce.

Nouvelle Edition.

A PARIS AU PALAIS,
Chez THEODORE LEGRAS, dans la Grand-Salle, à l'L couronnée.

M. DCC. XLII.
AVEC PRIVILEGE DU ROY.

DESCRIPTION DE PARIS

ET DE SES ENVIRONS.

Suite du Quartier de S. André.

L'Eglise Paroissiale de S. Cosme.

Cette Eglise a été bâtie vers l'an 1212. aux dépens de l'Abbé & des Religieux de S. Germain des Prez, qui en eurent le patronage jusqu'en 1345. qu'ils en furent privés par un Arrêt du Parlement rendu en faveur de l'Université, à l'occasion d'une querelle qu'il y avoit eue entre les domestiques de cette Abbaye, & les Ecoliers de l'Université. Depuis cet Arrêt, ç'a toujours été l'Université qui a nommé à la Cure de S. Cosme.

Cette Eglise est petite, & proportionnée au peu d'étendue de la Paroisse. Le grand Autel est décoré de colonnes Corinthiennes & d'une menuiserie assez propre. Le tableau représente la Résurrection de Jesus-Christ, & a été peint par *Hoüasse* de l'Académie Royale de Peinture & de Sculpture.

Nicolas de Besze né à Vezelay le 17. Novembre 1483. reçu Conseiller au Parlement de Paris en 1515. Seigneur de la Selle & de Chalioué en Donziois, Archidiacre d'Estempes, Prieur Commendataire de S. Eloy de Longjumeau, mort le 29. Novembre 1543. fut inhumé à S. Cosme, dans la nef où se voyent ses armes gravées sur une Tombe de marbre noir, & peintes sur une des vitres. Elles sont *de gueules, à la face d'or, chargée de trois roses d'azur, & accompagnées d'une clef d'argent en pointe.* On voit aussi à un pilier qui est à main gauche, & proche de ladite Tombe, un petit quadre de bois fort simple, qui a environ deux pieds de haut, & sur lequel est une feuille de parchemin enfumée, fendue de vieillesse par le milieu, sortant du quadre, & retirée à peu près comme si elle étoit grillée.

Elle contient trois Epitaphes, que *Théodore de Beſze*, un des Patriarches du Calvinifme, a conſacrées à la mémoire de Nicolas de Beſze ſon oncle. Comme les caracteres autrefois enluminés, ne s'en liſoient aujourd'hui qu'avec peine, & qu'il étoit à craindre que dans peu ils ne fuſſent plus liſibles, feu M. de la Monoye fit copier ces Epitaphes, & les inſera dans le quatriéme Tome du *Menagiana* qu'il fit imprimer en 1715. Je vais auſſi les rapporter ici, parce qu'elles entrent naturellement dans le deſſein de cette Deſcription.

TUMULUS

Nicolai a Beza

viri ampliſſimi Regiique in Pariſienſi Curia Senatoris.

*Marmoreas, Lector, nullas hîc ſtare
 columnas,
 Æra nec artificis vivere juſſa manu,
Nec tumuli cernes operoſam ſurgere molem,
 Qualia Mauſoli fama ſepulchra canit.
Scilicet hos titulos, hos quærere debet honores
 Qui nil, quo melius nobilitetur, habet.*

A ij

Hic autem magni, quondam pars magna
  Senatus,
Aut nullo, aut solo Beza Catone minor,
Quem sic eripuit virtus ter maxima morti
  Ut satis vivat posthumus ipse suis,
Cur tandem è tumulo famam nunc captet
  inanem
Illi quam vivo vita peracta dedit?
Imo, si verum fas nobis dicere, sed fas,
Dignus, qui tumulo non tegeretur, erat.

Εἰς τὸν αὐτόν.

Τὸν δ' ἀρετῇ ἐπιλαμπόμενον ἐπιβλέψας Ἄϊδης
Τί ποῖ, ἔφη, κόσμῳ ἥλιος ἄλλος ἔφυ;
Ὣς φάρ, ἦ δολίοισι φρεσὶν κακὰ μηχανοώσας
Τὸν δ' ἐκέλευσε νεκροῖς τῶν ἐπιλαμπύρδναι.

Du même.

Ami passant, si tu as le loisir,
Je te suppli' me faire ce plaisir
De t'arrêter, non pour pleurer, ou rire;
Mais seulement, s'il te plaît, pour me lire.
Escoute donc: Vrai est que le tombeau,
Qu'ici tu vois, n'est trop riche, ne beau,
Ni estoffé de quelque ouvrage exquis,
Aussi celui oncque ne l'a requis
Auquel il sert de riche sepulture,
Car le bon homme avoit bien autre cure
Que pour ces biens, & trésors amasser,

Que nous voyons de jour en jour passer.
Et toutefois sa très-grande prudence
Lui mit en main des biens à suffisance,
Dont riche fut en son tems renommé,
Ce néanmoins par trop pauvre estimé,
Veu les honneurs, estats, & dignités,
Veu les grands biens qu'il avoit méritez.
De Besze eut nom, nom d'antique maison,
Qui nonobstant mainte forte saison,
Et la fureur de guerre continue
En son honneur s'est toûjours maintenue,
Et qu'ainsi soit, Bourgogne te dira
Tout le surplus que ma plume taira.
De te conter sa vie vertueuse
Par le menu, seroit chose ennuieuse,
Non pas à toi qui n'en as connoissance,
Mais bien à moi qui en ai souvenance,
Et ne sçaurois avoir aucun plaisir
En racontant mon ancien déplaisir.
Or donc, passant, pour achever mon conte,
Tu n'aperçois ici ne Duc, ne Comte,
Tu ne vois pas chose qui à l'œil plaise,
Ains seulement le tombeau d'un de Besze.
Tu vois un rien, mais dire je t'ose,
Que ce rien fut jadis une grand'chose.

Nicolao à Beza Patruo charissimo
Theodorus
Beza mœrens ponebat 1543.

Les deux derniers vers de l'Epitaphe latine donnoient prise à la critique de plus d'une façon, comme l'a fort bien remarqué feu M. de la Monoye, car outre que le Poëte y fait longue la derniere syllabe d'*imo*, toujours bréve dans Martial, dont l'exemple doit servir de regle ; c'est que *dignus qui tumulo non tegeretur*, présente un sens fort équivoque, signifiant également qu'un homme ne devoit jamais mourir, ou qu'il ne méritoit pas l'honneur de la sépulture. Théodore de Besze ayant apperçu ces fautes, fit divers changemens dans cette Epitaphe latine, dans l'édition qu'il publia à Geneve en 1562. où les deux derniers vers se lisent ainsi :

Fas alios igitur nomen debere sepulchris,
Beza suum contra nobilitat tumulum.

L'Epitaphe grecque, selon le même Critique, est encore plus défectueuse que la latine. Monsieur de la Monoye après en avoir relevé les fautes, conclut qu'on a eu raison de dire que Beze n'a pas bien entendu les Langues.

L'Epitaphe françoise, continue le même Critique, toute puérile, ne

Quart. de S. André. XVIII.

mérite pas d'examen. Il suffit d'y remarquer deux choses. L'une qu'au pénultième Vers,

Tu vois un rien, mais dire je t'ose :

Le Copiste a oublié un mot qu'infailliblement l'Auteur avoit mis, & qui doit être suppléé ainsi, *mais bien dire je t'ose*. L'autre est que l'ancienne ortographe du nom de Beze, étoit de Besze.

Dans la Chapelle de la Vierge il y a cette Epitaphe, encastrée dans un des murs.

Viro clarissimo Carolo Loisello, *Juris utriusque peritissimo, quod & assiduè per annos 45. navata forensibus negotiis opera, & libri ab eo editi complures non mediocri sui temporis ornamento ac posteritatis commodo testantur.*

Vixit annos 63. Obiit anno sal. 1628. 5. Cal. Novemb.

Tout proche il y a une autre Epitaphe sur une Table de marbre, avec cette Inscription.

Petrus Puteanus, *Claudii Puteani Senatoris amplissimi filius ex Claudia*

Sanguina *filia Barbaræ Thuanæ, quæ fuit Christophori Thuani Senatus Pricipis soror, Clementis Puteani juris ævo suo peritissimi nepos, optimis parentibus optimè respondit.*

Doctrina, pietate, prudentia, fide, gravitate, constantia probatissimus.

Regi à Consiliis & Bibliothecis. Imperii Gallicani jura exemplis summo labore provisis Rempublicam ministrantibus consultissimè suggessit, procerum & clarissimorum ubique virorum officiis observantia frequenti Conventu celebratissimus.

Vixit annos 69. *menses* 1.

Hic situs 19. *Cal. Januarii ann. Christi* 1652. *immortalis vitæ per Christum gratiam expectat Jacobus Puteanus fraternæ gloriæ consors, orbitatis suæ mæstitiam Nicolai Rigaltii verbis amicitiæ veteris honorem testantibus, quanto per Christianæ modestiæ præcepta fas est solatio consolatur.*

A côté de cette Epitaphe, on en voit un autre de même façon avec cette Inscription.

JACOBUS PUTEANUS, *Claudii Senatoris amplissimi filius ex* Claudia Sanguina *filia Barbara Thuana, quæ fuit Christophori Thuani Senatus Principis soror Clementis Puteani juris avo suo peritissimi nepos, Regi à Consiliis & Bibliothecis Prior S. Salvatoris Varengevilla & Marchesii, fratre suo Petro orbatus, & ei quinquennio superstes doloris sensum numquam amisit. Sic vero temperavit, ut officia sapientis viri numquam deseruerit, totus fratri similis, Regni res procurantibus charus, ab amicis quotidie ad ipsum convenientibus eximiè cultus, universa Galliæ viris bonis probatus, apud exteros nominis ac variæ eruditionis fama clarus, his situs & fratris reliquiis appositus* 15. Cal. Decemb. Ann. Christi 1656.

Beatam spem expectat.

Vixit annos 65. mensem unum dies 20.

CÆSAR PUTEANUS *ex fratre Clemente nepos & heres patrui virtutum ac beneficiorum memor hoc monumentum posuit.*

Ismael Bullialdus qui Puteanos

assiduè coluit, & cum Jacobo ad ipsius vitæ terminum habitavit, testamento rogatus solatium sibi quærens, hæc verba sua monumento mærens inscripsit.

Dans la Chapelle de saint Roch, vis-à-vis l'Autel, il y a une Table de marbre noir faite en ovale, & au-dessus est écrit.

Hic situs est Clarissimus Audomarus Talæus *in Senatu Patronus consultissimus, qui exortis in regno factiosis motibus Christianissimi Regis autoritatem fortiter capitis periculo, & libertatis jacturâ propugnavit.*

Ibi quoque condita est charissima conjux Susanna Choart, *Jacobi Choartii illustris & excelsæ memoriæ viri filia, quæ cum maritum officiosissime coluisset, eumdem vita functum diuterna viduitate honestavit, pietate insignis, charitate erga miseros & pauperes ferè impar, sacram hanc ædiculam suis sumptibus extructam desideravit esse totius familiæ conditorium. Obiit ille 60. annos natus 6. Februarii ann. 1618. hæc exactis 78. annis 19. Aprilis ann. 1643. super-*

*sites sacris & regiis dignitatibus au-
cti pium hoc monumentum posuere.*

Aux côtez de l'Epitaphe que l'on vient de rapporter, il y en a deux autres. Voici celle qui est à droite.

D. O. M.

Et gloriosis manibus JACOBI TALÆI
Audomari & Susannæ Choartiæ primogeniti, qui ætatis flore privatorum causis ; mox advocatus generalis publicis regioque patrocinio in principe Senatu annis 12. *functus, in Comitem Consistorianum adscitus est; dein universas fere Regni Provincias missus Dominicus in se suscepit, turbatas composuit, pacatas placide rexit, cunctis quoque sacratissimi consilii Reiquepublicæ negotiis occupatus mirum ingenii, integritatis, comitatisque fuit exemplar; sed præclaras animi dotes constans ejus pietas; indeficiensque tam erga suos quam erga miseros quosque charitas longe superavit, vir acri magnoque judicio, morum gravitate & humilitate christiana commendabilis : hunc cita mors leni morbo tristi familiæ eripuit*

beatiore vita remunerandum anno ætatis 60. 6. Maii 1648. prædecesserat an. 1640. 19. Decemb. Catharina Gueffier uxor charissima non impar virtutum: & si radiis lucet mariti suos etiam habuit, quibus viro gratissima & cunctis munificentissima extitit matrona nobilis in egenos adeo larga, ut nemini cesserit præterquam viro.

L'Epitaphe qui est au côté gauche, est conçue en ces termes.

D. O. M.

AUDOMARUS TALÆUS, *Consistorianus Comes, & in summo Galliarum Senatu Advocatus Regius, Oratorum Princeps in Foro, Patrum Oraculum in Curia, inter eruditos primus, improbis scopulus; miseris portus, regiæ Majestatis, autoritatis Senatûs, quietis publicæ, formæ judiciorum, Patriarum Legum, Religionis avitæ, juris Ecclesiæ Gallicanæ vindex acerrimus, vir invictæ constantiæ, integritatis incorruptæ, cui unum idemque munus visum est Regis esse Advocatum, & populi civem opti-*

mum, *qui Remp. difficillimo belli civilis tempore sapientissimis consiliis sustinuit Regi semper fidus, populo nunquam suspectus, hìc situs est, sanctissimè obiit 29. Decembris ann. 1652. ætatis suæ 57. privatorum causas annis 15. regias 22. egit; Francisca Doujat marito incomparabili cum quo annis 27. suavissimè vixit amoris luctusque sui monumentum fecit.*

Dans la même Chapelle proche de l'Autel du côté de l'Evangile, il y a une Table de marbre noir avec cette Inscription.

Hìc situs est JOANNES DAUTRUY *Tricassinus inter primores almæ Sorbonæ Magistros insignis, qui destinatam exponendis sacris litteris Cathedram ac ipsius intuitu recens extractam primus ita implevit, ut ipsi secundus haud facile queat inveniri; cujus inexhaustum sapientia pectus triginta quatuor annis assidue nova peperit opera, nova etiamnum parturiens, & ad anteriora semper extendens semetipsum sicut doctrinæ sic vitæ adeo inculpatæ, ut alteram sa-*

culi sui labem semper damnaverit, alteram pene nescivisse credatur, quo candidum viri animum fere quinquaginta annis veluti proprium habuit illustrissima Talæorum familia, carissimas corporis reliquias postquam Deo redditus est animus, gentilitio monumento adoptat. Obiit anno 1646. die 19. Aug. ætatis 70.

Dans cette même Chapelle ont été inhumés:

Denys Talon qui après avoir exercé pendant long-tems une des Charges d'Avocat Général au Parlement de Paris à la satisfaction du Roi, & avec l'admiration du Public; fut fait Président à Mortier au même Parlement, & mourut le 2. Mars de l'an 1698. âgé de soixante & onze ans.

Louise-Angelique Favier du Boulay, veuve de Denys Talon, dont je viens de parler, étant morte en son Château du Boulay, en Beausse, le 28. Septembre de l'an 1732. Son corps fut transporté dans cette Chapelle où il fut inhumé. Elle étoit âgée de quatre-vingt-huit ans.

Jacques Bazin, Marquis de Bezons, Maréchal de France, Chevalier des

Quart. de S. André'. XVIII. 15
Ordres du Roi, Gouverneur de Cambray, &c. mourut à Paris le 22. de May de l'an 1733. étant dans la quatre-vingt-huitiéme année de son âge. Il voulut que ses cendres fussent mêlées avec celles d'une famille dont il s'étoit toujours fait honneur de descendre, car il étoit petit-fils de *Pierre Bazin*, Trésorier de France à Soissons, & de *Suzanne Talon*, sœur d'Omer Talon Avocat Général au Parlement de Paris.

Proche de la Porte de la Sacristie, l'on voit la Statue d'un homme à genoux, en habit de Docteur, elevée sur une colonne de pierre, & à côté une plaque de cuivre avec cette Inscription.

Nobilissimo, piissimo, omnique disciplinarum genere cumulatissimo D. Claudio Espencæo *Theologorum hujus sæculi facile Principi, paterno quidem genere, ex clarissimo Espencæorum, materno illustri Ursinorum familia orto, divini verbi præconi celeberrimo, pauperum patri benignissimo, qui cum per 46. annos continuos in hac prima omnium Academia litteris humanioribus, Philoso-*

phicis & divinis operam cum omnium incredibili admiratione navasset, à Rege Christianissimo Francisco I. Melodunum, Henrico II. Bononiam, à Francisco II. Aureliam, à Carolo IX. Pissiacum Religionis componendæ ordinandæque nomine inter primos hujus augustissimi Regni proceres partim legatus, partim orator de Re Christiana sanctissimè doctissimèque disceptasset, permultos in sacrosanctam Scripturam commentarios edidisset, tandem gravissimo calculi morbo diu multumque vexatus, cum omnium Principum Senatorum, Nobilium, plebeiorumque luctu ac desiderio obiit anno ætatis 60. die 5. Octob. 1571.

GUIDO GASSARUS FLAMINIUS, Prior sanctæ Fidei apud Columerios ejusdem Amanuensis, & per annos 17, negotiorum gestor devinctissimus, hanc effigiem cum suo elogio piæ Domini charissimi & benignissimi memoriæ erigebat, & mærens ponebat anno 1572. die ultima Januarii.

Celui dont je viens de rapporter l'Epitaphe, descendoit par son pere de l'ancienne Maison d'*Espense*, une des plus nobles de la Province de Champagne, & laquelle est fondue dans l'illustre Maison de Beauvau par Madeleine d'Espense, sœur de celui qui donne lieu à cet article. Par le mariage de cette Demoiselle avec Alof de Beauvau, il se forma une branche de la Maison de Beauvau qui prit le nom de *Beauvau d'Espense*, & cette branche subsiste encore aujourd'hui. Claude d'Espense fut donc homme de condition, un des grands Théologiens de son tems, employé par François I. à Melun, par Henry II. à Boulogne, par François II. à Orléans, & par Charles IX. à Poissi, avec les premiers Prélats du Royaume, tantôt comme député, & tantôt comme arbitre dans les disputes de Religion. Cependant avec tant de mérite il ne parvint jamais à la Prélature. Cela n'eut pas été sans doute de même, si dans la distribution des Dignités de l'Eglise, on n'avoit égard qu'à la vertu, & au sçavoir.

Dans la même Eglise est inhumé Monsieur Bouthilier Avocat célébre. Voici son Epitaphe.

Jam functum senio sat venerabili

Ad se me vocitat Cœlicolûm pater :
Quid me fletis ibi dulcia pignora ?
Reddi depositum præcipit æquitas,
Nunc idcirco animam restituo polo
Nec non corpus humo, parcite fletibus.

François Bouthilier de Chavigni, ancien Evêque de Troyes, mort à Paris le 15. de Septembre 1731. dans la quatre-vingt-dixiéme année de son âge, fut aussi inhumé dans cette Eglise. C'étoit un Prélat éclairé, & né avec beaucoup de talent pour les grandes affaires. Ces qualités lui mériterent une place dans le Conseil de Régence, pendant la Minorité du Roi Louis XV. actuellement regnant.

J'ai dit ci-dessus que depuis l'an 1345. le Patronage de la Cure de saint Cosme appartenoit à l'Université de Paris. J'ai encore ajoûté que par Arrêt contradictoirement rendu au Parlement de Paris, le 2. d'Avril de l'an 1667. le Patronage de l'Université avoit été déclaré laïque. Ainsi le droit que l'Université a de nommer à cette Cure, à celles de saint André des Arcs, & de saint Germain le Vieux, ne peut être ni prévenu, ni interrompu par *résignation*, ni par *per-*

mutation, malgré les prétentions de quelques-uns de leurs Curés qui ont fait des tentatives pour disposer de leurs Cures.

LA MAISON DE S. COSME,

ou L'ECOLE DE CHIRURGIE.

Avant que de faire la Description de cette Maison, ou *Ecole* qui est située dans la rue des Cordeliers, auprès de l'Eglise Paroissiale de saint Cosme, il est à propos de parler de l'origine de la Communauté des Chirurgiens de Paris, qui dans son espece est peut-être la plus ancienne qu'il y ait en Europe, mais qui certainement est celle qui a produit les sujets les plus habiles.

Cette Communauté prétend avoir été établie en forme de Confrairie, sous l'invocation de *saint Cosme, & de saint Damien* Martyrs, par le Roi saint Louis. Elle se fonde sur une tradition constante, & sur un manuscrit de ce tems-là, qui a passé avec la Bibliotheque des *de Thou*, dans celle du Cardinal de Rohan, Evêque de Strasbourg. Ce Manuscrit porte le titre que voici : *Cette Bible avec riches* acoutremens contient les faits dy Cyrurgiens fondés par Monseigneur saint Loys en la noble Cité de Parrhis pour la Confrairie de Messeigneurs saint Cosme, & saint Damien.

Ce Livre commence ensuite par ces mots :

Cy commenchent l'Histoire dy Cyrargiens, &c.

Un Chirurgien * qui étoit non seulement habile dans son art, mais encore sçavant dans les Belles Lettres, assure que dans les Archives de la Sainte Chapelle de Paris, il y a une liasse d'anciens manuscrits qui regardent l'établissement de la Confrerie des Chirurgiens de Paris, & parmi lesquels il ne doute pas qu'on ne trouvat plusieurs Chartes aussi positives que le Manuscrit qui est dans la Bibliotheque du Cardinal de Rohan, s'il étoit permis de parcourir cette liasse, mais cette permission a toujours été refusée jusqu'à présent.

Il faut croire qu'*Estienne Pasquier* auroit changé de sentiment, s'il avoit vu le Manuscrit du Cardinal de Rohan, & les Chartes qui sont dans les Archives de la Sainte Chapelle, & qu'il n'auroit pas nié, comme il a fait,

* M. Devaux, dans un Livre intitulé, *Index Funereus Chirurgorum Parisiensium*.

que saint Louis fut l'Instituteur de cette Confrerie. Cet établissement fut fait à la solicitation de *Jean Pitart* Chirurgien des Rois saint Louis, Philippe le Hardy, & Philippe le Bel. Cet homme également recommandable par sa probité, & par son habileté dans la Chirurgie, dressa des Statuts & des Reglemens qui furent publiés sous Philippe le Hardy vers l'an 1278. & qui furent confirmés par Philippe le Bel, & par les Rois ses successeurs. La Confrerie des Chirurgiens eut d'abord deux objets, la perfection de l'Art, & l'exercice des œuvres de piété, & de charité. C'est par rapport à ce dernier que dès le commencement les Chirurgiens qui y étoient inscrits, visitoient les premiers lundis de chaque mois, après le Service Divin, tous les pauvres malades qui se présentoient à saint Cosme, & cette visite s'y continue encore actuellement avec d'autant plus de régularité & d'assiduité, qu'en 1555. *Nicolas Langlois* un des anciens Prevôts, laissa un fonds dont le produit fournit une retribution aux Officiers en Charge, & aux douze plus anciens Maîtres qui y assistent. Les Reliques de saint Cosme, & de saint Damien ayant été apportées de la Terre-Sainte à Luzarches, sous le Pontificat d'Alexandre III. par le Comte de Beaumont sur Oise; *Jeanne de Bourgogne* Reine de France, & de Navarre, femme du Roi Philippe le Long, alla les visiter, & ayant remarqué qu'elles étoient dans des Chasses de Cuivre, elle les fit mettre dans des Chasses d'argent qu'elle donna. Cette cérémonie fut des plus solemnelles, & se fit le 3. d'Octobre de l'an 1320. en présence de ladite Reine, de sa fille Duchesse de Bourgogne, des Evêques de Paris & de Nevers, des Abbés de saint Denys, & de sainte Geneviéve, &c. Ce fut à l'occasion de ce changement de Chasses que l'Evêque de Paris, & le Chapitre de Luzarches firent venir à Luzarches quelques Chirurgiens de Paris pour examiner lesdites Reliques, & puis leur proposerent l'union de la Confrerie de saint Cosme, & de saint Damien de Luzarches, avec celle qui étoit depuis long-tems établie à Paris, afin que des deux il n'en fut fait qu'une seule sous la direction des Maîtres Chirurgiens de Paris, à condition que lesdits Maîtres

Chirurgiens députeroient chaque année aux Fêtes de saint Cosme & saint Damien, & des Apôtres saint Simon & saint Jude, deux de leurs Maîtres pour assister au Service Divin à Luzarches, faire ensuite la visite des pauvres malades, & inscrire ceux qui voudroient participer aux bonnes œuvres & prieres de la Confrerie. Cette union fut si bien cimentée qu'elle a toujours continué depuis, même malgré le Chapitre de Luzarches. Deux de nos Rois, Charles V. & Louis XIII. ont fait l'honneur à cette Confrerie de s'y faire inscrire, & le dernier par ses Lettres Patentes du mois de Juillet 1611. registrées au Parlement le 22. Septembre suivant, ajoûta aux armes des Chirurgiens de Paris, *une Fleur de Lis* rayonnante.

Comme les Maîtres Chirurgiens de Paris étoient tous gens lettrés, & la plûpart Maîtres ès Arts dans l'Université, la Compagnie présenta Requête à l'Assemblée générale du Recteur, & de l'Université, & lui députa le 13. Décembre 1437. *Jean Dessous-le-Four* Maître ès Arts, & en Chirurgie, & plusieurs autres Maîtres qui demanderent que tous les Maîtres Chirurgiens dûement reçus, fussent admis au nombre des Ecoliers & Suppôts de l'Université, & jouissent de toutes ses immunités, & de tous ses Privileges. L'Université après avoir mis la matiere en délibération, accorda ce que les Chirurgiens demandoient, à condition qu'ils assisteroient comme les autres Ecoliers aux leçons qui se faisoient journellement aux Ecoles de Médecine, & d'en prendre des attestations des Professeurs. Ce Decret de l'Université fut confirmé par un autre du 5. Mars 1515. La Faculté de Médecine ayant vu ces Decrets en accorda un le 10. de Novembre de la même année par lequel elle reconnut les Chirurgiens de la Confrerie de saint Cosme, pour ses Ecoliers, & promit de les faire jouir des immunités, exemptions, & privileges dont ses autres Ecoliers & Suppôts jouissoient.

François I. par ses Lettres Patentes du mois de Janvier 1544. ordonna que le College des Chirurgiens de Paris, qui depuis long-tems étoit réputé du corps de l'Université, y seroit de nouveau plus étroitement uni, & jouiroit de ses privileges & immunités, à condition que personne ne pourroit

pourroit prendre les degrés de Bachelier, de Licentié, & de Maître en Chirurgie, qu'il ne fut bien inftruit des préceptes de la Grammaire, & de la Langue Latine, & que les Maîtres Chirurgiens affifteroient tous les premiers lundis de chaque mois, depuis dix heures du matin, jufqu'a midi, à la pieufe vifite des pauvres malades.

Vers l'an 1560. ou 1561. *Claude Verforis*, Curé de faint Cofme, & les Marguilliers & Paroiffiens de cette Eglife, obtinrent des Bulles du Pape Pie IV. qui leur permettoient de conftruire dans leur Eglife un bâtiment pour vifiter & panfer les pauvres malades, chaque premier lundi du mois. Le Parlement par fon Arrêt du 19. Novembre de l'an 1561. leur permit de faire publier ces Bulles felon la permiffion que leur en avoit donnée l'Evêque de Paris, & elles eurent leur effet.

Henry III. par fes Lettres Patentes du 10. de Janvier de l'an 1576. obtenues par le Prevôt, & College des Maîtres Chirurgiens, & Profeffeurs en l'Art de Chirurgie de Paris, confirma leurs anciens Privileges. Louis XIII. par fes Lettres Patentes du mois de Juillet 1611. en fit de même, ainsi que je l'ai déja dit, & ce fut en reconnoissance de ses bienfaits qu'en 1615. ils firent mettre cette Inscription au Bâtiment qu'on avoit construit pour les visites & le pansement des pauvres malades :

Collegium Regium M. M. D. D. Chirurgorum Parisius Juratorum à sancto Ludovico anno Domini M. CC. LXVI. *instauratum. Gradatim à Philippis, Ludovicis, Carolis, Joanne, Franciscis, & Henricis, Regibus Christianiss. conservatum. Modò sub auspiciis christianissimi, justi, piique Regis Ludovici* XIII. *ob ejus natalis memoriam renovatum. Ann. salutis* M. DC. XV.

La Faculté de Medecine crut avoir sujet de se plaindre des Chirurgiens, & pour les mortifier reçut au nombre de ses Ecoliers les Barbiers-Chirurgiens qui d'abord ne s'étoient occupés qu'à la barberie, puis y avoient ajoûté la saignée, & enfin entreprirent les grandes opérations de la Chirurgie. Ils avoient à leur tête le premier Barbier du Roi, & *Jean de Pre-*

contal, qui l'étoit en 1577. obtint cette même année de *Claude Rousselet*, Doyen de la Faculté de Medecine, que les Barbiers-Chirurgiens fussent reconnus pour ses Ecoliers. Ainsi ladite Faculté reconnut deux sortes de Chirurgiens, les uns de Robe-longue, & les autres de robe-courte. Cette reconnoissance fut la source d'un grand nombre de differends & de procès entre ces deux espéces differentes de Chirurgiens, qui en étant à la fin fatiguées, se réunirent pour n'en plus composer qu'une seule. A peine l'union de ces deux corps fut-elle faite, que la Faculté de Medecine fit entrer le Recteur & l'Université dans son ressentiment, & résolut d'expulser de l'Université cette Compagnie de gens non lettrés. Elle présenta Requête à cet effet le premier de Fevrier de l'an 1657. Le Recteur & l'Université étant intervenus, le Parlement rendit un Arrêt le 7. de Fevrier de l'an 1660. qui défend aux Chirurgiens-Barbiers de prendre la qualité de *Bacheliers*, *Licentiés*, *Docteurs*, & *College*, mais seulement celles d'*Aspirans*, *Maîtres*, & *Communautés*, comme aussi de faire aucunes lectures & actes publics, &c.

Les Barbiers-Chirurgiens n'ayant point obéi audit Arrêt, il en fut rendu un autre le 4. du mois d'Août de la même année, qui ordonne aufdits Barbiers-Chirurgiens de se conformer audit Arrêt du 7. de Fevrier, & leur fait défenses d'y contrevenir, &c.

Charles François Felix, premier Chirurgien du Roi, homme très-habile dans sa Profession, & de beaucoup de crédit, se trouvant Chef des Chirurgiens gradués, & des Chirurgiens-Barbiers, parce qu'il avoit fait unir la Charge de premier Barbier du Roi à celle de premier Chirurgien de Sa Majesté, fit de nouveaux Reglemens pour le Corps entier des Chirurgiens, & l'observation de ces Reglemens fut ordonnée par Arrêt du Conseil du Roi du 2. d'Août de l'an 1699. confirmé par Lettres Patentes du mois de Septembre suivant. Il y eut là-dessus quelques oppositions qui furent levées par d'autres Arrêts, qui avec les Lettres Patentes furent enregistrés au Parlement le 3. de Fevrier 1701. Depuis ce tems-là il n'y a plus à Paris qu'un seul Corps de Chirurgiens composé généralement de tous ceux qui ont droit d'y exercer cette

Profession. Cette Communauté est sous la Direction du premier Chirurgien du Roi, de son Lieutenant *Prevost* perpétuel, & de quatre *Prevosts* électifs, dont la fonction ne dure que deux ans. Les Aspirans ne parviennent à la qualité de Maîtres qu'après huit Actes differens, dont le premier est nommé l'*Immatricule*, le second *la Tentative*, le troisième *le premier Examen*, le quatrième *la Semaine d'Osteologie*, le cinquième *la Semaine Anatomique*, le sixième *la Semaine des Saignées*, le septième *la Semaine des Médicamens*, & le huitième *le dernier Examen*. Tous ces Examens longs & difficiles à soûtenir, font qu'on ne reçoit dans ce Corps que des Sujets instruits & habiles qui ont porté la Chirurgie au plus haut point de perfection où elle puisse parvenir. Ce n'est pas ici le lieu de rapporter les noms de ceux de cette Compagnie qui se sont le plus distingués, je remarquerai seulement que sur la fin du Regne de Louis XIV. ce Prince accorda des Lettres de Noblesse à quatre Chirurgiens célèbres, en considération des importans services qu'ils avoient rendus à l'Etat dans l'exercice de leur Profeſſion. Le premier de ces quatre eſt *Charles-François Felix*, premier Chirurgien de ce Prince, annobli par Lettres données à Verſailles au mois de Mars 1690. Le ſecond eſt *Georges Mareſchal*, auſſi premier Chirurgien de ce Prince, annobli par Lettres du mois de Décembre de l'an 1707. *Julien Clement*, Chirurgien-Accoucheur des Princeſſes de la Maiſon de France, fut annobli par Lettres du mois d'Août de l'an 1711. *Jacques Beiſſier*, Chirurgien-Major des Camps & Armées du Roi, fut annobli par Lettres du mois de Fevrier de l'an 1712.

Revenons à la Maiſon, ou Ecole, qui a donné lieu à l'hiſtoire abregée que je viens de faire de la Chirurgie.

Cette Maiſon telle qu'elle eſt aujourd'hui a été nouvellement bâtie aux dépens de la Communauté des Chirurgiens. On y entre par une grand-porte aſſés bien décorée, & ſur laquelle eſt cette Inſcription en Lettres d'or.

ÆDES CHIRURGORUM.

On trouve enſuite deux beaux

QUART. DE S. ANDRE'. XVIII. 31
corps de bâtimens séparés par la cour.

À main droite en entrant, est l'Amphiteâtre Anatomique. La premiere pierre en fut posée le 2. d'Août 1691. & le bâtiment fut achevé en 1694. La porte de cet Amphiteâtre est décorée d'un Ordre ïonique, & de quelques ornemens de sculpture symboliques de l'Art de Chirurgie. Sur un marbre de Dinan, sont gravés ces deux Vers de feu Santeul.

Ad cædes hominum prisca Amphiteatra
patebant,
Ut discant longum vivere nostra patent.

Je rapporte ici la traduction en Vers françois qu'en fit M. Bosquillon, en faveur de ceux qui n'entendent pas le Latin.

Si dans les Siécles idolâtres
Ces superbes Amphiteâtres
Où l'on admire encor la grandeur des
Romains,
S'ouvroient pour avancer le trépas des
humains ;
Cette aveugle fureur ne se voit plus
suivie :
Les nôtres sont ouverts pour conserver
la vie.

B iiij

Jean Bienaise, un des fameux Chirurgiens de cette Communauté, qui mourut le 21. Décembre 1681. laissa six cens livres de rente pour deux Démonstrateurs d'Anatomie, & de Chirurgie, & c'est ici que ces deux Professeurs faisoient leurs démonstrations, mais ce systême fatal qui a renversé tant de fortunes, & qui a occasionné la réduction des rentes tant viageres que perpétuelles de l'Hôtel de Ville à un Denier fort bas, avoit réduit la fondation de *Bienaise* à si peu de chose que l'instruction alloit cesser dans cet Amphiteâtre si le Roi n'avoit eu la bonté de la ranimer par ses libéralités, & de fonder par ses Lettres Patentes données à Fontainebleau au mois de Septemb. 1724. registrées au Parlement le 26. de Mars 1725. *cinq Places de Démonstrateurs*, dans toutes les parties de la Chirurgie, qui doivent être données aux Chirurgiens les plus expérimentés sur la présentation du premier Chirurgien de Sa Majesté. Ceux qui remplissent ces Places ont chacun cinq cens livres de gages par an, qui leur sont payés par les Receveurs du Domaine de la Généralité de Paris, en rapportant des Certificats du premier Chirurgien du Roi, comme ils se sont bien & fidèlement acquités de leur devoir.

De l'autre côté de la cour, & vis-à-vis de cet Amphiteâtre est un beau Bâtiment construit aussi aux dépens de la Communauté des Chirurgiens, en la place de l'ancienne Maison, où elle faisoit ses Assemblées, & la Visite des pauvres malades qui avoient besoin des secours de la Chirurgie. Ce bâtiment fut commencé en 1707. & achevé en 1710. On mit d'abord sur la porte ce Distique latin, de la composition du sieur *le Comte* Professeur émerite d'Humanités au College Mazarin.

Hîc probat ingenium Doctrina, Prudentia dextram,
Ut certa in cives, prodeat inde salus.

Ces Vers furent traduits en Vers françois, de la maniere qui suit :

Icy le vray sçavoir, la longue expérience,
Eprouve tour à tour & l'esprit & la main;
Afin que dans ses maux ton peuple, heureuse France,

B y

Puisse compter sur un secours certain.

La Communauté, généralement parlant, peu sensible aux charmes de la Poésie, a fait ôter ce Distique latin depuis quelques années, & a fait mettre en sa place cette Inscription que le feu *P. Menestrier* Jésuite, lui avoit donnée, mais dont elle ne voulut pas faire usage dans ce tems-là.

CONSILIOQUE MANUQUE.

Il y a quelques années que la Faculté de Medecine intenta un nouveau procès aux Chirurgiens, les Médecins prétendans qu'ils devoient présider aux cours publics qui se font dans cet Amphiteâtre, interroger les Aspirans, &c. mais par Arrêt de la Grand-Chambre rendu au rapport de M. *Mingui*, au mois de Mars 1724. les Médecins furent déboutés de toutes leurs demandes, & les Chirurgiens ne sont obligés qu'au serment ordinaire que les Prevôts électifs prêtent tous les ans au Doyen de la Faculté de Médecine, le lendemain de la fête de saint Luc; & à la redevance d'un écu d'or qu'ils lui payent tous les ans au même jour.

En 1731. M. *Georges Mareschal*, premier Chirurgien du Roi, & M. *François Gigot de la Peyronie*, premier Chirurgien du Roi, reçu en survivance, formerent le dessein d'établir une Académie de Chirurgie, qui sous la protection du Roi, & sous l'inspection du premier Chirurgien de Sa Majesté, s'occupât à perfectionner la pratique de la Chirurgie, principalement *par l'expérience & par l'observation*. M. Mareschal & M. de la Peyronie firent là-dessus un projet de Reglement qui contient trente-trois articles. Le 18. Décembre de la même année 1731. il y eut à saint Cosme une assemblée de Chirurgiens Jurés, convoquée par le premier Chirurgien du Roi, qui y présida.

On y lût le projet de Reglement pour une Académie de Chirurgie établie sous la protection du Roi, & l'inspection du premier Chirurgien de Sa Majesté ; ensuite une Lettre du Comte de Maurepas, par laquelle il mande au Sieur Mareschal que Sa Majesté a approuvé ce projet ; qu'elle approuve aussi que les Assemblées Académiques de Chirurgie se tiennent conformément à ce projet ;

qu'elle a reglé le nombre des Chirurgiens de Paris, qui doivent composer cette Société Académique ; qu'elle souhaite que le Sieur Mareschal envoye au Comte de Maurepas un état de ceux qu'il croira à propos d'y admettre. Après cette Lettre, on lut la Liste de *soixante & dix* Académiciens présentés au Roi par le Sieur Mareschal. Dans ce nombre il y avoit six Officiers, sçavoir le Sieur *Petit* Directeur, *Malaval* Vice-Directeur, *Morand* Secretaire, *le Dran* chargé des correspondances, *Garengeot* chargé des extraits, & *Bourgeois*, fils, Trésorier. On lût enfin une autre Lettre du Comte de Maurepas, qui mande au Sieur Mareschal, que Sa Majesté approuve le choix qu'il a fait, & le charge d'en donner avis à chacun des membres.

Cette Académie est composée de dix Académiciens libres, & de soixante Académiciens ordinaires, qui sont tous Maîtres Chirurgiens de Paris. Elle aura cependant attention dans la suite de s'associer les Chirurgiens du Royaume & des Pays Etrangers, qui se distingueront le plus dans l'art de Chirurgie ; mais il sera nécessaire de résider à Paris pour conserver la qualité d'Académicien ordinaire. Ceux qui s'établiront ailleurs, seront mis dans la Classe des Académiciens libres.

Le premier Chirurgien du Roi, & celui qui sera reçu en survivance de sa Charge, seront toujours du Corps de l'Académie, & y auront la qualité de Présidents, dont ils feront les fonctions lorsqu'ils y assisteront.

Lorsqu'il y a des places vacantes, l'Académie présente six Maîtres, entre lesquels il en est nommé un par Sa Majesté pour remplir la place vacante.

L'Académie s'assemble régulierement à trois heures de l'après-midi, le Mardi de chaque semaine, dans la grande salle de saint Cosme, & les Assemblées durent deux heures. Il y a aussi des Assemblées extraordinaires de trois mois en trois mois, ou plus souvent si le Président le juge à propos, pour examiner les extraits des Livres nouveaux qui regardent la Chirurgie, ainsi que ceux de tous les ouvrages qui sont présentés à l'Académie ; mais ces assemblées extraordinaires ne sont composées que des

Commissaires nommés à cet effet.

Outre les Assemblées ordinaires & les extraordinaires, l'Académie fait une Assemblée publique le Mardi d'après la Trinité, dans laquelle on lit les mémoires les plus intéressans de l'année précedente.

Les Maîtres Chirurgiens qui ne sont point Académiciens ordinaires, étant censés Adjoints de l'Académie, sont invités à mettre par écrit les observations qui leur paroîtront importantes, & à les porter à l'Assemblée. Toutes les fois qu'ils y en apporteront, ils y auront séance, & leurs ouvrages avec leurs noms, seront publiés avec ceux de l'Académie.

L'Académie pour exciter l'émulation, & contribuer aux progrès de la Chirurgie, donne tous les ans une Médaille d'or, de la valeur de deux cens livres, à celui qui au jugement de ladite Académie, a fait le meilleur mémoire sur la question proposée. Les Chirurgiens de tout pays sont admis à concourir pour le prix ; on n'en excepte que les membres de ladite Académie.

Le grand Couvent des Cordeliers.

Saint François est l'Instituteur des *Freres Mineurs*, vulgairement nommés *Cordeliers*, à cause qu'ils ont une *corde* pour ceinture. L'Instituteur de ces Moines nâquit à Assise, ville d'Ombrie, l'an 1182. & fut nommé au Baptême *Jean*. Son pere étoit un riche Marchand nommé *Pierre Bernardon*, qui ayant beaucoup de correspondances en France, en fit étudier la Langue à son fils qui l'apprit si aisément & si parfaitement, qu'on lui donna le nom de *Franciscus*, que les Ecrivains de la basse latinité ont dit au lieu de *Francicus*. D'autres prétendent que son pere l'avoit même envoyé en France, mais cela est avancé sans preuves. Il donna les premieres années de sa jeunesse au négoce, mais bientôt il renonça à tous ses biens temporels pour se consacrer à la pauvreté Evangelique & à la pénitence. Il eut d'abord un grand nombre de Disciples, ce qui lui fit naître la pensée d'instituer un Ordre Religieux. Il fit donc une Regle qui fut approuvée par le Pape Innocent III. en 1210. Il eut envie de venir en

France pour l'y établir, mais le Cardinal *Hugolin* qui dans la suite fut Pape sous le nom de Grégoire IX. l'en détourna, & il se contenta d'y envoyer quelques-uns de ses Disciples qui furent très-favorablement reçus à Paris en 1216. ou 1217. mais qui cependant furent quelques années sans y avoir d'établissement fixe. Saint François mourut à Assise, lieu de sa naissance, le 4. d'Octobre 1226. & fut canonisé en 1228. deux ans après sa mort. Les Disciples qu'il avoit à Paris, eurent le P. *Ange de Pise* pour premier Gardien, & changerent plusieurs fois de demeure jusqu'en 1230. Au mois de May de cette année-là, l'Evêque de Paris leur permit de s'établir dans cette Ville, & l'on voit dans ses Lettres qu'*Eudes*, Abbé de saint Germain des Prez & les Religieux de cette Abbaye, ne firent que prêter aux Freres Mineurs le lieu & les maisons qu'ils habiterent comme hôtes dans la Paroisse de saint Cosme, proche la porte Gibart, à condition qu'ils n'y auroient ni Cloches, ni Cimetiere, ni Autel consacré, & que l'Abbaye conserveroit sa Justice temporelle sur lesdits lieux, sauf les droits Curiaux de S. Cosme. A ces conditions, ils ajoûterent encore celle-ci, c'est qu'au cas que lesdits Freres Mineurs quittassent cet emplacement dans la suite, & allassent s'établir ailleurs, la place qu'on leur avoit prêtée, & tous les bâtimens qu'ils y auroient élevés, demeureroient en proprieté à l'Abbaye de S. Germain des Prez, sans aucune réserve. On voit par-là le véritable esprit de la Regle de saint François, qui est que ceux qui en faisoient Profession, n'eussent rien en propre, soit en commun, soit en particulier, non pas même les maisons où ils demeuroient.

Dix ans après, les Abbé & Religieux de saint Germain des Prez se relâcherent en faveur des Freres Mineurs, & leur permirent d'avoir une Eglise, avec Cloches & Cimetiere. Dans la suite les Freres Mineurs eurent plusieurs occasions d'augmenter l'enceinte de leur Couvent, & ils ne les laisserent point échapper. Au mois d'Avril de l'an 1234. le Roi S. Louis céda à l'Abbaye de S. Germain cent sols parisis de rente annuelle qu'elle faisoit au Roi, depuis un traité fait avec Philippe-Auguste en 1209. pour trois jours de pefche tous les ans que nos Rois s'étoient refervés dans l'étendue de la riviere de Seine, donnée autrefois à l'Abbaye par le Roi Childebert premier, fon Fondateur : moyennant qu'en contre-échange, l'Abbé & les Religieux de ladite Abbaye cedaffent, & amortiffent aux Freres Mineurs un grand logis, appellé en latin *porprifium*, pour accroître leur habitation. Les Freres Mineurs du Couvent de Paris augmenterent encore confiderablement leur Monaftere en 1240. car ayant remontré au Pape Grégoire IX. qu'il fe trouvoit des gens de bien qui vouloient acheter deux piéces de terre pour leur en faire préfent, ce Pape ordonna à Simon, Abbé de faint Germain, & à fes Religieux, de permettre l'acquifition de ces deux piéces de terre, felon que le regleroi Adam, Evêque de Senlis. En confequence de cet ordre on acheta ces deux piéces de terre, dont l'une étoit contigue au Monaftere defdits Frere Mineurs, & l'autre étoit dans le fauxbourg. L'Abbé & les Religieux de faint Germain confentirent à cette aliénation en faveur des Cordeliers, sauf les droits, la proprieté, & la Seigneurie temporelle & spirituelle de l'Abbaye.

Saint Louis dont la charité étoit sans bornes, fit bâtir l'Eglise des Cordeliers d'une partie de l'amende de dix mille livres, au payement de laquelle il condamna *Enguerand de Coucy*, quatriéme du nom, pour avoir fait pendre sans forme de procès trois jeunes Gentilshommes Flamans qui étudioient la Langue Françoise dans l'Abbaye de saint Nicolas aux Bois, & qui en chassant avoient eu le malheur de poursuivre leur proye jusques sur les terres de ce Seigneur de Coucy. Cette Eglise ne fut cependant dédiée qu'après le retour de saint Louis de la Terre Sainte; sçavoir le 6. Juin de l'an 1262. ou 1263. sous l'invocation de Ste Madeleine.

Le Roi laissa aux Cordeliers de ce Couvent par son Testament une partie de sa Bibliotheque, & quatre cens livres d'argent, somme alors fort considerable. Comme les Jacobins, & les Cordeliers avoient partagé l'affection & les bienfaits de saint Louis, ils partagerent aussi l'honneur d'inhumer dans leurs Eglises plusieurs

Princes & Princesses issus de ce S. Roi. L'Eglise des Cordeliers fut brûlée par un incendie arrivé le 19. Novembre de l'an 1580. sur les neuf ou dix heures du soir. Ce terrible accident fut causé par l'imprudence d'un Religieux de ce Couvent, qui étant seul dans l'Eglise où il vouloit achever de dire l'Office, attacha une bougie qu'il avoit allumée, au lambris de la Chapelle de saint Antoine de Padoue, où il y avoit quantité de vœux de cire; mais s'étant endormi, le feu y prit, & se communiqua avec tant de rapidité, & tant de violence, qu'en un moment toute l'Eglise fut embrasée, sans qu'on y put apporter le moindre secours. Les cloches furent fondues, le Chœur, la Nef, les Chapelles, & une partie du Cloître furent ravagés par la violence du feu qui détruisit la plûpart des Tombeaux qu'on y voyoit auparavant, & dont *Corrozet* nous a conservé la mémoire. Ces Tombeaux étoient de marbre noir, & les Effigies des Princes & Princesses qui y avoient été inhumés étoient de marbre blanc, ou d'albatre. Voici leurs noms, & Epitaphes ainsi qu'ils sont rapportés par *Corrozet*

Madame MARIE, *Royne de France, femme de Philippes, fils du Roy St Loys, fille du Duc de Braban, laquelle trépassa l'an* 1321. *le douziesme jour de Janvier.*

Madame JEANNE, *Royne de France & de Navarre, Comtesse de Brie & Champaigne, Dame Fonderesse du College de Navarre, femme du Roi Philippe le Bel. Son Regne fut de vingt ans, & trépassa l'an mil trois cens quatre, le deuxiesme jour d'Avril.*

Corrozet ajoûte que ceste cy est seulle, & son Epitaphe est rompu, il n'y a pas long tems qu'on le voyoit en un tableau escrit à la main, lequel on ne voit plus.

Au-dessous est le Monument d'un Prince & d'une Princesse, chacun tenant un cueur entre leurs mains. Le Prince porte en ses armes, semées de fleurs de lys à une bande, & il n'y a aucun Epitaphe.

Madame JEANNE, *Royne de France & de Navarre, Comtesse de Bourgogne & d'Artois, qui trepassa à Roye le vingt-uniesme jour de Janvier, & fut enterrée le vingt-septiesme jour dudict mois, l'an mil trois cens vingt-neuf.*

Le Cueur du Roy PHILIPPES LE LOG *son époux, Roy de France & de Navarre, fils du Roy Philippes le Bel, qui trépaſſa l'an mil trois cens vingt & un, le troiſieſme jour de Janvier.*

Le Cueur de Madame la Royne JEANNE, *Royne de France & de Navarre, eſpouſe du Roy Charles, Roy des dicts Royaumes, fils du Roy Philippes le Bel, & fut fille de Monſeigneur Loys de France, Conte d'Evreux, & fils du Roy de France, laquelle trépaſſa l'an mil trois cens ſeptante, le quatrieſme jour de Mars.*

Le Cueur de Madame SAINCTE BLANCHE DE FRANCE, *fille du Roy Philippes le Long, veſtue Religieuſe à Lonchamp, l'an mil trois cens dix-huict, & fut le dict Cueur enterré l'an mil trois cens cinquante huict, le vingt-ſixieſme jour d'Avril.*

Madame MAHAUT, *fille du Conte de ſainct Paul, femme de Monſieur*

QUART. DE S. ANDRE'. XVIII.

Charles, fils du Roy de France, Conte de Valois, d'Alençon, de Chartres & d'Anjou, laquelle trépassa l'an mil trois cens cinquante-huict, le treiziesme jour d'Octobre.

Près de Mahaut est une autre Princesse en habit de Nonain, sans Epitaphe.

Madame, AINZNEE, fille du Roy de Castille, trépassa le vingtseptiesme jour du mois de Juin, l'an..
Le reste est rompu.

Madame BLANCHE, fille de Monseigneur sainct Loys, Roy de France, femme jadis Monseigneur...
Le reste est rompu.

LOYS DE VALOIS, fils de noble Prince Monsieur Charles, fils du Roy de France, Cote d'Alençon, de Chartres & d'Anjou, qui trespassa le lendemain de la Feste de Toussaincts, l'an mil trois cens vingt & neuf.

Messire LOYS AMNEZ, fils de Robert,

Cote de Flandres, Queus de Nevers, de Rethefc, pere de Monfeigneur Loys, Conte de Flandres, de Nevers & de Rethefc, qui trépaſſa l'an mil trois cens vingt-deux.

Monſeigneur PIERRE DE BRETAIGNE, fils de Jean Duc de Bretaigne, & de Madame Blanche, fille de Thibaut, Roy de Navarre.

Monſeigneur CHARLES, Conte d'Eſtampes, frere de Madame Jeanne Royne de France & de Navarre, & de Monſeigneur Philippes, Roy de Navarre, & Conte d'Evreux, & trépaſſa l'an mil trois cens trente ſix, le vingt-quatrieſme jour d'Aouſt.

Le Roi Henry III. fut ſi touché de l'incendie de cette Egliſe, qu'il donna une ſomme conſiderable pour faire rebâtir le Chœur, & qu'il fit auſſi contribuer les Chevaliers de l'Ordre du S. Eſprit qu'il venoit d'inſtituer. On commença donc à rebâtir le Chœur en 1582. & le 19. Novembre 1585.

QUART. DE S. ANDRE'. XVIII. 49
1585. il fut beni, & le grand Autel dédié sous l'invocation de sainte Madeleine, de S. Roch, & de S. Sebastien.

La nef & les bas côtés furent rebâtis l'an 1606. par les soins & les liberalités de Christophle de Thou, Premier Président du Parlement de Paris, & de Jacques-Auguste de Thou son fils. La pieté & le zele qu'ils avoient pour la maison de Dieu, les porta non seulement à faire appliquer à la construction de ce bâtiment plusieurs amendes ordonnées par le Parlement, mais même à y contribuer beaucoup du leur, en quoi ils furent imités par plusieurs personnes de qualité.

Cette Eglise est une des plus grandes de Paris, ayant trois cens vingt pieds de longueur, sur plus de quatre-vingt dix de largeur, y compris les Chapelles des bas côtés.

Le grand Autel a été réparé & décoré magnifiquement en 1703. Il est orné de plusieurs colonnes de marbre & d'un beau tableau au milieu, qu'on dit avoir été peint par *le Franc* en 1585. C'est le feu P. *Frassen*, qui a aidé des libéralités du Roi Louis

Tome VI. C

XIV. décora cet Autel d'un Tabernacle de marbre dont la matiere & l'ouvrage font également admirés des connoisseurs.

L'architecture du Jubé est assez belle pour le tems où il a été construit. Il est orné de deux niches remplies par des statues de S. Pierre & de S. Paul. Ces deux figures ont été sculptées par *Boudin*, & seroient admirées si elles n'étoient un peu courtes, suivant la maniere de ce Sculpteur.

Il y a dans cette Eglise deux Confrairies fameuses, l'une du *Tiers-Ordre de S. François*, & l'autre du *S. Sépulchre* dont les Cordeliers ont la garde à Jérusalem depuis l'an 1336. J'ai rapporté l'origine de la premiere de ces Confrairies dans la description du Couvent de Picpuce, où j'ai dit que S. François, pour répondre à l'empressement de plusieurs personnes du siecle qui vouloient imiter les exemples de ce saint, avoit été obligé en 1221. d'instituer en leur faveur un *Troisiéme Ordre*. Quant à celle du *S. Sépulchre*, ou des *Pelerins de Jérusalem*, appellés *Palmiers* ou *Croisés*, elle doit son origine à quelques bourgeois de Paris qui avoient fait le voyage de Jérusalem. S. Louis, les Seigneurs de sa Cour, & plusieurs autres qui avoient accompagné ce Prince au premier voyage qu'il fit en la terre sainte, voulurent en être. On croit que ces Confreres firent d'abord leurs assemblées dans quelque Eglise auprès du Palais, mais dès qu'en 1336. on eut donné la garde du S. Sépulchre de Jérusalem aux Cordeliers, ces Confreres choisirent l'Eglise de ces Peres pour leur lieu d'assemblée. Les statuts & reglemens de cette Confrairie furent confirmés par le Pape Eugene IV. l'an 1435. qui accorda aux Confreres plusieurs Indulgences. Le Roi & les Princes sont toujours de cette Confrairie. Tous les Dimanches & les Fêtes solemnelles, on dit dans la Chapelle qui lui est affectée, une grand-Messe où il y a eau-benite, prône, pain-beni & offrande ; mais le Dimanche de *Quasimodo* est le jour le plus solemnel, on y dit la Messe en grec, & le sermon qu'on y prononce est aussi en grec. Henry IV. y rendit le pain-beni l'an 1609. le Dimanche de *Quasimodo* ; & Marie de Medicis en

C ij

fit autant à pareil jour de l'an 1610.

 Voici les tombeaux qu'on voit encore dans cette Eglise, & les noms des personnes les plus distinguées par leur naissance ou les plus connues par leur esprit ou par leur science qui y ont été inhumées.

 Louis de Luxembourg, Comte de S. Pol, Connêtable de France, à qui le Roi Louis XI. fit trancher la tête en place de Gréve le 19. Décembre 1475. fut enterré dans cette Eglise.

 Derriere le Chœur & à côté du grand-Autel, on voit un Tombeau de pierre sur lequel est couchée la statue d'un Prélat. C'est la figure de *Pierre Filhol*, de Gannat en Bourbonnois, Archevêque d'Aix en Provence, Lieutenant Général pour le Roi François I. au Gouvernement de Paris & Isle de France, lequel après avoir vécu cent deux ans, trépassa le vingt-deux de Janvier de l'an 1540. Ce Tombeau est un de ceux qui ont échappé à l'incendie de l'an 1580.

 Entre le Chœur & le Sanctuaire, à côté du grand-Autel, on voit une statue de bronze à demi-couchée sur un Tombeau de même matiere. *Cette figure*, dit Sauval, *est fort estimée dans*

QUART. DE S. ANDRÉ. XVIII. 53
toutes ses parties. Sa cuirasse est chargée de demi-reliefs travaillés avec une patience toute extraordinaire. Ses jambes sont croisées fort naturellement l'une sur l'autre, mais sa main droite sur-tout, soûtient si bien sa tête, & sa tête repose si bien sur cette main, que ce n'est pas sans raison que ce Mausolée passe pour une des principales beautés de cette Ville.

L'Epitaphe qui accompagne ce Tombeau, est ainsi conçûe :

ALBERTO PIO DE SABAUDIA
Carpensium Principi. Francisci Regis fortunam secuto, quem prudentia clarissimum reddidit, doctrina fecit immortalem, & vera pietas Cœlo inseruit.
Vixit annos LV.
Hæredes mœstiss. pos. AN. M. D. XXXV.

Ces deux surnoms du Prince de Carpi ont fort embarrassé jusqu'ici les Descripteurs de la ville de Paris. Les uns n'en ont point parlé ; les autres pour éviter la difficulté qu'ils y entrevoyoient, l'ont nommé le Prince, ou le Comte de Carpi ; & d'autres enfin, comme *Sauval*, ou son Editeur, en ont fait un Prince de la Maison de Savoye. Un seul trait d'histoire, même assez court, va lever leur embarras, & les mettre à leur aise pour l'avenir.

La Maison *Pio* est une des plus illustres d'Italie, & prétend être descendue de la Maison de Saxe. Elle porte le nom & les armes de la Maison de Savoye par aggrégation faite par *Louis Duc de Savoye*, car ce Prince ayant reçû d'*Albert Pio* Prince de Carpi, de grands services dans la guerre qu'il eut contre François Sforce, voulut par reconnoissance, & aussi en consideration de la grandeur de son origine, que ledit *Albert Pio*, *Galeas Pio* son frere, & tous leurs descendans mâles, portassent le nom & les armes de la Maison de Savoye. Les Lettres Patentes qui portent cette concession, sont du 27. Janvier 1450.

Albert Pio dont je viens de rapporter l'Epitaphe, & qui a donné lieu à la remarque que je viens de faire, fut Général des Armées de François I. & fut dépouillé de sa Principauté de Carpi par le Duc de Ferrare. Il se retira à Paris, & y employa les dernieres années de sa vie à écrire contre les nouvelles opinions. Il s'avisa de critiquer les plaisanteries qu'Erasme a jettées dans ses Colloques, & par-là le Prince de Carpi devint l'objet des bons mots de ce bel esprit, qui même ne l'épargna pas après son décès, car étant mort à Paris, revêtu d'un habit de Cordelier dans lequel il ordonna qu'on l'inhumât, Erasme composa aussi-tôt l'enterrement Seraphique, *exequiæ Seraphicæ*, Satire ingénieuse qu'il joignit à ses premiers Colloques. C'est aussi à l'occasion de cet enterrement *Monacal*, que Marot a dit dans sa seconde Epître du Coq-à-l'Asne:

> *Tesmoin le Comte de Carpy,*
> *Qui se fit Moine après sa mort.*

Le Prince de Carpi, selon son Epitaphe, mourut en 1535. & elle est plus croyable que les Ecrivains qui le font mourir en 1536. & que *Sauval* qui dit qu'il mourut en 1557.* Son Tombeau est encore un de ceux qui ont échappé à l'incendie de cette Eglise.

* *Antiquités de Paris. Tom. I. pag. 448.*

Alexandre de Ales, Religieux de cet Ordre, fut inhumé dans la Nef. Vis-à-vis le Crucifix, sous un Tombeau élevé d'environ deux pieds, qui a été transferé depuis entre le Chœur & le Sanctuaire, sous la grille à hauteur d'appuy qui les sépare. Sur cette Tombe on lit :

R. P.
ALEXANDRI DE ALES
Doctoris irrefragabilis
quondam sanctorum Thomæ Aquinatis,
& Bonaventuræ Præceptoris,

EPITAPHIUM.

Clauditur hoc Saxo famam sortitus abunde
Gloria Doctorum, decus, & flos Philosophorum ;
Auctor Scriptorum vir Alexander variorum ;
Norma Modernorum, fons veri, lux aliorum,
Inclitus Anglorum fuit Archilevita, sed horum
Spretor cunctorum, Frater collega Minorum
Factus egenorum, fit Doctor primus eorum.

Obiit an. Domini 1245.
Cal. Septembris.

Si quis honos meritis, si qui virtute coluntur,
Hunc animo præfer, hunc venerare Patrem.

QUART. DE S. ANDRE'. XVIII.

Reverendus Pater Benignus à Genuâ
totius Ordinis sancti Francisci
Minister Generalis,
pro sua in sanctum Doctorem pietate,
& Religionis zelo,
Hoc Monumentum erigi curavit.
An. Domini 1622. *Mart.* 25.

Alexandre de *Ales*, ou de *Hales*, dit le *Docteur irrefragable*, & *la fontaine de vie*, étoit Anglois, & avoit pris le surnom de *Ales*, ou *Hales*, d'un Monastere dans le Comté de Chester où il avoit été élevé. Il vint à Paris, & après y avoir pris le Bonnet de Docteur, il y professa la Philosophie & la Théologie avec beaucoup de réputation. Son sçavoir étoit soûtenu par une grande piété, & surtout par une grande dévotion à la sainte Vierge. *Albert Crantz* rapporte que ce Docteur s'étoit engagé de ne rien refuser de ce qu'on lui demanderoit au nom de Marie, & que ce fut par-là que les Religieux de S. François l'engagerent à entrer dans leur Ordre, car un d'entr'eux ayant été lui rendre visite, lui demanda au nom de la sainte Vierge de prendre l'habit de saint François, & qu'Alexandre de

Ales lui accorda aussi-tôt sa demande. Le Lecteur croira de cette histoire tout ce qu'il lui plaira. Ce qu'il y a de constant, c'est qu'Alexandre entra dans l'Ordre de saint François en 1222. & qu'il en a été un des grands ornemens. Il enseigna avec beaucoup d'éclat & de succès, & l'on n'en doutera point quand on sçaura que *saint Thomas* & *S. Bonaventure* avoient été ses Ecoliers. Il composa par ordre du Pape Innocent IV. un Commentaire sur les quatre Livres des Sentences, c'est-à-dire, une Somme de Théologie dans laquelle il fait paroître beaucoup de subtilité, & une connoissance médiocre de l'Antiquité Ecclésiastique. C'est le seul des ouvrages qui porte son nom, qui soit certainement de lui.

L'on voit aussi devant le grand-Autel, au côté gauche, la Tombe de *Jean de la Haye*, Religieux de l'Ordre de saint François, né à Paris le 20. Mars 1593. Il fut envoyé jeune en Espagne où il se fit Religieux en 1611. De retour dans sa patrie, il fut Prédicateur ordinaire de la Reine *Anne d'Autriche*. Si le nombre & la grosseur des volumes faisoit le mérite des Auteurs, peu d'Ecrivains en auroient autant que le P. de la Haye, car il a donné au Public quarante volumes *in folio*, dont il y en a dix-neuf intitulés, *Biblia Maxima*. C'est une Polyglote accompagnée d'Interpretations & de Commentaires. M. Simon prétend que le P. de la Haye n'avoit pas la capacité nécessaire pour réussir dans un pareil ouvrage; & le peu de cas qu'on fait aujourd'hui de cette Bible, confirme le jugement qu'en a porté cet habile Critique. Le P. de la Haye mourut dans ce Couvent le 15. d'Octobre de l'an 1661. & l'on voit ici l'Epitaphe que le P. *Jacques Seguin* du même Ordre, y a fait mettre.

Dans le Chœur on lit cette Epitaphe.

CY GIST

Haut & puissant Seigneur, Messire BERNARD DE BEON & DU MASSÉ, *Seigneur de Bouteville, Cornefou, Esclassan, & Chevalier de l'Ordre du Roy, Capitaine de Cinquante Hommes d'armes de ses Ordonances, son Conseiller en ses Conseils d'Etat, & Lieutenant pour Sa Majesté au païs de Xaintonge, Angoumois, & Limousin, lequel décéda à Mon-*

ceaux le 8. jour d'Août 1607.
Priez Dieu pour lui.

André Thevet fut auſſi inhumé dans l'enceinte du Chœur ſous une Tombe plate, ſur laquelle on mit cette Epitaphe.

CY GIST

Vénérable & ſcientifique perſonne, Maître ANDRE' THEVET Coſmographe de quatre Rois, lequel étant âgé de 88. ans, ſeroit décédé dans cette ville de Paris le 23. jour de Novembre 1590.
Priez Dieu pour lui.

Thevet eſt Auteur de pluſieurs ouvrages très-médiocres, & qui ne ſont aujourd'hui gueres lûs. Il étoit d'Angoulême, & paſſa la meilleure partie de ſa vie à voyager.

Mém. pour ſervir à l'Hiſtoire de France, Tom. I. pag. 38.

Le Sieur de l'*Eſtoile* rencherit ſur ce que je viens de dire de Thevet, car il dit qu'il étoit un inſigne menteur, & ſi imbécile, qu'un homme docte de ſon tems, lui fit croire qu'*Anacreon* lui-même avoit écrit être mort d'un pepin de raiſin. Il ajoûte que Thevet avoit fait faire ſon Sépulchre aux Cordeliers de Paris, & que ſe ſentant proche de ſa fin, il y alloit tous les jours pour le hâter, & qu'il mourut aussi-tôt qu'il fut fait. On a de la peine à accorder la simplicité d'une Tombe avec les allées & les venues que l'Estoile fait faire ici à Thevet.

François de Belleforest, Gentilhomme né dans le Comté de Comminges au mois de Novembre 1530. mort à Paris le 1. de Janvier 1583. âgé de 53. ans. Il sçavoit beaucoup, & écrivoit beaucoup, mais avec peu de discernement, & peu de clarté dans le stile.

Dans la Chapelle de *S. Louis*, on voit la statue de *Gilles le Maitre*, Premier Président au Parlement de Paris, & de Dame *Marie Sapin*, sa femme. Ce Premier Président mourut le 5. Décembre 1562. Auprès de cette sépulture, contre le mur, sont attachées trois lames de cuivre, sur lesquelles sont gravées autant d'Epitaphes.

Dans la Chapelle de Gondy a été inhumé le corps de *Dom Antoine*, prétendu Roi de Portugal, & mort à Paris le 26. d'Août de l'an 1595. âgé de 64. ans. *Dom Antoine* étoit fils naturel de *Dom Louis*, Infant de Portugal, & d'une Juive nommée

Violante Gomez. Il fut pourvû de la Commanderie d'*Ocrato*, ou de *Crato*, qui est de l'Ordre de S. Jean de Jérusalem, & qui rapportoit en ce tems-là vingt-cinq mille ducats de rente. Le Commandeur de Crato accompagna le Roi Dom Sebastien en Afrique, & se trouva à la bataille d'Alcaçar donnée au mois d'Aoust de l'an 1578. où le Roi fut tué, & Dom Antonio fait prisonnier. Comme celui-ci avoit beaucoup d'esprit, il cacha si bien ce qu'il étoit, que sa prison ne fut pas longue, & qu'il se racheta pour deux mille croisades : au lieu que si on eut sçu qu'il étoit cousin du Roi qui venoit de mourir, & neveu du Roi Cardinal, sa rançon auroit été si forte, que peut-être il n'eut jamais été en état de la payer. Après la mort du Roi Cardinal, Antoine prétendit devoir succeder au Royaume de Portugal, & fut d'abord assez heureux pour être proclamé Roi à *Santarem*, puis à *Lisbonne*, où il fut mis en possession comme étant la Capitale du Royaume. Cependant n'ayant point de forces pour s'y maintenir contre le Duc d'Albe qui commandoit l'armée de

Philippe II. & qui prenoit sans résistance toutes les places dont il approchoit, il falut qu'Antoine se cachat, & il le fit avec tant de bonheur, que depuis le mois d'Octobre de l'an 1580. jusques à celui de Juin 1581. il fut toujours en Portugal, & si bien caché, qu'il ne fut jamais trouvé, malgré les perquisitions infinies que le Roi Philippe II. fit faire. Enfin il fut obligé de passer en France où il finit une vie malheureuse aux yeux des hommes, mais peut-être heureuse en effet, puisqu'elle semble l'avoir ramené à Dieu. C'est après ce retour qu'il composa des Pseaumes pénitentiaux en latin qui ont plusieurs fois été traduits en nôtre langue. Il n'y a ici que le corps de Dom Antoine, car son cœur, comme je l'ai dit ci-dessus, a été inhumé dans l'Eglise des Religieuses de l'*Ave Maria*.

Diego Bothei, l'un des plus grands Seigneurs de Portugal, qui tiroit son origine des Rois de Boheme, eut tant d'attachement pour le Roi Antoine, qu'il lui sacrifia ses amis, ses parens, sa femme, ses enfans, ses esperances, & les avantages qu'on lui offroit s'il vouloit abandonner ce Prince à qui il fut constamment fidele, & ne souhaita pour toute récompense que d'être enterré aux pieds de ce cher maître. Dom Diego Botheï mourut en 1607. & voici l'Epitaphe qu'*Antoine de Soula*, Gentilhomme Portuguais, & Chevalier de l'Ordre de Christ, a fait mettre sur son tombeau.

D. O. M.

Illustrissimo viro Diego Botelho, *perantiquo Bohemiæ Regum stirpe oriundo, & familiæ* Botelh *in Lusitania capiti nobilissimo; qui tanto & incredibili amore Regum suorum Portugalliæ semper arsit, ut in hoc mirandum posteris, ac historia celebrandum exemplar reliquerit; præcipuè Dom Antonio Regi suo hujus nominis primo ita fuit devotus, ut in ipsius salute patriæ libertatem, conjugem fidelissimam, liberos dulcissimos, propinquos, & amicos charissimos, fortunas omnes, quas sponte reliquerat supervivere ac superesse crederet ; ita nec redire dum à suis esset revocatus, quâlibet præmiorum & honorum spe invitatus, voluit ;*

sed comitantis Regem suum infortunii constans particeps; quacumque adversa cum ipso Rege adeo infracto animo passus est, ut ne ab eo quidem mortuo averterit; ac dum amborum positis hoc in templo corporibus, hunc pro tot tantisque oneribus honorem obtinuit suprema voce expetitum, ut nullibi ossa sua nisi juxta Regia quiescerent; cœlo redditus 10. Cal. Apriles an. Domini 1607. Vixit annos 73. menses III. dies XII.

Non sibi, sed Deo;
Regi, & Patriæ.

Virum tantùm, tam singulari pietate insignem, & Lusitaniæ fidei, ac fortitudinis olim insigne decus, nec prospere, nec adversa fortuna mutatum, patriæ suæ amans & memor, ANTONIUS à SOULA *nobilis Lusitanus, Ordinis Christi Eques signatus, non tam hoc tumulo tegere, quam hoc te legere ac lugere desideravit.*

Messieurs de Longueil, Marquis de Maisons, avoient une Chapelle & leur sépulture dans cette Eglise depuis plus de trois cens ans. Dans l'épaisseur du mur de cette Chapelle, est un tombeau sur lequel est représenté *Antoine de Longueil*, Evêque de S. Paul de Leon, qui mourut le 25. Aoust 1500. *Jean-René de Longueil*, Marquis de Maisons & de Poissi, Président à Mortier au Parlement de Paris, Académicien honoraire de l'Académie Royale des Sciences, mort à Paris le 15. de Septembre de l'an 1731. & *René-Prosper de Longueil*, Marquis de Maisons & de Poissi, fils dudit Jean-René de Longueil & de Marie-Louise Bavin d'Angervilliers sa femme, mort à Paris la nuit du 20. au 21. d'Octobre 1732. âgé de dix-huit mois, sont les derniers qui ont été inhumés dans cette Chapelle, & en eux a fini la branche des Longueil, Marquis de Maisons & de Poissi, &c.

La Chapelle des *Besançon* renferme les cendres de plusieurs Magistrats de ce nom, & de plusieurs autres des familles des *Bullion* & des *Lamoignon* qui en descendent par *Charlote de Besançon*, femme de Charles de Lamoignon, Conseiller d'Etat, mort en 1573. Cette Chapelle fut décorée d'une belle menuiserie & de plusieurs autres ornemens, aux dépens de M. de Bullion, Surintendant des Finances, dont on voit ici le buste en marbre blanc, au dessus d'un tombeau de marbre noir. Son corps y fut apporté & inhumé au mois de Décembre 1640.

Le P. *Bouhours* dans ses Remarques sur la Langue Françoise, tome 1. p. 21. & *Menage* dans ses Observations, tome 2. p. 212. rapportent que le Surintendant *Bullion* ayant fait décorer cette Chapelle, & quelques Cordeliers étant venus lui demander à quel saint il vouloit qu'elle fut dédiée, il leur avoit répondu : *Hélas, mes Peres, ils me sont tous indifferens ! je n'en affectionne aucun en particulier.*

Les *Lamoignons* sont originaires de Nivernois, & descendent de *Guillaume de Lamoignon* qui vivoit du tems de S. Louis, & à qui on donne la qualité de Chevalier dans un titre de l'an 1288. par lequel *Agnès sa veuve*, acquit de Guillaume Augeron, Chevalier, la maison forte & seigneurie de Pomay. Leur postérité suivit la profession des armes jusqu'à Charles de Lamoignon issu d'une branche cadette, lequel vint s'établir à Paris où il fut Conseiller au Parlement, puis

Maître des Requêtes, & enfin Conseiller d'Etat. Son mérite lui acquit l'estime & la confiance du Roi Charles IX. Il avoit épousé *Charlote de Besançon*, & de ce mariage sont issus tous les Lamoignons qui ont brillé, & brillent encore dans le Parlement de Paris & dans le Conseil de nos Rois. Charlote de Lamoignon, fille de Charles & de Charlote de *Besançon*, fut mariée à Jean de Bullion Maître des Requêtes, & de leur mariage nâquit *Claude de Bullion*, Marquis de Gallardon, Seigneur de Bonnelles, & qui fut Surintendant des Finances, Chancelier & Garde des Sceaux des Ordres du Roi, & Président à Mortier au Parlement de Paris.

Les Bullions sont originaires du Mâconnois. Jean de Bullion II. du nom, fut Secrétaire du Roi, & eut de Jeanne Vincent sa femme, Jean de Bullion troisiéme du nom, Maître des Requêtes. Celui-ci épousa Charlote de Lamoignon, fille de Charles de Lamoignon & de Charlote de Besançon. De leur mariage nâquit Claude de Bullion qui fut successivement Conseiller au Parlement de Paris, Maître des Requêtes, Conseiller d'Etat, Surintendant des Finances, Chancelier & Garde des Sceaux des Ordres du Roi, Président à Mortier au Parlement de Paris, & un des grands hommes de Robe de son siécle.

On voit dans cette même Chapelle les Epitaphes de *Charles*, de *Guillaume* & de *Madeleine de Lamoignon*. Celle de Charles a été composée par Guillaume de Lamoignon son petit-fils, & Premier Président du Parlement de Paris. Celle de ce Premier Président, mort au mois de Décembre de l'an 1677. est de la composition de Chrétien de Lamoignon son fils, mort Président à Mortier du même Parlement, qui a été inhumé à S. Leu.

D. O. M.

Carolus de LAMOIGNON *Miles,*
Longa apud Nivernenses generis
nobilitate clarus,
Dominus de Basville & de Courson,
In suprema Regni curia Senator,
Dein
Libellorum Supplicum Magister,
Tandem
Regi ab omnibus Consiliis
Et inter honoratos Curiæ Senatores

receptus :
Hic in antiquo Besançoniæ gentis
monumento
Cum Carola de Besançon amantissima
Uxore
expectat Resurrectionem.
Vivere cœperat 1. Jan. 1514.
Obiit 1. Novemb. 1573.

ICY GIST

GUILLAUME DE LAMOIGNON
Marquis de Basville,
Comte de Courson, Baron de Saint Yon,
Premier Président du Parlement.
Sa piété sincere, son profond savoir,
sa fermeté inébranlable pour la justice,
sa fidelité pour ses amis,
& sa tendresse pour ses enfans,
rendront sa mémoire illustre
dans tous les siecles.
Il mourut dans sa soixantiéme année,
regretté de son Roi, honoré des Grands,
aimé des Peuples.

Passant ne refuse point tes prieres
pour celui qui ne refusa jamais son pouvoir
& son autorité
pour soulager les malheureux.

La Demoiselle dont on va lire l'Epitaphe, étoit sœur de Guillaume de Lamoignon, Premier Président du Parlement de Paris, & fille de Chretien de Lamoignon, Président à Mortier au même Parlement, & de Marie Deslandes.

ICY GIST

*Madeleine de Lamoignon,
fille de Chretien de Lamoignon,
Marquis de Basville,
grand Président du Parlement.
Elle fut uniquement occupée,
pendant une longue vie, du soin
de soulager toute sorte de malheureux.
Il n'y a point de Provinces en France,
ni de pays dans le monde
qui n'ayent ressenti les effets
de sa charité.
Elle nâquit le ....
Elle est morte le ....*

Dans cette même Chapelle a été inhumé *Chrétien de Lamoignon*, Marquis de Basville, Président à Mortier au Parlement de Paris, mort le 28. d'Octobre de l'an 1729. dans la cinquante-quatriéme année de son âge.

La Chapelle des *Briçonnet*, est auprès de la petite porte de cette Eglise qui est vis-à-vis la rue Hautefeuille. On y voit quatre bustes de marbre blanc, accompagnés d'inscriptions qui nous apprennent qu'ils représentent *François Briçonnet*, Conseiller en la Cour des Aydes, Seigneur de Glatigni, mort le 27. Septembre 1673. âgé de 81. ans ; *Thomas Briçonnet*, Conseiller en la Cour des Aydes, mort le 20. Décembre 1658. âgé de 60. ans ; *Charles Briçonnet*, Président à Mortier au Parlement de Metz, mort le 12. May 1680. âgé de 61. ans ; c'est celui-ci qui vendit au Roi Louis XIV. la terre de Glatigni, par Contrat passé devant Beauvais, Notaire, le 5. Juin 1675. Guillaume Briçonnet, frere aîné du Cardinal Briçonnet, & cinquiéme ayeul de Charles, avoit acquis cette terre, qui a été possedée de pere en fils par Messieurs Briçonnet pendant plus de deux cens ans. Le quatriéme buste représente *Thomas d'Elbene*, Secretaire du Roi, mort l'an 1593. A l'un des piliers de cette Chapelle, on voit une figure de mort qui tient en ses mains l'épitaphe de *Catherine Briçonnet*, femme d'*Adrien du Drac*, laquelle

Quart. de S. André'. XVIII. 73
quelle mourut le 10. Septembre 1680.
âgée de 82. ans.

Vis-à-vis de la Chapelle de la Confrairie du S. Sépulchre, est la tombe d'un homme qui a mérité du public en fondant une Chaire de Théologie dans l'Ecole de Sorbonne. Sur cette tombe est écrit :

HIC JACET

*Venerabilis vir Magister
Joannes* DE ROÜEN, *Rothomagensis,
singulari pietate, eximia doctrina,
& accurata linguarum peritia,
dum vixit, conspicuus,
obiit pridie Non. Nov. 1615.*

Proche cette tombe, on voit attachée à la muraille une Epitaphe de ce même Docteur, laquelle est conçue en ces termes :

D. O. M. V. Q. L.

*Erudite viator, adsta parumper,
Et cujus hic cinis siet, cognosce;
En ubi* JOANNES ROENNEUS
*Mortale deposuit exuvium :
Qualis quantusque vir, si nescis,
Ne te longum morer, nullus
Dico, tantum publicam famam*

Et Academiam, nec non supremam
Curiam, & aulam, quas meritis
Suis implevit, adire & audire
Jubeo, nunc ubi perenne sacrificium
Pio juxtà ac liberali sumptu
Fundavit, ad aram sanctæ
Urbis cognominem visendus
Pulvis conquiescit; vale, &
Piis manibus benè precare.

Credidit infaustos Academia nuper honores,
Hic ubi tecta jacent ossa Roenne tua,
Et dixit lacrimans, studiis ingratæ Mi-
nervæ;
Quando ullum invenient sæcula nostra
parem?

En 1672. fut bâtie au bout de cette Eglise, une fort belle & grande Chapelle sous l'invocation de sainte Elisabeth, Reine de Hongrie, & c'est ici que s'assemblent les Confreres du Tiers-Ordre de S. François. Une Epitaphe qui est au milieu de cette Chapelle, sur une tombe plate, nous apprend que *Marie-Therese d'Autriche*, Reine de France, étoit Supérieure de cette Confrerie. Voici ladite Epitaphe:

CY GIST

Très-illustre & puissante Dame, Madame CLAUDE-FRANÇOISE-ANGELIQUE DE POUILLY, D'ESNE, *Marquise d'Esne, Baronne de Manouville, &c. épouse de très-illustre & puissant, Messire Alexandre, Marquis de Redon, de Pranzac, & d'autres lieux, & Souverain d'Argilliers, laquelle étant Supérieure de cette Congrégation, sous la Reine Très-Chrétienne, acheva saintement sa vie le 22. Mars* 1672.

Ce fut la Reine Marie-Therese d'Autriche, qui par ses libéralités donna au feu P. Frassen les moyens d'orner cette Chapelle & son Autel, comme nous les voyons.

Plusieurs autres familles distinguées dans la Robe, ou dans l'Epée, ont eu leurs sepultures dans cette Eglise. Telles sont celles des *Aimeret*, des *Riantz-Villeray*, des *Hardi la-Trousse*, de *la Palu-Bouligneux*, des *Vertamon*, des *Faucon de Ris*, &c.

Au reste c'est dans cette Eglise que Messieurs de l'Académie Françoise font célébrer les Services qu'ils font faire à la mort de leurs Confreres. Les Chevaliers de l'Ordre de S. Michel y font aussi célébrer deux grand-Messes solemnelles, l'une le 8. May Fête de l'Apparition de S. Michel, pour le Roi Chef & Souverain, Grand-Maître de cet Ordre, & pour les Chevaliers & Officiers vivans, & l'autre le premier lundi de l'Avent de chaque année, pour le repos des ames des Rois, Chefs & Souverains, Grands-Maîtres, & des Chevaliers & Officiers morts.

Le Portail de l'Eglise des Cordeliers se ressent du goût gothique qui regnoit au commencement du treiziéme siécle, & qui a regné encore longtems après. La statue de *S. Louis* qu'on voit ici, est estimée des Antiquaires, & regardée comme très-ressemblante.

Ce Portail est situé sur une petite place où commence la rue de l'*Observance*, qui fut percée en 1672. & qui a été ainsi nommée, à cause que la grand-porte du Couvent des Cordeliers y donne.

Sur cette porte qui est sur la même ligne que le Portail de l'Eglise, on lit cette Inscription:

LE GRAND COUVENT
DE L'OBSERVANCE DE S. FRANÇOIS.
1673.

Ce Couvent occupe un grand emplacement, & consiste en bâtimens anciens & sans symétrie, & en bâtimens modernes & réguliers sous lesquels est le Cloître le plus beau qu'il y ait à Paris. Ce bâtiment est un quarré oblong, au milieu duquel il y a un parterre & un jet d'eau. Il est construit de pierres de taille & d'une même symétrie, à cela près cependant que le corps du bâtiment qui est du côté de l'Église, n'a été élevé que d'un étage, afin de ne pas ôter le jour aux Chapelles, au lieu que les trois autres corps de bâtiment sont élevés de trois étages, & contiennent plus de cent chambres. Le Cloître qui est sous œuvre, consiste en quatre coridors voûtés correctement, & dont les arcades en cintre sont fermées par des grilles de fer, qui ont été faites aux dépens de plusieurs personnes qui ont eu soin de conserver la mémoire de leur bienfait, en y faisant mettre leurs armes. Ces bâtimens furent commencés en 1673. & achevés dix ans après, comme il paroît par cette Inscription mise au-dessus d'une porte qui est à côté du Chapitre:

*Hoc Clauſtrum
decennio elaboratum
extremam obtinuit manum
anno 1683.*

Le Chapitre est grand & fort orné par les portraits des Papes, des Cardinaux, des Patriarches, des Rois, des Reines, des Princes, des Princesses, & des Saints & Saintes qui ont été de l'Ordre de S. François. Au milieu de ce Chapitre est un Tombeau élevé sur lequel est écrit:

HIC JACET

Frater NICOLAUS DE LIRA, *Sacræ Theologiæ Venerabilis Doctor, cujus vita & doctrinæ fama diffuſa eſt per diverſa mundi climata, poſtillavit enim primus Sacra Biblia ad Litteram, à principio uſque ad finem, multaque alia ſcripſit volumina: Provinciæ Franciæ alumnus, in Conventu Vernolenſi Cuſtodiæ Normaniæ habitum Minorum accepit, quem honorificè, exempla-*

riterque quadraginta octo annis portavit, & Illustrissima Joanna de Burgundia quondam Francia, & Navarra Regina, nec non Attrebatensis, & Burgundia Comitissa, &c. à confessionibus, & extrema voluntatis, executor fuit, mortemque obiit anno Domini 1340. die 23. Octob.
F. M. Doles *Rhedonensis, Doctor Parisiensis, & hujus Conventûs Gardianus, ob summam in beatum Doctorem pietatem, hunc Tumulum, & reliquum hujus Capituli ornatum, erigi, & restaurari curavit; anno Domini 1631.*

Des Auteurs contemporains lui avoient composé un autre éloge qu'ils firent graver en lettres d'or sur un marbre noir qui fut attaché vis-à-vis son Tombeau, mais qu'on ne voit plus aujourd'hui, soit qu'on l'ait ôté, soit qu'il soit caché par le lambris. Comme dans cet éloge l'origine de Nicolas de Lyre y est exactement marquée, & qu'elle est différemment rapportée par des Ecrivains qui ne l'avoient pas vû, je vais le transcrire ici, tel qu'il est rapporté par *Suvertius* dans le titre des Inscriptions de Paris.

Swertius pp. 792. 793.

Ne meme ignores, properans dum pluri-
ma lustras:
   Quis sum ex his nosces, quæ pede
   busta teris.
Lyra brevis vicus Normana in gente
celebris,
   Prima mihi vitæ janua forsque fuit.
Nulla dieu mundi tenuit Vesania natum;
   Protinus evasi Religione minor.
Vernolium admisit currentem ad sacra
tyronem,
   Et Christi docuit me domitare jugo.
Ut tamen ad mores legis documenta beatæ
   Abdita planaret simplicitatis iter,
Artibus ipse piis, & Christi dogmate
fretus
   Parisiis cepi sacra Magisterii.
Et mox quæque vetus, & quæque recen-
tior affert
   Pagina christicolis, splendidiora dedi.
Litera nempe nimis quæ quondam obscu-
ra jacebat,
   Omnis per partes clara labore meo est.
Et quos sæpe locos occidens litera tradit,
   Hos typice humanis actibus exhibui.
Extat in Hebræos firmissima condita tur-
ris
   Nostrum opus, haud ullis comminuen-
   da petris.
Insuper & nostri releguntur sæpe libelli,

Quos in sensa Petri quatuor arte tuli.
Est quoque quodlibetis non irrita gloria nostris,
In qua tu justus arbiter esse potes.
Non tulit hunc ultrà vitam proferre merendo
Omnipotens Dominus, quo sumus & morimur.
A cruce tu cujus numeras si mille trecentos,
Adjungens unà quatuor & decadas :
Illo me rapuit mors omnibus æmula seclo,
Cum micat Octobris terna vigena dies.
Jam quò tendis Nicolai pellectus amore ?
Quo Doctore tibi lex reserata patet.

Ces Epitaphes constatent sans replique la patrie de *Nicolas de Lyre*, que quelques sçavans Critiques, parmi lesquels étoit feu M. Chevreau, ont crû n'être point François, mais Anglois ou Flamand, ou de Lire en Brabant, sous prétexte qu'il y a des lieux dans ces differens pays qui portent le nom de *Lire*. *Nicolas de Lire* tiroit son nom d'un Bourg du Diocèse d'Evreux où il étoit né, & où ses parens qui étoient Juifs l'abandonnerent, sans qu'on en sçache la raison. S'étant fait baptiser, il prit l'habit de S. François chez les Cordeliers de Verneuil, au tems de leur fondation, sous le Regne de Louis Hutin en 1291. Il vint ensuite à Paris où il acheva ses études, prit le Bonnet de Docteur, enseigna plusieurs années, & composa la plûpart des ouvrages que nous avons de lui. Non seulement de Lire fut sçavant dans la Langue Hébraïque & dans le Rabinisme, dans un tems où l'ignorance regnoit encore parmi nous, mais aussi dans la Théologie. Il avoit même beaucoup de talent pour les affaires, & l'on dit que Philippe d'Evreux prenoit son avis sur tout ce qu'il entreprenoit de considerable. Nous voyons dans le Codicile de la Reine Jeanne, Comtesse de Bourgogne, femme du Roi Philippe V. fait en 1325. que de Lire est nommé un des exécuteurs du testament de cette Princesse. Il mourut le 23. d'Octobre de l'an 1340. comme le marquent les Epitaphes que je viens de rapporter; & non pas en 1349. comme le disent D. *Félibien* & D. *Lobineau*.

C'est dans ce Chapitre où *Sale*, qu'en conséquence d'un Reglement fait par le Roi en datte du 25. Avril

Quart. de S. André. XVIII. 83
1728. se tiennent les Chapitres ou Assemblées générales de l'Ordre de S. Michel, en présence d'un Chevalier-Commandeur des Ordres du Roi, Commissaire de Sa Majesté, sçavoir le 8. May, fête de l'Apparition de S. Michel, & le premier Lundi de l'Avent de chaque année. Ces Assemblées sont instituées pour veiller à l'observation des Statuts & Reglemens faits par Sa Majesté, & aussi pour déliberer sur les moyens de maintenir & d'acroître l'honneur & la dignité de l'Ordre. A la fin de chaque Assemblée on distribue à tous les Chevaliers présens des médailles d'argent, dont l'empreinte a rapport à quelque évenement de la vie du Roi Regnant. Ce n'est pas d'aujourd'hui que l'Ordre de S. Michel tient ses Chapitres ou Assemblées générales au Couvent des Cordeliers ; car sans remonter plus haut, nous trouvons que le 29. Novembre 1663. le Roi qui vouloit remettre cet Ordre dans son ancienne splendeur, y fit tenir un Chapitre général, après une grand-Messe qui fut chantée dans l'Eglise du même Couvent.

La Bibliotheque & le Refectoir

méritent d'être vûs. Comme cette Communauté est la plus nombreuse de Paris, le Refectoir est aussi des plus grands. La marmite est si grande, qu'elle a passé en proverbe. *Sauval* insinue que le gril est encore plus grand, quoiqu'on n'en parle point. Il dit qu'il est monté sur quatre roues, & qu'*il est capable de tenir une manequinée de harancs.*

Outre les grands sujets qui ont illustré ce Couvent, & dont j'ai parlé dans la description de l'Eglise & dans celle du Chapitre, je dois remarquer qu'au commencement de ce siecle, il y avoit encore ici un Religieux dont la France, l'Espagne, & l'Italie ont admiré le sçavoir, les grands talens pour le gouvernement monastique & la grande vertu, c'est le P. *Claude Fraſſen*. Ce pieux & sçavant personnage étoit né en 1620. dans un vilage près de Peronne, & entra à 17. ans dans le Couvent des Cordeliers de cette ville là. Après sa profession on l'envoya à Paris pour y étudier & pour prendre des degrés dans la célébre Faculté de Théologie de cette Capitale. Il prit le bonnet de Docteur le 11. Décembre de l'an

1662. & depuis ce tems-là, il n'est sorti du grand Couvent que pour des affaires importantes. N'étant que Bachelier, il y enseigna un Cours de Philosophie, & devenu Docteur, il professa la Théologie pendant trente ans ou environ. En 1682. le P. Frassen étant Gardien du grand Couvent de Paris, assista en cette qualité au Chapitre général de son Ordre qui se tint à Tolede en Espagne, & il y fut élu Définiteur général de tout l'Ordre de S. François. En 1688. il assista en qualité de Définiteur général au Chapitre qui se tint à Rome où présida le Cardinal Cibo. Ces deux voyages, & un troisiéme qu'il fit pour visiter une Province en qualité de Commissaire général, sont les seules sorties de quelque durée qu'il ait faites hors du grand Couvent de Paris. Au retour de ses voyages, le Roi lui donna des marques solides de la satisfaction qu'il avoit de sa conduite. Sa Majesté le députa souvent depuis pour informer & donner son avis sur des affaires très-importantes. Le Parlement de Paris l'honora souvent de pareilles commissions. Enfin il étoit parvenu à une si grande réputation, que des familles de grande distinction, des Communautés Régulieres, & même des Ordres Religieux entiers, le consultoient & recevoient ses décisions avec autant de docilité que s'il avoit été leur pere ou leur superieur. Au milieu de tant d'occupations & de tant de grands emplois, il trouva encore le tems de travailler pour la posterité, en donnant au public un Cours de Philosophie, un Cours de Théologie, & un livre intitulé *Disquisitiones Biblica*, une traduction des Lettres de S. Paulin, & plusieurs ouvrages de pieté. Le P. Frassen mourut le 26. de Février de l'an 1711. vers les deux heures après midi dans la 91ᵉ. année de son âge, & la 74ᵉ. de sa Profession Religieuse.

Avant de quitter ce Couvent, je dois remarquer que ses Religieux n'étoient autrefois que Conventuels, mais que la grande observance y fut introduite l'an 1502. par *Gilles Dauphin*, quarantiéme Général de cet Ordre.

Au mois de May de l'an 1579. se tint ici le Chapitre général des Cordeliers où il se trouva douze cens

Religieux de cet Ordre, qui élurent pour leur Général *Scipion de Gonzague* qui étoit de l'illustre Maison de ce nom. Pour subvenir à la subsistance d'un aussi grand nombre de Religieux pendant la tenue de ce Chapitre, le Roi leur donna la somme de dix mille livres, & le Duc d'Anjou son frere celle de quatre mille. Tous les Colleges, les Chapitres, les Communautés & les habitans aisés de Paris, leur firent aussi des aumônes proportionnées à leurs facultés. Le nouveau Général s'arrogea dans la suite tant d'autorité dans son Ordre, qu'il voulut le gouverner despotiquement, & étant à Paris en 1582. & voulant se venger des Cordeliers du Couvent de cette Ville, qui avoient élû un Gardien contre son gré, il fit entrer le Nonce dans son ressentiment. Celui-ci fit venir à Saint Germain des Prez, où il demeuroit, quelques-uns de ces Religieux les plus acrédités du Couvent, & là leur fit cruellement donner la discipline. Cette exécution qui fut faite le 20. Mars de cette année fit grand bruit, & les pauvres flagellés en porterent leurs plaintes au Parlement qui d'abord se mit en devoir de soûtenir l'élection faite par les Cordeliers, & de réprimer les violences du Nonce, comme il paroît par l'Arrêt du 29. Mars de cette même année 1582. Cependant le crédit du Pape & celui de la Reine mere qui favorisoient le Général, arrêterent le cours de la Justice, & cette affaire fut accommodée à la satisfaction du Nonce & du Général, qui furent seulement admonétés de ne plus faire de pareilles entreprises. On fit dans ce tems-là les vers suivans sur les Cordeliers qui avoient été ainsi flagellés : *

> * *L'Estoil. Mémoires pour servir à l'Histoire de France. tom. I. p. 138 D. Bouillard. Histoire de l'Abb. de S. Germain des Prez.*

Stigmata quæ pascis manibus Francisce
   gerebas,
  Natorum flagris corpora secta tegunt
Lancea mutavit sævis insignia loris
  Nuncius immiti missus ab Ausonia,
Ut merito post hæc mutato nomine prisco,
  Cordigeros dicat Gallia lorigeros.

Le P. *Benigne de Genes*, Général de l'Ordre de S. François, voulut au mois de Février de l'an 1622. introduire dans ce Couvent certains statuts qui avoient été faits à Barcelone en Espagne, & dont les principaux asticles ordonnoient la nudité des pieds, & défendoient d'avoir des troncs dans les Eglises de l'Ordre, mais il y trouva tant de difficulté & tant d'opposition, que ses bonnes intentions ne furent point suivies. On peut voir le détail de cette affaire dans le 8e. tome du Mercure françois page 504. Le P. *François-Marie Rhini de Politio*, aussi Ministre général de l'Ordre, & Commissaire député par les Brefs des Papes Clement IX. & Clement X. fut plus heureux que n'avoit été le P. de Genes, car en 1671. il introduisit la Réforme dans ce Couvent.

J'ai dit ci-dessus que la rue de l'Observance avoit été percée en 1672. Elle va de la rue des Cordeliers à la rue des Fossés de M. le Prince.

J'ajoûterai ici, que ce fut en ce tems-là qu'on abbatit la porte S. Germain, laquelle étoit proche de la fontaine qui est au bout de la rue des Cordeliers, & qu'on perça aussi une autre rue qui est parallele à celle de l'Observance, & qu'on nomme la *rue de Touraine*, parce qu'elle est voisine de l'Hôtel de Tours qui est dans la rue du Paon.

La fontaine fut bâtie dans le tems qu'on abbatit la porte, mais celle qu'on voit aujourd'hui a été rebâtie en 1717. & n'a rien que de fort ordinaire pour l'architecture. Les vers suivans lui servent d'inscription, & sont de *Santeul*.

Urnam Nympha gerens dominam properabat in Urbem,
 Hîc stetit, & largas læta profudit aquas.

Il n'y a que ces deux vers gravés en lettres d'or sur une table de marbre; mais dans le Recueil des Poësies de Santeul, cette inscription est en quatre vers, & telle qu'on va la lire:

Urnam Nympha gerens dominam properabat in Urbem,
 Dum tamen hîc celsas suspicit illa domos:
Fervere tot populos, quæsitam credidit Urbem,
 Constitit, & largas læta profudit aquas.

Imitation.

Une Nymphe, à son bras tenant son urne pleine,

S'avançoit vers *Paris la Reine des Cités* :
Mais en ces lieux voyant tant de beautés
  Tant de peuple de tous côtés
Joyeuse, elle croit être où son desir la méne,
Et répandant ses eaux, forme cette fontaine.
    BOSQUILLON.

Dans la niche d'où sort cette fontaine, est une table de marbre noir sur laquelle est gravée cette Inscription :

Du Regne de LOUIS LE GRAND, *la porte S. Germain qui étoit en ce lieu, a été démolie en l'année* 1672. *par l'ordre de Messieurs les Prevost des Marchands & Echevins, en execution de l'Arrêt du Conseil du* 19. *Août audit an; & la présente Inscription apposée suivant l'Arrêt du Conseil du* 29. *Septembre* 1673. *pour marquer l'endroit où étoit cette Porte, & servir ce que de raison.*

Revenons sur nos pas dans la rue des Cordeliers, où vis-à-vis l'Eglise de ces Peres est

Le College de Bourgogne.

C'est Jeanne de Bourgogne Reine de France & de Navarre, Comtesse d'Artois & de Bourgogne, & Dame de Salins, qui fonda ce College en 1331. & laquelle en mourant comit l'exécution de ce dessein à *Pierre*, ci-devant Evêque d'Autun, & alors Cardinal, à frere *Nicolas de Lire*, Cordelier, à *Thomas de Savoye*, Chanoine de l'Eglise de Paris, & à frere *Guillaume de Vading*, aussi Cordelier, qui tous quatre étoient nommés exécuteurs de son Testament. La Reine avoit ordonné que son Hôtel *de Nesle* seroit vendu, & le prix employé à la fondation d'un College pour vingt pauvres Ecoliers séculiers ou réguliers du Comté de Bourgogne. Au mois de Février de l'an 1332. en l'absence de Thomas de Savoye & de Guillaume de Vading, les deux autres exécuteurs testamentaires acheterent des deniers provenus de la vente de l'Hôtel de Nesle une maison située auprès des Cordeliers, & la nommerent *la maison des Ecoliers de Madame Jeanne de Bourgogne Reine de France*. Ils y firent construire une

Chapelle sous l'invocation de la sainte Vierge, & assinerent à ce nouveau College deux cens livres parisis de rente, de forte monoye, à prendre sur les profits du sceau & de la Prevôté de Paris. Ils ordonnerent qu'il y auroit vingt Boursiers séculiers qui n'étudieroient qu'en Philosophie, & du nombre desquels seroient le Principal, Maître ou Licentié ès Arts, qui feroit des leçons de Philosophie aux autres Boursiers, & le Chapelain du College qui doit être Prêtre ; que personne ne sera reçu en ce College qu'il n'ait été auparavant examiné par le Chancelier de l'Eglise de Paris, & par le Gardien des Cordeliers, ausquels appartiendra l'institution du Principal, du Chapelain & des autres Boursiers ; que le Principal & le Chapelain seront perpetuels, &c. Le Pape Jean XXII. approuva & confirma ce qu'avoient fait les deux exécuteurs testamentaires par son Bref du 28. Juin 1334. & Guillaume, Evêque de Paris en fit de même le 28. Aoust 1335. Quelques particuliers ayant fondé de nouvelles Messes, on jugea à propos d'établir un second Chapelain dans ce College pour soulager l'ancien, & cet établissement fut confirmé par *Jean*, fils aîné du Roi, Duc de Normandie, &c. comme ayant le Bail & le Gouvernement des Duché & Comté de Bourgogne. Ses Lettres de confirmation sont du 17. Juillet 1350. par un Arrêt du Parlement de Paris, rendu le 13. Septembre 1336. il fut dit qu'après cinq ans de séjour en ce College, soit qu'on eut obtenu le degré de Maître ès Arts, ou non, les Bourses seroient vacantes. Par un autre Arrêt du 14. Novembre 1566. il fut défendu au Chancelier de l'Université de Paris & au Gardien des Cordeliers, de conferer la Bourse de Principal à quelqu'un qui ne fut pas de la nation de Bourgogne, & sans avoir pris sur cela l'avis des Boursiers de ce College. Le 6. Novembre 1607. sur la requête présentée par les Boursiers, Silvius de Pierre-Vive Chancelier de l'Université de Paris, & Frere Gilles Chehere Gardien des Cordeliers, réduisirent les Bourses à dix, les revenus actuels du College ne pouvant suffire à davantage. Le même Pierre-Vive & Jacques Balin Gardien des Cordeliers, firent de nouveaux reglemens pour ce College le 2. d'Avril 1624. aufquels Nicolas Coquelin Chancelier de l'Univerfité, & Claude Fraffen Gardien des Cordeliers, en ajoûterent d'autres en 1680. Ces deux derniers en firent encore de plus amples le 11. Août 1688. qui furent homologués au Parlement le 7. Septembre fuivant, & acceptés par les Bourfiers de ce College le 15. de Novembre de la même année. Ces derniers portent, entr'autres chofes, que les Bourfiers feront tous de Franche-Comté, qu'il y aura deux Profeffeurs en Philofophie, &c.

En remontant le long de la rue des Cordeliers, l'on trouve la *rue Hautefeuille* qui conduit de la rue des Cordeliers à celle de S. André des Arcs. Cette rue fe nommoit autrefois la *rue de la Barre*. Quant au nom qu'elle porte aujourd'hui, *Sauval* affûre qu'elle ne l'a point pris du Château d'un Seigneur de Hautefeuille, chef de la famille de Ganelon, dont les Romanciers nous ont fait de fi horribles peintures, & des contes fi extravagans.

Le College de Pré'montré.

C'est la premiere Maison qui se présente dans la rue Hautefeuille, lorsqu'on sort de celle des Cordeliers. Les Prémontrés sont des Chanoines Réguliers qui ont été institués par S. *Norbert* en 1120. à *Prémontré* dans le Diocèse de Laon, d'où cet Ordre a pris le nom. *Jean* Abbé de Prémontré, Général de cet Ordre, voulant avoir un College à Paris pour l'instruction des jeunes Religieux de son Ordre, acheta de *Gilette de Houzel*, Bourgeoise de Paris, veuve de Jean Sarrazin, une maison qui portoit le nom de *Pierre Sarrazin*, située dans la rue Hautefeuille, chargée de douze sols de cens capital, de cent sols parisis de surcens, & de quatre livres de cens annuel sur les trois parts de cette maison. Le prix de l'acquisition fut de cent vingt livres parisis une fois payée. Le Contrat est datté du troisiéme samedi après la Trinité de l'an 1252. Guillemette, Abbesse de S. Antoine des Champs & sa Communauté, autorisées par l'Abbé de Citeaux, vendirent à l'Abbé & à l'Ordre de Prémontré la Seigneurie

&

& la Censive de neuf maisons situées près des Cordeliers dans la rue des Estuves, le tout faisant sept livres six sols parisis de cens annuel que les Religieux de Prémontré acheterent pour la somme de trois cens cinquante livres parisis une fois payée, & laquelle fut employée en l'achapt d'autres fonds par l'Abbesse & Religieuses de S. Antoine. Au mois d'Octobre de l'année suivante, Jean de Beaumont, Bourgeois de Paris vendit à l'Abbé & aux Religieux de Prémontré une maison contigue à celle de Pierre Sarrazin, avec quatre livres parisis de cens sur les trois parts de ladite maison de Sarrazin & des *Estuves* de la même maison. En l'an 1286. le vendredi d'après la Trinité, l'Abbé & les Religieux de Prémontré acheterent de Gillette le Cellier, veuve de Guillaume le Hongre, une Grange & un Jardin tenant aux héritages qu'ils possedoient déja, pour le prix & somme de soixante & dix. liv.

Voilà toute l'étendue qu'occupe le College de Prémontré, qui étoit autrefois bornée par quatre rues, dont l'une passoit de la rue des Cordeliers en la rue Mignon, à travers la rue du petit Paon, entre ce College & celui de Bourgogne, & qui est condamnée depuis si longtems, qu'on ne sçait plus quand elle le fut : une autre se nommoit la rue du *petit Paon*, qui venoit de la rue du Paon à la rue Hautefeuille. Elle n'est plus qu'un cul-de-sac, car le Premier Président *le Maitre* la fit boucher d'une grange & de ses écuries : les deux autres rues qui bornoient ce College, étoient des Cordeliers, & celle d'Hautefeuille.

Le bâtiment de ce College a été fait à plusieurs reprises. Ce qu'il y a de plus moderne, est un grand corps de logis qui regne sur la rue Hautefeuille, & au milieu duquel est la grand-porte de cette Maison, & qui a été construit sous le Généralat du P. *Michel Colbert*, Abbé de Prémontré Général de tout l'Ordre. Sur cette porte sont deux écus acolés, dans l'un desquels sont les armoiries de l'Ordre de Prémontré qui porte *semé de France, à deux crosses en sautoir*; & dans l'autre celles du P. Colbert son Général, qui sont *d'or à une couleuvre d'azur tortillée & mise en pal*. Les deux crosses des armoiries de l'Ordre marquent sa Jurisdiction au dedans & au dehors du Royaume, & sont d'autant plus honorables, qu'elles ont été accordées à cet Ordre par le Roi *saint Louis*.

On commença à rebâtir l'Eglise en 1618. & elle fut dédiée sous l'invocation de sainte Anne. La porte qui étoit dans la rue des Cordeliers, fut changée & placée dans la rue Hautefeuille en 1672. L'Autel qui étoit au levant, fut mis au couchant. L'on mit aussi pour lors au frontispice du Portail de cette Eglise l'inscription qui suit :

Ecclesia Canonicorum Regularium
Ordinis Præmonstratensis
sub invocatione BEATÆ ANNÆ.

On estime la menuiserie & la serrurie de cette Eglise, qui d'ailleurs n'a rien de remarquable.

Dans ce que je viens de rapporter sur l'emplacement du College de Prémontré, il y est parlé d'une rue *des Etuves* qui étoit dans ce Quartier, & qui prenoit son nom des Etuves qui étoient dans la maison de Pierre Sarrazin, mais aucun Descripteur de Paris, que je sçache, sans même en excepter *Sauval* qui a si curieusement recherché ce qui regarde les rues, n'a parlé de celle-ci. Je conjecture qu'elle alloit de la rue Hautefeuille à celle qui étoit entre le College de Bourgogne & celui de Prémontré, & laquelle est condamnée depuis si long-tems.

La rue *Pierre-Sarrazin* a pris son nom d'un Bourgeois qui y demeuroit, & va de la rue Hautefeuille à la rue de la Harpe.

La rue des *deux Portes* a pris son nom, ainsi que les autres qu'on nomme de même, des portes qui la fermoient autrefois par les deux bouts. Elle donne d'un côté dans la rue de la Harpe, & de l'autre dans la rue Hautefeuille.

La rue *Serpente* aboutit d'un côté à la rue Hautefeuille, & de l'autre à la rue de la Harpe. Elle se nommoit en 1300. la rue de *la Serpente*, à cause de l'Hôtel de la Serpente qui se trouve au milieu. On y voit aussi

LE COLLEGE DE TOURS.

Etienne de Bourgueil, Archevêque de Tours, fonda ce College en 1333. pour un Principal & six Boursiers, qui doivent être natifs de Touraine, & qui sont nommés par l'Archevêque de Tours. Ces années dernieres on a fait des réparations considérables à ce College, & on a mis sur la grand-porte :

Collegium Turonense fundat. ann. 1333. *instaurat. ann.* 1730.

Les rues *Percée* & *Poupée* aboutissent aussi du même côté à la rue Hautefeuille, & de l'autre à la rue de la Harpe.

De l'autre côté de la rue Hautefeuille, il y a trois rues qui y aboutissent, sçavoir la rue du Batoir, la rue Poitevine, & la rue du Cimetiere S. André des Arcs.

La rue *du Batoir* va de la rue Hautefeuille à la rue de l'Eperon. Sauval dit qu'en 1432. une partie de cette rue s'appelloit la rue des *petits Champs*, mais il se contredit lui-même, car dans un autre endroit il dit que c'est la rue Mignon qui étoit nommée la rue des petits Champs *, & que la rue du Batoir portoit le nom de *rue vieille Plâtriere*.

* *Sauval.* 1. 1. p. 172.

La rue *Mignon* aboutit d'un côté à la rue du Batoir, & de l'autre à la rue du Jardinet, & a pris son nom du College de Grandmont qui y est situé, & qui ayant été fondé par *Jean Mignon*, en a porté le nom jusqu'au Regne d'Henry III. Si elle a été appellée la rue *des petits Champs*, c'étoit sans doute avant la fondation du College Mignon.

LE COLLEGE DE GRANDMONT.

Ce College fut fondé en 1343. par *Jean Mignon*, Archidiacre de Blois en l'Eglise de Chartres, & Maître des Comptes à Paris, pour douze Boursiers de sa famille, autant qu'il se pourroit faire, & chargea ses héritiers & les exécuteurs de son testament, de donner la derniere perfection à cette bonne œuvre. Il mourut en 1348. mais ses héritiers & exécuteurs testamentaires négligerent d'accomplir la fondation, jusqu'à ce que l'Université s'en étant plainte au Roi Jean l'an 1353. ce Prince fit venir devant lui *Robert Mignon* frere du défunt, & le principal exécuteur de son testament, avec les Députés de l'Université, & après avoir entendu les raisons de l'un & des autres, il donna des Commissaires pris du Conseil &

du Parlement, qui ayant examiné les raisons pour & contre, firent leur rapport au Roi en son Conseil, & il y fut ordonné que Robert Mignon pour accomplir l'intention du Fondateur, acheteroit dans le Fief du Roi, sous Noël prochain, huit-vingt livres parisis de rente amortie pour l'entretien des douze Ecoliers ausquels il donneroit la maison où demeuroit feu son frere, ou autre de même valeur, avec quinze lits garnis, les autres meubles, & une Chapelle avec tous les ornemens nécessaires & mentionnés dans le testament dudit Jean Mignon. Par ce même Arrêt qui fut donné au mois de Juillet, le Roi amortit la maison & les autres biens qui lui seront assignés, & par-là devenant Fondateur du College, il s'en retient, & après lui à ses successeurs Rois, la garde, le gouvernement, la visite, l'institution & la destitution des Boursiers, réservant cependant toujours aux parens la préference pour les Bourses. Pour lors Robert Mignon commença à exécuter la fondation faite par son frere, mais ce fut Michel Mignon, fils de Robert, & neveu de Jean, qui en fit bâtir la

Chapelle, qui fut dédiée sous l'invocation de S. Leu, S. Gilles. A peine ce College fut-il, pour ainsi dire, sur pied, qu'il fut un sujet presque continuel de procès. Ceux qui en eurent successivement la Principalité, en remplirent si négligeamment les fonctions, que le relâchement dans la discipline & dans les études s'y introduisit. Il en fallut venir à des Requêtes, à des visites faites par des Commissaires du Parlement, à des Arrêts, à des Reglemens. Le 4. Août 1539. *Jean le Veneur*, Evêque de Lisieux, Cardinal & grand-Aumônier de France, rétablit la discipline dans ce Collége, tant pour le service Divin, que pour les études, & pour l'entretien des douze Boursiers.

Le 24. d'Avril de l'an 1584. le Roi Henry III. donna le College Mignon à l'Abbé de Grandmont, avec douze cens livres de rente, en échange du Prieuré que les Religieux de Grandmont occupoient à Vincennes, & qui avoit été fondé par Louis le Jeune en 1164. lequel Prieuré est aujourd'hui possedé par les Minimes. Le Recteur de l'Université s'opposa à ce change-

QUART. DE S. ANDRE'. XVIII. 105
ment pour empêcher la supression des douze Bourses, mais le fameux *Chopin* ayant remontré dans le plaidoyer qu'il prononça le 4. Août 1592. qu'il n'étoit pas question de supression, mais seulement de changement de Boursiers Séculiers en autant de Réguliers, la cause fut appointée, & Arrêt fut ensuite rendu le 18. Juin 1605. qui confirma ledit échange du Prieuré de Vincennes avec le College Mignon; supprima le Principal & les douze Boursiers; ordonna qu'il n'y auroit dans ce College que huit Religieux de l'Ordre de Grandmont, pour y faire leurs études, & dont le chef s'appelleroit Prieur; & que ce College seroit appellé à l'avenir *le College de Grandmont*.

Il y a dans cette même rue une petite maison à porte cochere, qui a été pendant longtems remarquable à cause de cette inscription qui étoit sur la porte : *In fundulo sed avito*, que Benserade traduisoit plaisamment par ces mots, *je suis gueux, mais c'est de race*. Apparemment que ceux qui en sont aujourd'hui proprietaires, & qui sont gens de condition, ont rougi de la modestie de leurs prédecesseurs, puis-

E v

qu'ayant fait réparer le cintre de la porte de cette maison en 1728. l'inscription qui y étoit auparavant n'y a pas été remise.

La rue *du Jardinet* aboutit d'un côté à la rue *Mignon*, & de l'autre au cul-de-sac de la cour de Rouen.

La rue *du Paon* vient de la rue des Cordeliers, & se termine à celle du Jardinet. elle a pris son nom d'une enseigne qu'il y avoit autrefois. Il y a dans cette rue un Hôtel garni fort connu, nommé l'*Hôtel de Tours*, parce qu'il appartient aux Archevêques de Tours.

La rue de *l'Eperon* va de la rue S. André des Arcs à celle du Jardinet. *Sauval* dit qu'en 1484. cette rue se nommoit la rue *Chaperon*, & la rue *du Chaperon*, mais il ne dit point la raison de ces dénominations.

Revenons aux rues qui aboutissent à la rue Hautefeuille, & desquelles je n'ai pas encore parlé.

La rue *des Poitevins* donne d'un côté à la rue du Batoir, & de l'autre à la rue Hautefeuille. *Sauval* dit qu'en 1300. cette rue s'appelloit la rue *Gerard aux Poitevins*; en 1345. la rue *aux Poitevens*; en 1425. la rue *des*

Poitevins. Du tems de cet Ecrivain, on la nommoit la rue *Poitevine,* ou *Poitevin,* mais aujourd'hui on l'appelle la rue *des Poitevins.*

la rue *du Cimetiere* de S. André des Arcs est ainsi nommée à cause du Cimetiere de cette Eglise Paroissiale. Elle se nommoit auparavant *la rue des Sachettes,* de certaines Religieuses qui y demeuroient, & qu'on appelloit *Sachettes* à cause qu'elles étoient vêtues de robes en forme de sac. Elles suivoient la même Regle que les *Sachets,* ou *Freres de la Pénitence de J. C.* Il y a dans cette rue un College dont il faut parler.

LE COLLEGE DE BOISSI.

Ce College a cela de particulier pardessus tous les autres de Paris, que c'est le seul qui ait été établi pour ceux de la famille des Fondateurs, qui sont *Godefroi de Boissi,* mort le 20. Août de l'an 1354. & *Etienne Vidé de Boissi,* Chanoine de Laon, son neveu, & exécuteur de son testament. Ils étoient l'un & l'autre du village de *Boissi-le-sec* dans le Diocèse de Chartres, & y avoient pris naissance de parens pauvres, comme le dit

Etienne, lui-même, dans un des articles de son testament. Ce College fut originairement fondé pour l'entretien d'un Maître ou Principal, d'un Chapelain Prêtre, & de douze Boursiers, dont trois doivent étudier en Théologie, trois en Droit, trois en Philosophie, & trois en Grammaire. Le Principal, le Chapelain & les Boursiers, doivent tous être issus de la famille des Fondateurs Godefroi & Etienne Vidé de Boissi, & à leur défaut des pauvres de Boissi-le-sec, ou des villages voisins, & au défaut de ceux-ci, de la Paroisse de S. André des Arcs. La maison des Fondateurs, & quelques-autres qu'on acheta dans le voisinage, furent destinées pour le logement des Boursiers, du Principal & du Chapelain. On peut voir le dénombrement des biens destinés à l'entretien de ce College dans l'acte d'acceptation qu'en fit l'Université le 7. de Mars de l'an 1358. & lequel est rapporté dans son Histoire. Le Chancelier de l'Eglise de Paris, & le Prieur des Chartreux de la même ville, sont les Supérieurs, Visiteurs de ce College, & les Collateurs des Bourses, suivant l'intention des Fondateurs, confirmée par les Statuts de l'an 1366. Ces Statuts furent renouvellés l'an 1680. par M. *Coquelin*, Chancelier de l'Eglise de Paris, & par le P. Dom *Leon Hinselin*, Prieur de la Chartreuse de cette ville. Les revenus de ce College étoient considérablement diminués lorsqu'en 1503. *Michel Chartier* qui en étoit Principal, remit les choses en meilleur état. En 1519. il rétablit tous les bâtimens, & les augmenta d'une Chapelle qui fut dédiée sous l'invocation de la sainte Vierge, de S. Michel & de S. Jérôme. Ce College étant encore retombé en décadence, fut relevé par *Guillaume Hodey* après qu'il fut devenu paisible possesseur de la Principalité en 1693. Ce Principal employa plus de cinquante mille livres à faire rebâtir la maison, y rétablit des Boursiers, & y fit observer les anciens & nouveaux Statuts. Il doit être regardé comme le second Fondateur de ce College dont il a fait aussi l'Histoire, mais laquelle est encore manuscrite. Il mourut au mois de Fevrier de l'an 1717. âgé de quatre-vingt ans.

Il est démontré qu'en remontant

seulement jufqu'au quinziéme degré de la génealogie d'une feule perfonne, on trouve par la regle des multiplications redoublées, que trentedeux mille perfonnes ont contribué à la naiſſance de cette perfonne. Si on remontoit beaucoup plus haut, & qu'on pût prouver chaque degré, on trouveroit la vérité de ce qu'on dit fouvent, qu'il n'y a point de Roi qui n'ait des Bergers dans fa race, ni de pauvre malheureux qui n'ait des Rois dans la fienne. Il ne faut donc point être furpris fi en 1680. c'eſt-à-dire, dans l'efpace d'environ trois cens cinquante ans, la famille de Godefroi & d'Etienne de Boiſſi, originairement fi peu de chofe, étoit pour lors partagée en pluſieurs branches diſtinguées par leur Nobleſſe & par leurs emplois, & qui toutes defcendoient de *Michel Chartier* Sieur d'Alainville décédé en 1483. & de *Catherine Paté* fa femme. Les chefs de ces branches étoient Meſſieurs de Meſgrigni, de Molé-Champlatreux, de Monchi-Hocquincourt, de Montholon, de Longueil-Maifons, de Bellefouriere-Soyecourt, de Chaſſebras du Breau & de Cramailles, de Bragelongne, de Seve, de Tronçon, de le Doulx de Melleville. Il y a encore plusieurs autres descendans de cette même famille qui sont des gens de grande distinction.

Parmi les hommes illustres que ce College a produits, *Claude de Saintes* qui en a été Principal, est sans doute un des plus distingués. Il étoit du Perche, & non pas de Chartres, comme l'ont dit les sçavans Benedictins qui nous ont donné l'Histoire de la ville de Paris. Il fut reçu Chanoine Régulier dans l'Abbaye de S. Cheron proche de Chartres, en 1536. & y fit Profession à l'âge de quinze ans en 1540. Il quitta son Monastere pour venir étudier à Paris, où le Cardinal de Lorraine qui estimoit son esprit, le mit au College de Navarre. Il y fit ses Humanités, sa Philosophie & sa Théologie, & prit le Bonnet de Docteur en 1555. Il fut ensuite Curé de *Beaville-le-Comte* au Diocèse de Chartres, & en 1561. il fut fait Principal du College de Boissi. Le Cardinal de Lorraine qui se servoit de lui pour toutes les affaires de doctrine, engagea la Reine Catherine de Medicis à l'employer au Colloque de Poiſſi ; & puis le fit députer avec Simon Vigor & dix autres Théologiens de la Faculté de Paris, au Concile de Trente. De retour de ce Concile, il diſputa & écrivit contre les Calviniſtes, & enfin fut nommé à l'Evêché d'Evreux le 30. Mars de l'an 1575. Il empêcha le Calviniſme de pénétrer dans le Diocèſe qui lui étoit confié, mais il eut le malheur de tomber dans des erreurs, qui pour être oppoſées à cette héréſie, n'en étoient pas moins dangereuſes. Il ſe livra ſans reſerve au parti des Ligueurs, & crut avec ces furieux que pour conſerver la Religion Catholique-Romaine, il étoit permis d'attenter à la vie de ſes Rois, comme ſi les Sujets ne devoient pas l'obéiſſance à leur Roi, quand même il feroit profeſſion publique du Paganiſme. De Saintes fit entrer la ville d'Evreux dans ſa rebellion, mais cette Ville ayant été obligée de capituler, & de ſe rendre à l'obéiſſance du Roi Henry IV. de Saintes trouva moyen d'en ſortir, & d'aller à Louviers. Au mois de Juin de l'an 1591. le Roi ayant deſſein d'aſſiéger Rouen, voulut auparavant ſe rendre maître de Louviers qui s'opposoit à son passage. Il le prit le 5. de ce mois, sans coup ferir, car un Prêtre nommé *Jean de la Tour*, lui en livra une des portes. L'Evêque d'Evreux qui y étoit venu pour se mettre en sûreté, & pour encourager les rebelles, y fut pris & arrêté. On envoya aussi-tôt des Commissaires à Evreux pour faire l'inventaire de ses papiers, parmi lesquels il s'en trouva un écrit de sa main, dans lequel il s'efforçoit de justifier l'assassinat du Roi Henry III. & de prouver que le Roi Henry IV. méritoit un pareil traitement. Ces principes parurent si horribles, qu'on le conduisit prisonnier au Château de Caën. On instruisit son procès dans les formes, & il fut atteint & convaincu du crime de leze-Majesté, & par conséquent méritoit la mort, mais le Roi le plus clément de tous les hommes, commua la peine de mort en une prison perpetuelle, & l'envoya pour le reste de ses jours au Château de *Crevecœur*, dans le Diocèse de Lisieux, où il mourut, après deux ans de prison en l'an 1593. L'Historien d'Evreux a copié trop fidelement sur cet article le Dictionnaire de Moreri & M. du Pin; car s'il est vrai que Louviers n'ait été pris qu'en 1591. & que de Saintes ne soit mort que deux ans après, la datte de sa mort ne doit pas être rapportée à l'année 1591. comme ils la rapportent, mais bien à l'an 1593.

La rue *S. André des Arcs* conduit d'un côté au Pont S. Michel, & de l'autre à la porte de Buffi. Elle a porté plusieurs noms dont l'étymologie de quelques-uns est fort incertaine. Originairement on la nommoit *la rue de saint Germain des Prez*, à cause qu'elle conduit à l'Abbaye de ce nom, & qu'elle fait partie d'un territoire qui lui appartient. On lui donnoit ce nom-là en 1332. & 1402. On l'a nommée aussi *la grand-rue S. André*, parce qu'elle passe devant l'Eglise de ce nom. On l'a nommée ensuite *la rue saint André des Arts*, à cause qu'elle est située à l'entrée de l'Université, où l'on enseigne les Arts & les Sciences. D'autres l'appellent *la rue saint André des Arcs*, parce qu'avant l'invention de la poudre à canon, elle étoit, dit-on, habitée par des faiseurs d'Arcs, ou bien à cause d'un jardin qui étoit auprès, & qui servoit ordinairement aux Ecoliers & aux autres jeunes gens pour s'exercer à tirer de l'arc. Enfin *Sauval* prétend que le véritable nom de cette rue est *saint André de Laas*, qui est celui qu'on a donné longtems, non seulement à la rue de la Huchette, mais encore au territoire où sont situées ces deux rues, & aux vignes qui le couvrirent jusqu'en 1179. que Hugues, Abbé de S. Germain des Prez, donna ce vignoble à bâtir.

LE COLLEGE DU CARDINAL BERTRAND, ou D'AUTUN.

Ce Collège a été fondé en 1337. par *Pierre Bertrand*, natif d'Annonay en Vivarez, Evêque d'Autun, & depuis Cardinal sous le titre de S. Clément. Ce Cardinal qui étoit fils d'un Médecin natif d'Aurillac dans le Diocese de S. Flour, mais qui s'étoit établi à Annonay en Vivarez, donna la maison qu'il avoit à Paris dans la rue S. André des Arcs pour servir de College qui fut appellé de son nom *le College du Cardinal Bertrand ou d'Autun*. Comme cette maison étoit dans la censive de l'Abbaye de S. Germain des Prez, le Cardinal pria le Pape Benoît XII. d'écrire en sa faveur à l'Abbé & Religieux de cette Abbaye, ce que le Pape lui accorda, & l'Abbé & les Religieux firent ce que le Cardinal souhaitoit d'eux. Pour agrandir son College, il avoit acheté quelques maisons contigues à la sienne, & en 1341. il augmenta les revenus qu'il y avoit destinés, en sorte qu'ils pussent suffire à l'entretien de quinze Boursiers tous nés dans les Dioceses de Vienne, du Puy, de Clermont, ou de S. Flour. Il ordonna que cinq de ces Boursiers étudieroient en Philosophie, cinq en Théologie, & cinq en Droit Canon. *Pierre du Colombier*, Evêque d'Arras, & neveu par sa mere du Cardinal Bertrand, benit, la même année, l'Autel de la Chapelle, en présence de Pierre de la Palu, Patriarche de Jérusalem, de Gui, Archevêque de Lyon, & de Jean de Preci, Abbé de S. Germain des Prez; & l'année d'après il en fit la Dédicace sous l'invocation de la sainte Vierge. Le Cardinal Bertrand mourut le 24. Juin 1349. & son neveu qui fut aussi Cardinal, du titre de sainte Susanne & Evêque d'Ostie, travailla beaucoup à mettre ce College en état de perfection, mais il mourut en 1361. *Oudard de Moulins*, Président en la Chambre des Comptes, augmenta de trois bourses la fondation de ce College, & pour cet effet, lui légua par son testament une somme d'argent dont les exécuteurs testamentaires acheterent une terre de cinquante livres parisis de rente, par contrat passé le 28. d'Avril 1398.

Pierre Bertrand dut le Chapeau de Cardinal à la peine qu'il se donna pour justifier les entreprises que les Ecclésiastiques faisoient sur les droits du Souverain. Pierre de Cugnieres, Avocat Général au Parlement de Paris, ayant soûtenu en présence du Roi Philippe de Valois l'an 1329. que la Jurisdiction Ecclésiastique étoit une usurpation de la Séculiere qu'elle tâchoit d'anéantir, Bertrand qui n'étoit encore qu'Evêque d'Autun, lui répondit avec plus de zele que de raison, ce qui n'empêcha pas qu'il n'eut pour récompense le Chapeau de Cardinal. On peut voir son discours dans la Bibliotheque des Peres & ailleurs.

On remarque que *Charles de Mon-*

chal, mort Archevêque de Toulouse, avoit été élevé dans ce College dont il fut Boursier, puis Principal ; & enfin Précepteur de l'Abbé de la Valette, fils du Duc d'Epernon, qui se démit de cet Archevêché en faveur de son Précepteur.

L'Eglise Paroissiale de S. André des Arcs.

Le Maire. Paris anc. & mod. t. I. p. 278.

Philippe Auguste ayant fait enclore la ville de Paris de murailles, & sur tout le quartier de l'Université, cela fit naître des contestations entre l'Evêque de Paris & l'Abbé de S. Germain des Prez, au sujet de quelques portions de terrein qui venoient d'être enfermées dans la Ville, & qui étoient de la dépendance de l'Abbaye de S. Germain des Prez. Ces differends furent terminez par une sentence arbitrale rendue au mois de Janvier de l'an 1210. par laquelle il fut dit que la Jurisdiction spirituelle appartiendroit à l'Evêque de Paris dans l'étendue de ces lieux qui venoient d'être renfermés dans la Ville ; mais que l'Abbé de S. Germain y pourroit faire bâtir dans deux ans une ou deux Paroisses, dont les Curés seroient à sa nomination, & demeureroient chargés chacun envers l'Abbaye de trente sols de rente annuelle & perpetuelle. L'Abbé de S. Germain ne perdit point de tems à s'acquerir un droit de patronage dans la Ville, & fit bâtir l'Eglise de S. André & celle de S. Cosme & de S. Damien, lesquelles furent achevées l'an 1212. L'Abbé & les Religieux de S. Germain des Prez ont joui du patronage de ces deux Cures jusqu'en 1345. que par transaction passée avec l'Université, l'Abbé & les Religieux de S. Germain lui cederent *tout ce que à eux appartenoit, ou appartenir pourroit au temps advenir, ès patronage des Eglises de S. Andrien des Arcs, & de S. Cosme & S. Damien à Paris*, ainsi que je l'ai expliqué plus au long ci-dessous en parlant du Pré aux Clercs. Celle de S. André des Arcs fut bâtie en un lieu où il y avoit, depuis le sixiéme siécle, un Oratoire sous l'invocation de *S. Andeol* ou *S. Andiol*. Cette ancienne Eglise n'éxiste plus, car celle qu'on y voit à présent a été bâtie au commencement de l'an 1600. selon *Sauval*, mais elle est certainement plus ancienne.

Le grand Autel est orné par dix tableaux qui remplissent tout le chevet ou rond point de cette Eglise. Les cinq qui sont en haut, ont été peints par *Sanson* ; & les cinq qui sont en bas par *Restout*.

A main droite en entrant dans le Chœur, & proche du grand Autel, est un monument plaqué sur le jambage d'un arc, & consacré à la mémoire d'*Anne-Marie Martinozzi*, Princesse de Conti. Il consiste en une belle figure de marbre blanc à demi bosse, & accompagnée des attributs qui désignent *la Foi, l'Esperance & la Charité*, vertus qui caracterisoient cette Princesse qui les avoit pratiquées avec une fidelité qui fit l'admiration de son siecle. Les ornemens de ce tombeau sont aussi de marbre blanc, à la réserve d'une urne qui en fait l'amortissement, & de quelques festons qui sont de bronze doré ; le tout est du dessein & de l'ouvrage du fameux *Girardon*. Sur une table aussi de marbre blanc est écrite en lettres noires l'Epitaphe qui suit :

A

TOMBEAU DE LA PRINCESSE DE CONTI.

A LA GLOIRE DE DIEU
ET A L'ETERNELLE MEMOIRE
D'ANNE-MARIE MARTINOZZI,
Princeſſe de Conti, qui détrompée du monde dès l'âge de dix-neuf ans, vendit toutes ſes pierreries pour nourrir durant la famine de 1662. les pauvres de Berri, de Champagne, & de Picardie ; pratiquant toutes les auſterités que ſa ſanté put ſouffrir, demeura veuve à l'âge de vingt-neuf ans ; conſacra le reſte de ſa vie à élever en Princes Chrétiens les Princes ſes enfans, & à maintenir les loix temporelles & eccléſiaſtiques dans ſes terres ; ſe réduiſit à une dépenſe très-modeſte, reſtitua tous les biens dont l'acquiſition lui étoit ſuſpecte, juſqu'à la ſomme de huit cens mille livres, diſtribua toute ſon épargne aux pauvres dans ſes terres, & dans toutes les parties du monde, & paſſa ſoudainement à l'Eternité, après ſeize ans de perſévérance, le quatriéme Fevrier 1672. âgée de trente-cinq ans.

PRIEZ DIEU POUR ELLE.

Louis-Armand de Bourbon, Prince de Conti, & François-Louis de Bourbon, Prince de la Roche-sur-Yon, ont posé ce Monument.

Le corps de cette Princesse repose dans un caveau qui est vis-à-vis, & tout proche de ce mausolée. Son cœur fut porté aux Carmelites du faubourg S. Jacques, ainsi que je l'ai dit ci-dessus ; & ses entrailles furent inhumées au côté droit du chœur de l'Eglise de Port-Royal des champs. Cette Abbaye ayant été démolie en 1710. & les corps qui y reposoient ayant été exhumés, les entrailles de la Princesse de Conti furent transportées dans ce caveau à S. André des Arcs. Dans ce même caveau fut aussi inhumé *Louis-Armand de Bourbon*, Prince de Conti, fils aîné de cette Princesse, & mort à Fontainebleau le 9. de Novembre 1685. âgé de 24. ans.

Vis-à-vis, & aussi dans le chœur, est un monument érigé à la mémoire de *François-Louis de Bourbon*, Prince de Conti, & frere puisné de Louis-Armand de Bourbon dont je viens de parler. Ce Monument est presque semblable à celui avec lequel il fait symétrie, & est du dessein & de l'exé-

TOMBEAU DU PRINCE DE CONTI.

cution de *Coustou* l'aîné. Il est aussi de marbre blanc, & plaqué sur le jambage de l'arc. *On y a représenté*, dit le sieur Brice, *une Vertu pleurante dans une attitude de douleur*. Qui est-ce qui sous le masque *d'une Vertu pleurante*, reconnoîtroit Pallas ? Je ne crois pas que nul autre que le sieur Brice, se soit jamais avisé de représenter cette Déesse pleurante. C'est un de ces traits particuliers à cet Ecrivain, & qui en font un vrai original. Pallas est ici assise, & jette de tristes regards sur le portrait du Prince qu'elle tient d'une main. Je ne sçai si cette figure convient au lieu où elle est placée, mais elle est très-convenable au Prince auquel elle est allegorique, car soit qu'on la regarde comme *Bellone*, ou comme *Minerve*, il fut également le favori de cette Déesse. Le Prince dont je parle ici, mourut à Paris le 22. Fevrier 1709. âgé de quarante-cinq ans; & son corps fut inhumé dans le caveau où étoient ceux de sa mere, de son frere aîné ; & où sont ceux des autres Princes & Princesses de sa Maison que la mort nous a enlevés depuis lui. L'Epitaphe de ce Prince est gravée en lettres d'or, sur un marbre

F ij

noir qui fait un des paneaux du piedestal sur lequel porte tout ce Monument.

FRANC. LUD. BORBONIUS
REG. SANG. PRINCEPS
DE CONTI.

Natus Lut. Parif. prid. Kal. Maii,
anno 1664.
In Belgicar. urbium, Cortraci,
Dixmudæ, Lucemburgi obsidionibus
posito Tyrocinio.
In Hungariam adversùs Turcas
profectus, Lotharing. Principi,
Duci veterano, juvenis admirationi fuit:
Domum reversus tradidit se
in disciplinam Patrui CONDÆI,
qui paulo poft extinctus, in eo revixit.
A prima usque pueritia Delphino
unicè dilectus.
In Germania Philippoburgum,
Manheimum,
aliasque Urbes expugnanti:
in Flandria Principis Arausic. impetus
incredibili celeritate prævertenti,
Comes ubique adfuit, & adjutor.
LUDOVICO MAGNO
Montes, & Namurc.
Obsidenti

utilem operam navavit.
Ad Steenkercam, ad Nervvindam,
laborantem
& penè inclinatam aciem ita restituit,
ut Lucemburgius victor
maximam ei partem gloriæ concederet.
In Poloniam bonorum judicio & voluntate
ad Regnum vocatus.
Contraria dissidentium Civium factione
desideranti Patriæ redditus,
otium, minimè iners, bonarum artium
studiis, lectioni,
eruditis colloquiis impendit.
Ingenio magno & excellente,
ita aptus ad omnia,
ut quidquid ageret, ad id unum
natus esse videretur.
De familia, de amicis, de humano
genere optimè meritus,
Gallorum amor, & deliciæ; heu breves.

Dignam Christiano Principe
& pretiosam in conspectu Domini
mortem obiit Lut. Paris. VIII. Kal.
Mart. an. Chris. 1709. æt. 45.
Ad sanctos piæ matris cineres,
uti ipse jusserat,
Uxor mœrens posuit.

R. I. P.

Dans la Nef, auprès de l'Œuvre, est l'Epitaphe qui suit.

A LA GLOIRE DE DIEU
ET A LA MEMOIRE ETERNELLE

De Messire JEAN-BAPTISTE RAVOT, Chevalier, Seigneur d'Ombreval, & Conseiller du Roi en tous ses Conseils, & son premier Avocat Général en sa Cour des Aydes, décédé le 17. de Janvier 1699. âgé de 45. ans, après en avoir passé 17. dans l'exercice de sa Charge.

Dame Geneviéve Berthelot son épouse, a fait poser cette Epitaphe, & a donné à l'Oeuvre de cette Eglise la somme de 200. liv. pour faire dire une Messe à perpetuité le jour de la mort du défunt. Messieurs les Marguilliers se sont obligés de faire exécuter la fondation, & d'en avertir la veille l'aîné de ses descendans.

Jean-Baptiste Ravot d'Ombreval, & Geneviéve Berthelot dont il est parlé dans cette inscription, étoient le pere & la mere du Sieur d'Ombreval que nous avons vû Maître des Requêtes, & Lieutenant Général de Police de la ville de Paris.

Gilbert Mauguin, Président en la Cour des Monoyes, & mort en sa maison, rue de Seine, le vendredi six Juillet de l'an 1674. fut apporté de l'Eglise de saint Sulpice sa Paroisse, en celle de saint André des Arcs, le Dimanche huitiéme du même mois, & y fut inhumé le lendemain neuviéme, après son Service fait, sur les dix heures du matin.

Ce vertueux & sçavant homme étoit de Riom en Auvergne, ou des environs de cette Ville. Il vint au monde avec un heureux naturel, un esprit pénétrant, une mémoire fidelle, & avoit été élevé par un oncle qui fut un des plus célebres Avocats de son tems. Le neveu répondit parfaitement aux vûes de son oncle, & parut avec éclat au Barreau où il demeura jusqu'en 1637. qu'il fut pourvû d'une Charge de Président en la Cour des Monoyes, dont il remplit les devoirs jusqu'à la fin de sa vie avec une régularité exemplaire. Après avoir donné aux fonctions dont il étoit redevable au Public, le tems qui leur étoit nécessaire, il donnoit tout le reste à la lecture des Conciles, des Saints Peres & des Auteurs Ecclésiastiques, & devint aussi sçavant en Théologie que les Docteurs qui l'enseignent, aussi attaché aux choses saintes que les Prêtres les plus vertueux, aussi recueilli que les Religieux les plus reglés, & vêquit dans le siécle sans être du siécle. Voilà un abbregé de l'éloge que le Président Cousin a fait de ce sçavant Confrere, dans un des Journaux des Sçavans de l'an 1696.

Un Livre intitulé *Vindiciæ Prædestinationis, & Gratiæ*, qui parut en 1650. en deux volumes in 4°. est le seul fruit qui nous reste du sçavoir du Président Mauguin ; encore s'est-il trouvé dans ces derniers tems un Ecrivain allez mal informé pour l'attribuer au P. Quatremaires, Moine Benedictin. Mais cet Ecrivain ne connoissoit gueres le caractere de ces deux Sçavans. Le P. Quatremaires n'étoit point d'humeur à céder à un autre la gloire qui lui appartenoit ; & M. Mauguin étoit encore moins d'humeur à s'approprier ce qui ne lui appartenoit point. S'il restoit quelque soupçon sur le véritable Auteur de ce Livre, il n'y a qu'à aller dans la Bibliotheque des Augustins de la Reine

QUART. DE S. ANDRÉ. XVIII. 129
Marguerite, où l'on verra le manuscrit original du Livre de *la Défense de la Prédestination & de la Grace*, écrit de la propre main de M. Mauguin.

Ce Sçavant auroit bien mérité d'avoir une place dans le Supplément de Moreri qui a paru en 1735.

Parmi les Chapelles qui décorent les bas côtés de cette Eglise, il y en a deux ou trois de remarquables.

La Chapelle qui est sous l'invocation de *saint Nicolas*, est la plus grande & la plus riche de cette Eglise. *Jacques Coytier* *, Medecin de Louis XI. & Président en la Chambre des Comptes de Paris, ayant fait bâtir une maison dans la rue S. André des Arcs, & étant devenu par-là Paroissien de cette Eglise, les Marguilliers lui donnerent en 1491. une place pour y bâtir une Chapelle. Elle étoit entierement bâtie en 1505. & Coytier la dota de cent livres de rente, ce qui étoit pour lors une grosse somme, pour y faire dire tous les jours une Messe pour laquelle on ne donnoit que trois sols au Chapelain. *Nicolas le Clerc*, dit *Coytier*, Doyen de la Faculté de Théologie de Paris, augmenta beaucoup la fondation de

* Son nom est differemment écrit par les Auteurs. Les uns l'écrivent *Coytier*, & les autres *Coctier*, *Cothier*, *Cotier*, &c.

F v

cette Chapelle, & voulut qu'elle fut sous le titre de saint Nicolas dont elle porte encore aujourd'hui le nom. *Guillaume Dargonne*, Titulaire de cette Chapelle en 1603. donna à ce Bénéfice une maison & un jardin qui sont aujourd'hui affermés sept cens livres. *François Gaudin* qui lui succéda, suivit l'exemple de son prédécesseur, & donna à ce Bénéfice en l'an 1642. une maison & un jardin affermés à présent plus de neuf cens livres. En sorte que cette Chapelle est un Bénéfice qui actuellement rapporte à celui qui en est Titulaire, deux mille livres par an, toutes charges payées.

C'est M. de Gourgues, Maître des Requêtes, qui a la présentation à ce Bénéfice, comme descendant de l'unique héritiere de la famille des le Clerc-Coytier. Cette Chapelle ayant vaqué en 1724. M. de Gourgues la donna à l'*Abbé Richard* qui avoit fait en 1702. la vie du fameux *Pere Joseph*, Capucin, nommé au Cardinalat, qui étoit du nom & de la famille des le Clerc.

Pour éclaircir la confusion que cause le mélange des noms de Coytier,

Tome 6. p. 131.

TOMBEAU DE M. DE THOU.

de le Clerc & de Gourgues, il est à propos de remarquer que Jacques Coytier, Medecin de Louis XI. & Président en la Chambre des Comptes de Paris, avoit épousé *Marguerite le Clerc*, de laquelle n'ayant point eu d'enfans, il donna tout son bien à Jacques le Clerc neveu de sa femme, à la charge de porter le nom de *Coytier*. De ce Jacques le Clerc, dit Coytier, nâquit autre Jacques le Clerc, dit Coytier, Sieur d'Aulnay, dont postérité qui s'est éteinte dans la famille des Gourgues par le mariage d'Elisabeth le Clerc de Coytier, avec Armand-Jacques de Gourgues, mort Doyen des Maîtres des Requêtes du quartier d'Avril, le 4. Mars 1726.

 Dans le bas côté qui est à droite, en entrant par la grand-porte de cette Eglise, est la Chapelle de Messieurs de *Thou*. Le buste de *Christophle de Thou* est de marbre blanc, posé sur un piedestal de marbre noir. Au-dessus sont deux Vertus assises, qui tiennent dans leurs mains des couronnes de lauriers & des palmes; & au-dessous sont deux enfans ou génies qui tiennent des torches allumées, mais renversées. Entre les deux Vertus qui

F vj

sont au haut de la bordure, sont les armoiries de la famille des de Thou, qui portoit *d'argent au chevron de fable, accompagné de trois mouches a miel de même*, 2. & 1. Sur un marbre qui est au bas de ce Monument, on lit:

D. O. M.

CHRISTOPHORO THUANO *Auguf. F. Jac. N. Equiti qui omnibus togæ muneribus summa cum eruditionis, integritatis, prudentiæ, laude perfunctus, amplissimosque honores sub Francisco I. Henrico II Regibus consecutus, Senatûs Parisiensis Præses, deinde Princeps: sacri Consistorii Consiliarius, mox Henrici tunc Aurel. ac demum Francisci Andegavium Ducis Cancellarius, tandem cum de judiciario ordine emendando, quæstura Regno fraudibus ac rapinis vindicando, & scholarum disciplina restituenda cogitaret, nulla inclinatæ ætatis incommoda antea expertus, ex improvisa febri accessit; uxor, liberique mœrentes posuere. Vixit annos* 74. *dies* 5. *Obiit anno sal.* 1582. *Cal. Nov.*

La décoration & l'exécution du

tombeau de Jacques-Auguste de Thou, Président à Mortier du Parlement de Paris, sont de *François Anguiere*, un des fameux Sculpteurs que la France ait produits. Ce monument consiste en un sarcophage élevé sur une base, & placé entre quatre colonnes de marbre d'ordre Ionique, & dont les bases & les chapiteaux sont de bronze. Ces colonnes, de même que deux figures d'hommes qui sont assises sur le sarcophage, soûtiennent l'entablement qui regne sur toute la composition. La statue de marbre de *Marie de Barbançon-Cani*, premiere femme de Jacques-Auguste de Thou, celle de *Gasparde de la Chastre* sa seconde femme, & celle dudit de Thou, qui est au milieu, sont toutes trois posées sur l'entablement, & toutes trois à genoux chacune devant un prié-Dieu. Celle de Marie de Barbançon de Cani, a été sculptée par *Barthelemi Prieur*, ainsi que M. de Thou nous l'apprend lui-même à la fin des Mémoires de sa vie ; les deux autres sont de *François Anguiere*. La figure de M. de Thou est vétue d'un grand manteau fourré d'hermine, & retroussé sur l'épaule. La tête en est belle & majestueuse ; la draperie n'est ni trop ample, ni trop serrée, & ses plis sont si bien jettés, qu'ils ne sont ni cassés, ni confus. La principale face de ce sarcophage est ornée d'un excellent bas-relief de bronze où l'on voit plusieurs génies dont celui qui est au milieu représente l'Histoire qui tient un livre sur lequel est ce titre : *Jacobi-Augusti Thuani Historiarum sui temporis libri* 138. Les autres génies sont differemment occupés, & caracterisent les qualités & les vertus qui regnent dans cette Histoire.

Plus bas sur une table de marbre est l'Epitaphe de ce grand Magistrat & célébre Historien.

A.   &   Ω.

JACOBO AUGUSTO THUANO *Christophori filio in Regni Consiliis Assessori, amplissimi Senatûs Præsidi, Litterarum, quæ res divinas & humanas amplectuntur, magno bonorum & eruditorum consensu peritissimo, variis Legationibus summa sinceritate ac prudentia functo, viris Principibus avo suo laudatissimis exi-*

mie culto, *Historiarum Scriptori quod ipsa passim loquuntur celeberrimo, Christianæ pietatis antiquæ retinentissimo. Vixit an. 63. menses 6. dies 29. Obiit Lutetiæ Parisiorum, Nonis Maii* 1617. *Parcissimè censuisse videtur, qui tali viro sæculum defuisse dixit.*

Dans les paneaux des piédestaux qui soûtiennent les quatre colonnes qui décorent ce sarcophage, sont des tables de marbre sur lesquelles on a gravé en lettres d'or les Epitaphes des deux femmes de Jacques-Auguste de Thou. A droite est celle de *Marie de Barbançon de Cani*, fille de François de Barbançon-Cani tué au combat de S. Denis, & d'Antoinette de Vasieres. Elle avoit une sœur aînée nommée Anne de Barbançon qui avoit épousé Antoine du Prat Nantouillet, petit fils d'Antoine du Prat, Chancelier de France & Cardinal. Quant à François de Barbançon dont je viens de parler, il étoit petit fils de Michel de Barbançon, Lieutenant de Roi de Picardie, & ils étoient issus d'une Maison originaire du Hainault où est située la Principauté de Barbançon, qui a passé aux Comtes d'Aremberg, cadets de la Maison de Ligne. Ce fut au mois d'Aoust 1587. que Jacques-Auguste de Thou épousa Marie de Barbançon avec laquelle il véquit dans une union parfaite pendant quatorze ans, & sans que jamais elle lui eut donné d'autre chagrin que celui de l'avoir perdue le 5. d'Aoust 1601. âgée de 34. ans, six mois & seize jours. Cette perte consterna M. de Thou qui l'aimoit uniquement. Voici l'Epitaphe qu'il lui consacra :

D. O. M.

MARIÆ BARBANSONÆ CANIÆ
Francisci F.
Michaelis Picardiæ Legati N.
quæ dum Viro Morigera
& patritia cura dulce levamen
concordiam conjugalem suavissimam
faciens interiore ac sincera pietate,
assidua Librorum sacrorum lectione
alacri & animosa
erga tenuiores benignitate,
in omnes liberalitate,
morum sanctitate
veteris & clariss. familiæ decus auget,
in hoc virtutis vitæque cursu,

florentibus adhuc annis erepta est,
Jacobus Augustus Thuanus
tantâ jacturâ prope modum intolerans
hoc Monumentum uxori incomparabili
mœstiss: P.
Vixit ann. XXXIIII. M. VI. D. XVI.
Obiit A. S. CIƆ IƆC. I. *Non. sextilib.*
Ave & vale dimidium animæ meæ:
dimidium quod superest, cum Deus volet,
in Cœlis reciperatura.

Il est dit dans les Mémoires de la vie de M. de Thou, qu'outre cette Epitaphe latine, il y en a ici une autre en vers grecs, qui est de la composition du fameux *Isaac Casaubon*. Je l'ai cherchée & fait chercher dans tous les recoins de cette Chapelle, mais toutes les recherches ont été inutiles, & elle ne se trouve que dans les Mémoires latins de la vie de M. de Thou. Ceux qui ont traduits ces Mémoires en nôtre langue, ont aussi fait mention de cette Epitaphe grecque, mais ils n'ont pas jugé à propos de la traduire. Le mérite de Madame de Thou, & la grande réputation que Casaubon s'est acquise parmi les sçavans, méritent bien qu'on la rende plus connue qu'elle n'est. Je vais donc la transcrire ici, & y joindre une traduction latine & une françoise qui ont été faites l'une & l'autre par un homme qui entend fort bien le grec.

ΑΙ. ΑΙ. ΑΡΙϹΤΟΓΕΝΕΘΛΕ, ϹΥ ΜΕΝ. ΒΡΟΤΕΩΝ. ΜΕΛΕΔΩΝΩΝ.

ΛΗΞΑϹ.' ΟΥΛΥΜΠΟΝΔ'. ΑϹΜΕΝΗ. ΕΙϹΑΝΕΒΗϹ.

ΚΟΥΡΙΔΙΟΝΔ'. ΑΛΟΧΟΝ. ΠΡΟΛΙΠΟΥ-ϹΑ. ΠΡΟΩΡΙΟϹ. ΑΙ. ΑΙ.

ΘΑΥΜΑ. ΒΙΟΥ. ΘΥΑΝΟΝ. ΩιΧΕΟ. ΘΑΥ-ΜΑϹΙΗ.

Χ'Ωι. ΜΕΝ. ΟΔΥΡΟΜΕΝΟϹ. ΓΟΕΡΟΝ. ΤΗΝ. ΝΥΚΤΑ. ΚΑΙ. ΑΩ.

ΙΜΕΙΡΕΙ. ΓΛΥΚΕΡΩ. ΠΟΤΝΙΑ. ϹΩΝ. ΟΑΡΩΝ.

ϹΩΝ. ΟΑΡΩΝ. ϹΕΜΝΟΥΤΕ. ΝΟΟΙΟ, ΦΥΗϹΤ". ΕΡΑΤΕΙΝΗϹ.

ΓΡΑΠΤΟΝ. ΕΧΩΝ. ΚΡΑΔΙΗι. ϹΗϹ. ΤΥΠΟΝ. ΑΓΛΑΙΗϹ.

ϹΥϹΥΓΙ. Δ'. ΑΙΑΖΟΝΤΙ. ϹΥΝΑΙΑΖΟΥ-ϹΙΝ. ΟΜΑΡΤΗ.

Η. ΤΛΗΜΩΝ. ΑΡΕΤΗ. ΤΑΙΤ'. ΑΓΑΜΑΙ. ΧΑΡΙΤΕϹ.

ΟΙ. ΜΟΙ. ΛΕΥΓΑΛΕΗϹ. ΑΤΗϹ. ΤΙϹ. ΝΥΝ. ΧΕΡ'. ΟΡΕΞΕΙ.

ΥΜΜΙΝ. ΟΙΖΥΡΗ. ΤΕΙΡΟΜΕΝΟΙ. ΠΕ-ΝΙΗι.

ΝΟΥCΑΚΕΡΟΥC. ΤΙC. ΕΠΙCΚΕΨΕΙ.
ΤΙC. ΛΥΤΡΑ. ΔΕΘΕΙCΙ.

ΔΩCΕΙ. ΤΙC. ΓΥΜΝΟΥC. ΕCΘΕCΙΝ.
ΑΜΦΙΑCΕΙ.

Α. ΔΕΙΛΟΝ. ΜΕΡΟΠΩΝ. ΓΕΝΟC. ΗΡ.
ΕΤΕΟΝ. ΤΙC. ΕΕΙΠΕ.

ΠΑΝ. ΤΟ. ΠΕΡΙΤΤΟΝ. ΑΕΙ. ΕCΤΙ. ΜΙ-
ΝΥΝΘΑΔΙΟΝ.

Traduction Latine.

Heu! heu! ô generosa fœmina, tu quidem mortales curas
Linquens in Cœlum læta ascendisti.
Juvenem verò conjugem sine prole deserens præmatura heu! heu!
Miraculum vitæ (humani generis)
Thuanum, abiisti mirabilis.
Et ille quidem triste gemens noctuque diuque.
Desiderio flagrat dulcium, ô veneranda, tuorum colloquiorum.
Tuorum colloquiorum, eximiæque mentis, indolisque amabilis,
Pictam habens corde tuæ imaginem dignitatis.
Cum conjuge verò lugente, simul lugent pariter
Et tristis virtus & cœlibes Charites.
Eheu perniciosam jacturam! quis nunc manus porriget

Vobis ô ærumnosâ vexati egestate?
Ægrotantes quis visitabit? quis pretium
  redemptionis captivis
Dabit? quis nudos vestibus induet?
O miserandum humanum genus! num-
  quid verè quis dixerit:
Eximium quodque semper est breve.

Traduction Françoise.

Helas! femme genereuse, ainsi donc foulant aux piés les soins & les soucis des mortels, vous quittés la terre pour monter au Ciel. Mais votre retraite helas! est trop précipitée pour le jeune de Thou votre illustre époux que vous abandonnez sans lui avoir donné d'enfans; de Thou, dis je, avec qui vous faisiez les délices & l'admiration du genre humain. Maintenant donc ce tendre époux passe les nuits & les jours dans les larmes & dans les gémissemens. Accablé de douleur, il regrete, ô épouse chaste & respectable, la douceur & les charmes de vos entretiens, les rares & précieuses qualités de l'esprit & du cœur qui vous rendoient si aimable. L'image de votre beauté est gravée dans son cœur. Avec cet époux dé-

solé on voit pleurer amerement la vertu & les graces. Helas ! quelle perte irreparable ? Qui tendra desormais une main secourable à ceux qui sont réduits à une extréme pauvreté ? Qui visitera les malades ? Qui donnera aux captifs le prix de leur rançon ? Qui revétira ceux qui sont sans habits ? O que le sort des mortels est digne de compassion ! Ne peut-on pas dire avec vérité que les plus excellentes choses sont d'une courte durée.

La troisiéme figure de marbre blanc qui décore le Mausolée de M. de Thou, représente *Gasparde de la Châtre*, seconde femme de Jacques-Auguste de Thou. Elle étoit fille de Gaspard de la Châtre, Seigneur de Nançay, Capitaine des Gardes du Corps, & de Gabrielle de Bâtarnay sa femme. Elle renouvella par sa fécondité l'esperance d'une famille presque éteinte, & eut six enfans, trois garçons & trois filles. L'aîné des garçons fut l'infortuné *François-Auguste de Thou*, Maître des Requêtes, qui eut le col coupé à Lyon, avec M. de Cinqmars, l'an 1642. Gasparde de la Châtre survêquit dix ans à son mari, n'étant morte qu'en 1627. Voici l'Epitaphe qu'on lit ici.

A   &   Ω

Virtute & genere nobilissimam
GASPARAM CHASTREAM,
GASPARIS CHASTREI NANCÆANI,
*Regiæ Majestatis Custodum
Præfecti, filiam,*
Jacobus Augustus Thuanus
Christophori filius,
*repetito Sacramento conjux,
conjugem nono supra Tricesimum
Ætatis an. Cœlo receptam,
insolabili quantum licuit desiderio
sequutus est,
decimo post mense, anno climatere,
Deus annuit optanti.*

*De conjugio per annos decem & quatuor,
utrimque sanctissimè transacto,
filii tres, totidem filiæ,
communibus votis, optimorum parentum
memoriæ Tumulum
bonâ piâque mente nuncupaverunt.*

Jacob. Aug. Thuanus, Jac. Aug. F.
*ordinis amplissimi Senator,
tam suis, quam fratrum ac sororum
adfectibus obsequens faciendum curavit.*

La famille des de Thou étoit plus illustre par les grands sujets qu'elle a produits, que par l'ancienneté de sa noblesse; cependant on a dit qu'elle étoit originaire de Champagne, & qu'elle y tenoit rang parmi les Nobles; ce qui peut être vrai, mais je n'en ai vû aucune preuve. Ce qu'il y a de prouvé, c'est que Jean de Thou, Seigneur de Bignon, près d'Orléans, étoit Marchand à Orléans, & vivoit en 1336. Il fut le bisayeul de Jacques de Thou sieur du Bignon, aussi Marchand & Echevin d'Orléans en 1439. 1440. 1445. & 1446. Il mourut le 4. d'Octobre 1447. & fut inhumé dans le cloitre des Cordeliers d'Orléans, qui a été depuis cedé avec le Couvent aux Recolets, où l'on voit son epitaphe & ses armoiries. Jacques de Thou, son petit fils, vint s'établir à Paris où il étoit Avocat du Roi en la Cour des Aydes en 1476. & où sa posterité s'est fort illustrée dans la Robe.

Dans la Chapelle de S. Antoine ont été inhumés *Pierre Seguier*, Président au Parlement de Paris, mort le 25. d'Octobre de l'an 1580. & *Pierre Seguier*, son petit fils, dont on voit l'effigie en marbre à genoux sur un tombeau aussi de marbre, qui est vis-à-vis la porte de cette Chapelle. Ce dernier fut Maître de Requêtes, puis quitta la Robe pour l'Epée; il mourut en 1638. ne laissant de Marguerite de la Guesle, sa femme, qu'une fille unique.

Il y a encore plusieurs personnes d'un mérite distingué dans les Lettres & dans les Arts, qui ont été inhumées dans cette Eglise, mais d'une maniere simple, c'est à dire sans aucun ornement qui distingue leur tombe. Tels sont;

André du Chesne, mort en 1640. le 30. May. C'est l'homme du monde à qui nôtre Histoire, tant générale que particuliere, a le plus d'obligation; & quoiqu'il fut Gentilhomme, on peut dire qu'il est plus renommé par ses ouvrages que par sa naissance.

Pierre d'Hozier nâquit à Marseille le 12. Juillet 1592. Il vint à Paris en 1612. pour y achever ses études, mais la foiblesse de sa vue, & sa mauvaise santé, le firent retourner en Provence en 1613. Il revint à Paris en 1615. & ce second voyage lui fut
plus

QUART. DE S. ANDRÉ. XVIII. 145
plus heureux, car il lui donna lieu de s'y établir. Il s'appliqua à l'étude & à la recherche des Genealogies, & porta cette science à un haut point de perfection. Ce fut en consideration de son grand mérite que le Roi l'honora en 1628. de l'Ordre de S. Michel. L'an 1641. le même Prince lui confera la Charge de Juge d'Armes de France, vacante par la mort de François de Chevriers de S. Mauris. Le 31. Décembre 1642. M. d'Ozier fut pourvû d'une Charge de Gentilhomme servant de la Maison du Roi, conjointement avec celle de l'un des Maîtres d'Hôtel ordinaires de Sa Majesté. Après la mort du Roi Louis XIII. le Roi Louis XIV. confirma M. d'Hozier dans l'exercice des Charges qu'il avoit possedées, & le pourvut même de celle de Genealogiste de ses Ecuries, qu'il créa en sa faveur. Il mourut le premier Décembre 1660. & laissa de *Yoland Cerrini*, qu'il avoit épousée en 1630. Louis-Roger, Henry & Charles d'Hozier. Henry est mort Religieux de la Trinité de la Rédemption des Captifs. Les deux autres ont été mariés, & de Louis-Roger & de Ma-

Tome VI.　　　　　　　　G

deleine Bourgeoix sa femme, est né Pierre d'Hozier de Cerrini aujourd'hui revêtu des Charges de Juge d'Armes de France, de Genealogiste des Ecuries du Roi, &c. Quant à Charles d'Hozier, il n'a point laissé de posterité.

Robert Nanteuil naquit à Reims en 1630. d'un pere qui prit grand soin de son éducation, & lui fit faire toutes ses classes. Il réussit parfaitement dans cette carriere, mais un penchant plus fort l'entraînoit vers le dessein. Enfin la nature fut son premier maître, & sur la fin de ses deux années de Philosophie, il dessina & grava lui-même l'estampe de la Thèse qu'il soûtint. Au sortir de ses études, il vint à Paris où il se perfectionna dans la peinture en pastel & à graver au burin, & acquit une grande réputation. Ce fut en sa faveur que le Roi Louis XIV. créa la Charge de Dessinateur & de Graveur de son Cabinet, aux appointemens de mille livres par an. C'étoit un homme agréable de sa figure, honnête, poli, complaisant, & qui aimoit beaucoup le plaisir. De plus de cinquante mille écus qu'il avoit gagnés, il n'en laiſſa pas vingt mille à ſes héritiers. Il mourut au mois de Décembre de l'an 1678. âgé de 48. ans, & fut inhumé ſous l'Orgue de l'Egliſe de S. André des Arcs.

Sebaſtien-Louis le Nain de Tillemont, un des plus ſçavans & des plus pieux Eccléſiaſtiques du dernier ſiecle, étoit né à Paris le 30. Novembre 1637. On voit dans les ouvrages qu'il a donnés au public, pour ainſi dire malgré lui, une critique judicieuſe & exacte, un diſcernement exquis, une mémoire à laquelle rien n'échapoit, une facilité incroyable pour le travail, & un ardent amour pour la vérité. Il mourut à Paris le 10. Janvier 1698. dans la ſoixante & uniéme année de ſon âge, & fut enterré à Port-Royal des Champs, le 13. du même mois, mais le 23. Décembre 1710. & non pas 1711. comme on le lit ailleurs, il fut exhumé de Port-Royal, & tranporté dans l'Egliſe de S. André des Arcs à Paris pour des raiſons que tout le monde ſçait.

Louis Couſin, Préſident en la Cour des Monoyes, & l'un des Quarante de l'Académie Françoiſe, étoit né à

Paris le 12. Août 1627. mais il étoit originaire d'Amiens où son pere étoit né, ainsi que *Jean Cousin*, Conseiller au Présidial d'Amiens, son ayeul. Le nom de *Cousin* est fort ancien dans le pays, puisque *Carpentier* dans son Histoire de Cambresis fait mention de Gilles Cousin Ecuyer, qui épousa *Marie Wattache*, fille de Jean Wattache, aussi Ecuyer, en 1307. & 1308. & de Marie de Haspre. De cette famille étoit *Gilbert Cousin*, né l'an 1505. Théologien, Poëte, Historien, Orateur & Philosophe, qui a donné au public plusieurs ouvrages. Jean Cousin, Chanoine de la Cathédrale de Tournay, & qui a composé les Chroniques & Annales de cette ville qui furent imprimées à Douay en 1619. étoit aussi de la même famille. Louis Cousin qui donne lieu à cet article, après avoir fait ses Humanités & sa Philosophie dans l'Université, se destina à l'état Ecclésiastique, étudia en Théologie, soûtint sa Tentative avec distinction, & fut reçu Bachelier en Théologie de la Faculté de Paris. Ayant ensuite changé d'état, il se fit recevoir Avocat au Parlement en 1646. & fréquenta le Barreau jusqu'en 1657. qu'il acheta une Charge de Président en la Cour des Monoyes. Comme cette Charge le laissoit maître d'une bonne partie de son tems, il l'employa à la lecture des meilleurs Auteurs grecs & latins, mais plus particulierement à l'étude des saints Peres, de l'Histoire Ecclésiastique, & des autres sources de la vraie Théologie. Après avoir beaucoup étudié, il entreprit de traduire en françois les anciens Historiens Ecclésiastiques, & commença par Eusebe de Césarée qui est regardé comme le pere de l'Histoire de l'Eglise. Il passa ensuite à la traduction des Histoires de Socrate, de Sozomene & de Theodoret ; puis à celle des Historiens de Constantinople, depuis le regne de l'ancien Justin jusqu'à la fin de l'Empire. Il avoit aussi entrepris de traduire les meilleurs Historiens de l'Empire d'Occident, depuis Charlemagne jusqu'à nôtre tems, dont on n'a imprimé que deux volumes *in douze*, quoique le reste soit achevé, & en état d'être donné au public. Toutes ces traductions sont faites en maître, par un homme superieur à sa matiere, & qui sans s'éloigner de la fidelité à laquelle tout Traducteur est obligé, donne un air libre & original à ses traductions. On ne peut d'ailleurs assez louer son attachement à la doctrine de l'Eglise Gallicane & aux maximes du Royaume. Sa réputation étoit déja faite, & sa carriere très-avancée, quand en 1697. il sollicita & obtint une place dans l'Académie Françoise, où il fut reçu le 15. Juin de cette même année. Il mourut le 26. Février 1707. âgé de 80. ans & sept mois. Par son testament il a fait une fondation pour six Boursiers destinés à l'état Ecclésiastique qui doivent être nourris & défrayés de tout depuis la Philosophie, jusqu'à la prise du Bonet de Docteur en Théologie. Il a aussi donné sa Bibliotheque à l'Abbaye de S. Victor avec vingt mille livres dont la rente doit être employée tous les ans à l'augmentation de cette Bibliotheque, à la charge qu'on dira tous les ans une Messe haute le jour de son décès, & que l'on fera le même jour un discours sur l'utilité des Bibliotheques publiques*. J'ai parlé ailleurs des dispo-

* Journal des Sçavans, & Bibl. des Aut. Eccl.

sitions qu'il a faites par son testament en faveur du public.

Antoine Houdard de la Mothe, l'un des quarante de l'Académie Françoise, mort le 26. Décembre 1731. entre six & sept heures du matin, dans la soixantiéme année de son âge, fut inhumé dans cette Eglise sa Paroisse. Il étoit fils d'un Chapelier de Paris, qui fut assez riche pour lui faire faire ses Classes & son Droit. Antoine Houdard eut de la vocation pour l'état Ecclésiastique, & voulut même se voüer à la pénitence la plus austere, car il prit l'habit de Novice à la Trappe ; mais comme il avoit moins consulté ses forces que son zele, il fut obligé d'en sortir en 1697. C'étoit un génie facile, propre à tout, & qui s'est distingué par un grand nombre d'ouvrages de differens genres, sans parler d'une infinité de piéces fugitives qui n'ont pas paru sous son nom. Il fut reçu à l'Académie Françoise le 8. Février 1710. en la place de Thomas Corneille. Quoique depuis plus de douze ou quinze ans M. de la Mothe fut tout-à-fait aveugle & accablé d'infirmités, il ne laissa pas de travailler jusqu'aux derniers momens de sa vie. Ses Critiques ont prétendu qu'il mettoit trop de poësie dans sa prose, & trop de prose dans ses vers; & que d'ailleurs il étoit de ces Ecrivains qui à force d'introduire des figures dans nôtre Langue, la défigurent & la rendent inintelligible.

Dans le Cimetiere de cette Eglise ont été inhumés le plus célebre de nos Jurisconsultes, & un des plus grands Magistrats du siécle dernier & de celui-ci.

Le Jurisconsulte est le fameux *Charles du Moulin* ou *du Molin*, mort le 27. Décembre 1566. âgé de 66. ans, dans le sein de l'Eglise Catolique, entre les bras de *Claude d'Espence* son allié, & l'un des plus grands Théologiens de son tems; de *René Bonelle*, Principal du College du Plessis; & de *François le Court*, Curé de cette Eglise, lesquels l'avoient ramené dans la véritable Religion, & lui firent recevoir les Sacremens de l'Eglise.

Henry d'Aguesseau, successivement Maître des Requêtes de l'Hôtel du Roi, Président en son Grand Conseil, Intendant de Justice en Limousin, en Guyenne & en Languedoc,

Conseiller d'Etat ordinaire, & au Conseil Royal des Finances, mourut fort âgé le 17. Novembre 1716. & fut enterré dans ce Cimetiere, auprès de Claire le Picard de Perigni sa femme, ainsi qu'il l'avoit ordonné. Ce grand Magistrat a été plus illustré par sa probité, par sa pieté & par son sçavoir, que par les dignités de la Robe ausquelles il étoit parvenu. *Henry-François d'Aguesseau*, Chancelier de France depuis le 2. Février 1717. est fils d'Henry d'Aguesseau & de Claire le Picard de Perigni dont je viens de parler. *Jean-Baptiste-Paulin d'Aguesseau*, Prêtre & frere du Chancelier de France de ce nom, mourut le 20. du mois de Janvier 1728. & fut inhumé dans ce Cimetiere auprès de ses pere & mere.

En continuant de parcourir la rue de saint André des Arcs, on trouve un Hôtel garni qu'on nomme l'*Hôtel de Chateauvieux*. Quelques-uns prétendent qu'il a appartenu & servi autrefois aux anciens Ducs de Bourgogne, mais je n'en ai aucune preuve.

En 1707. on a bâti à côté une grande maison qui a appartenu à feu M. de Vilayer, Maître des Requêtes, & dont on blâme la disposition de la porte.

Attenant, & toujours du même côté, étoit une vieille maison, sur la porte de laquelle on voyoit un Elephant en sculpture chargé d'une tour. C'étoit la maison que *Jacques Coytier*, Médecin de Louis XI. fit bâtir, & où il se retira après la mort de ce Prince. Dans le fond de la cour, l'on voyoit sur une ancienne porte restée sur pied, une vieille sculpture sur laquelle étoit un écusson panché dans lequel étoit un *Abricotier* dont Jacques Coytier avoit fait le corps de sa devise, à cause de la ressemblance du nom de cet arbre au sien, & de l'usage qu'il faisoit de cette maison. L'ame de cette devise ou simbole, étoit *à l'Abricotier*, par laquelle ce Médecin vouloit faire entendre que dans cette maison il seroit désormais à l'abri des disgraces de la fortune, & jouiroit tranquillement des richesses qu'il avoit amassées au service de Louis XI. Sur cette même porte étoient aussi représentés la *sainte Vierge*, *S. Jacques*, Patron de Coytier, & un *Evêque*, accompagnés d'une

Quart. de S. André'. XVIII. 155
inscription en lettres enfermées les unes dans les autres, comme on en voit des exemples dans les écritures de la premiere & de la seconde Race de nos Rois. Cette inscription étoit ainsi conçue :

Jacobus Coytier
Miles & Consiliarius
ac Vice-Præses Cameræ Computorum
Parisiensis
Aream emit, & in ea ædificavit domum
anno 1490.

Si *Brice* avoit fait attention à la date de cette inscription, il n'auroit pas dit * que le Roi Louis XI. ayant défendu à Coytier de paroître en sa présence, *ce rusé & adroit Médecin qui ne demandoit rien davantage, se retira très-volontiers pour jouir des biens excessifs qu'il avoit pillés à la Cour pendant son crédit, & fit bâtir cette maison dans un champ qui se trouvoit à cet endroit proche les murs de la Ville.* Nous ne voyons nulle part que Coytier ait encouru la disgrace de Louis XI. au point d'être obligé de se retirer du service de ce Prince, & l'inscription que je viens de raporter prouve qu'il y avoit sept ans que

* *Tome III.*
page 207.

G vj

Louis XI. étoit mort lorsque Coytier fit bâtir cette maison.

C'est dans cette même maison qu'a demeuré longtems & où est mort l'illustre M. *le Nain*, Conseiller & Doyen du Parlement de Paris.

Elle a été démolie en 1739. & en 1740. on en bâtit une autre en sa place.

L'emplacement sur lequel sont bâties les trois maisons dont je viens de parler, étoit anciennement occupé par *l'Hôtel d'Orleans* ou *le séjour d'Orleans* qui s'étendoit depuis la rue de l'Eperon, jusqu'à la porte de Bussi. Ce Palais avoit été habité par *Philippe Duc d'Orleans*, cinquiéme fils de Philippe de Valois. Après la mort de ce Prince, cet Hôtel passa à Louis de France Duc d'Orleans, fils du Roi Charles V. & frere du Roi Charles VI. En 1401. il vendit cette maison à Charles VI. son frere vingt-deux mille cinq cens livres d'or, laquelle lui revint depuis, car non seulement Valentine de Milan sa femme y logea lorsqu'elle vint demander justice de sa mort ; mais même Louis d'Orleans son petit fils, avant de parvenir à la Couronne, en étoit propriétaire en 1484. & le vendit pour soixante livres de rente à un Conseiller du Parlement, à un Correcteur des Comptes, & à un Avocat. C'est apparemment de l'un de ces trois que Jacques Coytier acheta l'emplacement sur lequel il fit bâtir sa maison.

De l'autre côté de la rue de S. André des Arcs, & vis-à-vis de l'Hôtel d'Orleans, étoit un des huit Hôtels que les Rois de Navarre avoient à Paris. Il s'étendoit depuis la porte de Buffi jusqu'à la rue des grands Augustins. C'est cet Hôtel que Jeanne, Reine de France & de Navarre, donna par son testament pour y établir un College, mais ses exécuteurs testamentaires ne l'ayant pas trouvé propre pour cet usage, le vendirent, & du prix qui en provint, ils firent bâtir le College de Champagne ou de Navarre, dans la rue de la Montagne sainte Geneviéve.

Il y avoit encore dans la rue S. André des Arcs, *l'Hôtel & le College de S. Denys*. Ce fut Mathieu de Vendosme qui le fit bâtir près la porte de Buffi sur des terres amorties qu'il prit à cens & rentes en 1263. & 1268.

des Religieux de S. Germain des Prez. Le même Abbé l'augmenta d'une Grange qu'il acheta six livres parisis, d'Alix de la Driesche & de ses enfans, & que les Religieux amortirent en 1268. Il y joignit encore en 1285. un jardin & des terres qu'il eut par échange de ces mêmes Religieux pour des possessions qu'il avoit à Cachan & à Arcueil. *Guy de Castres* en 1299. y renferma encore un jardin qui appartenoit à Pierre de Columna; & *Jean de la Groslaye* ou *de Villiers*, Evêque de Lombez & Cardinal, l'augmenta de trois maisons voisines qu'il acheta en 1486. Guillaume de Farréchal Abbé de S. Denis y fonda six Bourses en 1487. Enfin cet Hôtel ou College fut vendu en conséquence d'un Arrêt du Parlement, en date du 9. Avril 1595. qui permit à l'Abbé & aux Religieux de S. Denis de vendre jusqu'à la concurrence de trente mille écus de leur bien : d'où s'ensuivit l'aliénation de plusieurs belles terres, & de l'Hôtel & College de S. Denis. Ce dernier fut démoli tout aussi-tôt, & sur son emplacement on bâtit les maisons qui forment *la rue Dauphine*, *la rue Christine* & *la rue d'Anjou*.

La Porte de Bucy étoit au bout de la rue S. André des Arcs, & avoit pris son nom de *Simon de Bucy*, Chevalier, Conseiller du Roi en 1350. Elle séparoit la rue S. André des Arcs du faubourg S. Germain, & fut abatue l'an 1672. On a mis à l'endroit où elle étoit une table de marbre noir sur laquelle est une inscription pareille à celle qu'on a mise pour la porte de S. Germain, il n'y a que le nom de changé.

La rue *de l'Hirondelle* va de la place du Pont S. Michel à la rue Gilles-Cœur. Le nom de cette rue a soulevé nos principaux Grammairiens les uns contre les autres. L'Université qui veut toujours ramener le françois au latin, a prétendu qu'il faloit nommer cette rue la rue de *l'Hirondelle*, à cause de *Hirundo* dont ce nom est pris. Vaugelas, qui a traité le premier cette question, préfere *Herondelle* à Hirondelle, & rejette absolument *Arondelle*. La Mothe le Vayer au contraire soûtenoit qu'*Arondelle* étoit le meilleur des trois, & le prouve par nos livres gaulois où l'on se sert toujours du mot d'Arondelle. Patru est du même sentiment, & se fondé sur l'autorité de Belleau, d'Amiot & de Cœffeteau qui se servent toujours du mot d'Arondelle. Balzac & d'Ablancourt sont opposés à ces Sçavans, & disent *Hirondelle*. L'usage qui est le souverain maître des Langues, s'est entierement déclaré pour *Hirondelle*, & aujourd'hui on ne parle point autrement. Au reste il y a apparence qu'on a ainsi nommé cette rue, de quelque enseigne où cet oiseau étoit peint. La Duchesse *d'Etampes* avoit fait bâtir dans cette rue un petit logis qui répondoit & communiquoit à l'Hôtel que François I. avoit fait bâtir au bout du Quay des Augustins.

La rue *de Hurepoix* aboutit d'un côté au Pont S. Michel, & de l'autre au Quay des Grands Augustins.

Ce Quay commence à la rue de Hurepoix, & finit à la rue Dauphine au bout du Pont-Neuf. C'étoit anciennement une des promenades de Paris, mais les frequentes inondations de la riviere, & le desordre qu'elles causoient, obligerent Philippe le Bel d'ordonner par ses Lettres Patentes du 9. Juin 1312. aux Prevôt des Marchands & Echevins, de faire bâtir un Quay revêtu de pierre de taille. Les mercredis & les samedis les Boulangers vendent du pain le long de ce Quay. On y vend aussi toute sorte de gibier & de volaille. Toutes les Boutiques qui regnent le long de ce Quay, sont occupées par des Libraires ; & comme il y en a très-peu parmi eux qui impriment ou fassent imprimer des livres nouveaux, l'on vient principalement ici pour acheter de vieux livres que les Libraires qui demeurent sur ce Quay achetent aux Inventaires qui se font très-souvent dans cette Ville.

On peut remarquer à l'entrée de ce Quay, du côté de la rue de Hurepoix, une maison à porte cochere où demeure actuellement un Libraire. Elle portoit au commencement du siécle dernier le nom de *l'Hôtel d'O*, à cause qu'elle appartenoit à Pierre Seguier, Maître des Requêtes, qui ayant quitté la Robe pour prendre l'Epée, se faisoit appeler le Marquis d'O ; mais Louise-Marie Seguier sa fille, ayant épousé Louis-Charles d'Albert Duc de Luynes, & lui ayant apporté cet Hôtel en mariage, pour lors il fut nommé *l'Hôtel de Luynes*. C'eſt dans cet Hôtel que ſe refugia & que ſe cacha le Chancelier Seguier, le 27. d'Aouſt de l'an 1648. pour éviter la fureur d'une populace ſéditieuſe qui lui demandoit de faire mettre en liberté le Préſident de Blancmenil, le Préſident Charton, & Brouſſel Conſeiller, que la Reine Régente avoit fait enlever, & qui ajoûtoit que s'il ne le faiſoit, on le tueroit à l'heure même.

Cette maiſon, qui étoit autrefois plus vaſte qu'elle n'eſt aujourd'hui, car elle fut démolie en partie en 1671. avoit été bâtie par François I. qui en fit un de ſes Palais d'amour. *Sauval* dit que toutes les poutres & les cheminées étoient embellies d'emblêmes & de deviſes auſſi ingenieuſes que tendres, que non ſeulement il avoit vûes, mais même qu'il avoit ſçues par cœur, mais dont il ne ſe reſſouvenoit que d'une lorſqu'il écrivoit, laquelle eſt véritablement ſpirituelle, mais impie ; c'étoit un cœur enflamé, & placé au milieu de ces deux lettres grecques A & Ω : ces deviſes & emblêmes ne ſe voyent plus, ajoûte-t-il, pour avoir été

<small>Sauval, Antiq. de Paris, *tom.* 2. Amours des Rois, *p.* 11.</small>

noircies ou couvertes de peintures, il y reste seulement des Salamandres que ce Prince avoit prises pour symbole; le portail, les portes, les croisées & le comble de la maison en sont enrichis.

La rue *Gilles-Cœur* portoit le nom de la rue *Gui-le-Comte* en 1397. On croit que le nom qu'elle porte à présent lui vient de quelqu'un des descendans du fameux Jacques Cœur. Elle prend à la rue S. André des Arcs, & aboutit au Quay des Augustins.

La rue *Pavée*, ou *Pavée d'Andouilles*, se nommoit en 1424. la rue *des Augustins*. Dans cette rue il y a une maison où a longtems demeuré & où est mort M. *d'Aguesseau*, Conseiller d'Etat & au Conseil Royal des Finances, & pere du Chancelier de France de ce nom. Cette maison appartient aujourd'hui à M. de la Houssaye, Intendant des Finances, & fils de feu M. Pelletier de la Houssaye qui en avoit été Controleur Général. La rue Pavée est parallele aux rues Gilles-Cœur & des Augustins, & aboutit comme elles au Quay des Augustins & à la rue S. André des Arcs.

La rue des *Grands Augustins* se nommoit autrefois la rue de *l'Abbé de S. Denys*, & la rue des *Charités S. Denys*, à cause de l'Hôtel de l'Abbé de S. Denys qui étoit fort près, ainsi que je l'ai dit. En 1613. & 1614. on la nommoit *la petite rue de Seine*, parce qu'elle aboutissoit au Quay qui borde cette Riviere. On lui donne à présent le nom de *rue des Grands Augustins*, du Couvent où les Grands Augustins demeurent depuis l'an 1293. Au coin de cette rue, du côté du Quay, étoit *l'Hôtel d'Hercule*, ainsi nommée parce que les Travaux d'Hercule y étoient peints. Louis XII. le donna à Antoine du Prat qui fut ensuite Chancelier de France, & qui y logea jusqu'à sa mort, après laquelle le Roi François I. se saisit en 1536. de cent mille écus qui s'y trouverent dans des coffres bandés de fer. C'est aussi dans cet Hôtel qu'en 1573. Charles IX. Henry de France Roi de Pologne, & Henry de Bourbon Roi de Navarre, faillirent à être assassinés par *du Prat-Viteaux*, petit fils du Chancelier, & l'un des plus déterminés hommes de son tems, qui avec quatre autres de sa sorte, s'étoit caché dans ce logis pour une querelle particuliere. Au premier bruit que fit le Roi, ils crurent qu'on venoit pour les prendre, & coururent aux armes en intention de faire main basse sur tout ce qui se présenteroit au cas qu'on enfonçat la porte de l'endroit où ils étoient cachés ; mais la bonne fortune de ces trois Rois fit qu'ils ne porterent point leurs pas de ce côté-là. *Sauval* qui rapporte toutes ces particularités, ajoûte que c'est aussi dans cet Hôtel que le Roi Henry III. a tenu la plûpart des Chapitres des Chevaliers de l'Ordre du S. Esprit : que c'est ici qu'en 1585. il reçut l'Ordre de la Jarretiere que lui apporta le Comte d'*Erby*, Ambassadeur extraordinaire d'Elisabeth Reine d'Angleterre. La préférence que ce Prince donnoit à cet Hôtel sur tant d'autres, venoit du nom d'*Hercule* qu'il portoit, & que ce Prince se proposoit ce Demi-Dieu pour modele, & le proposoit aussi à ses Chevaliers.

Une rue de traverse qui conduit de la rue Pavée à la rue des Grands Augustins, se nomme *la rue de Savoye* parce qu'elle a été percée sur une partie de l'emplacement qu'occupoit l'Hôtel de Nemours appartenant à une branche de la Maison de Savoye, & lequel fut démoli en 1671.

Le Couvent des grands Augustins.

L'origine de ces Moines est fort incertaine. On voit seulement que vers l'an 1200. il se forma, principalement en Italie, diverses Congrégations d'Hermites, dont les uns étoient habillés de noir, & les autres de blanc; les uns se disoient de l'Ordre de saint Benoît, & les autres de celui de saint Augustin. Il y eut jusqu'à cinq Congrégations de ces Moines que le Pape Innocent IV. essaya d'unir ensemble, afin qu'elles ne composassent qu'un seul & même corps; mais ce dessein ne fut exécuté qu'en 1256. par le Pape Alexandre IV. son successeur. C'est ainsi que fut institué le nouvel Ordre des Hermites de saint Augustin. Ils vinrent s'établir à Paris sous le Regne de S. Louis, & leur premiere habitation fut au-delà de la porte S. Eustache, où la Chapelle de sainte Marie Egyptienne fut leur premiere Eglise. Leur Couvent s'étendoit jusques dans la rue qui a retenu le nom des *Vieux Augustins*. Ils y étoient en 1259. comme il paroît par des Lettres du mois de Décembre de cette même année, & un Décret de l'Université qui est aussi de cette année-là, nous apprend qu'ils étoient déja admis dans l'Université avec les autres Mendians. Les Hermites de saint Augustin abandonnerent cette premiere demeure pour s'aller établir auprès de la porte S. Victor, dans un lieu inculte & rempli de chardons, & qui pour cela étoit nommé *Cardinetum*, & s'étendoit depuis ladite porte jusqu'à la riviere de Biévre. Le *Pere Juvenal de Narnie*, Procureur du R. P. Clement, Prieur général de l'Ordre des Hermites de saint Augustin, fut le premier qui en 1285. acheta, du Chapitre de Nôtre-Dame de Paris, une piece de terre assise audit Chardonnet, contenant quatre arpens, contigue à la maison des Bernardins, & tenant d'autre part *ad alveum Beveris*, à la petite riviere de Biévre, qui anciennement couloit sur le terrein où est aujourd'hui la rue qui porte son nom. Cette acquisition fut faite pour le prix de quatre cens livres tournois, & reser-

vé au Chapitre de Nôtre-Dame deux deniers de Cens capital. Ce même Pere Juvenal, au mois de Fevrier de cette même année 1285. acheta une autre piece de terre de l'Abbé & Couvent de faint Victor, fituée auffi au lieu du Chardonnet, pour le prix de deux cens vingt-une livres, treize fols quatre deniers tournois. Plus une maifon auprès de celle des Bons-Enfans, en faifant une rente annuelle de vingt-quatre livres tournois. L'année fuivante, le Roi Philippe le Bel accorda à ces Religieux l'ufage des murailles & tournelles de la Ville, & défendit à toutes perfonnes d'y paffer, ni demeurer fans la permiffion defdits Religieux. Malgré cette étendue de terrein, les Hermites de faint Auguftin n'étoient point contens de la fituation de leur Couvent. Ce lieu étoit fi folitaire, que les aumônes ne pouvoient fuffire à leur fubfiftance. Ils vendirent donc ce qu'ils avoient acheté au Chardonnet, & s'accommoderent avec les Freres Sachets, qui par traité du 14. Octobre 1293. leur céderent l'établiffement qu'ils avoient fur le bord de la Seine, dans le territoire de l'Abbaye de S. Germain des Pres. Ces
Freres

QUART. DE S. ANDRÉ. XVIII. 169
Freres Sachets, ou Freres Sacs, en latin *Saccitæ, Saccarii, & Saccati*, étoient ainsi nommés, parce qu'ils étoient vêtus d'une robe en forme de sac, & sans ceinture. Ils s'étoient établis sous le nom de *Freres de la pénitence de Jesus-Christ*, & faisoient profession d'une austerité si extraordinaire, qu'ils subsisterent peu de tems. Ils avoient été établis en cet endroit par S. Louis au mois de Novembre 1261. & ils en sortirent le 14. d'Octobre de l'an 1293. que leur pauvreté les obligea de le vendre aux Hermites de S. Augustin qui s'y sont toujours maintenus depuis.

Leur Eglise telle qu'elle est à présent, a été bâtie à plusieurs reprises, mais le Roi Charles V. a eu la principale part à cet ouvrage ainsi que le disoit une inscription qui se voyoit il n'y a pas encore longtems aux pieds de la statue de ce Roi qui est placée sur le grand Portail exterieur de ce Couvent.

Primus Francorum Rex Delphinus fuit iste
Exemplar morum. CAROLUS *dictus bone Christe,*

Tome VI. H

Merces Justorum, dilexit fortiter iste :
Hic patet exemplum tibi, nam complevit honore,
Hoc præsens Templum Deo ditetur honore.

Après avoir rapporté cette inscription, & avoir remarqué que ce fut Charles V. qui eut la principale part à la construction de cette Eglise, il paroîtra assez étonnant qu'elle n'ait été dédiée que sous Charles VII. par Guillaume Chartier Evêque de Paris, le 6. de May de l'an 1453. c'est-à-dire soixante & treize ans après la mort du Roi Charles V. Il y a apparence qu'elle ne fut achevée qu'au bout de ce tems-là, ou bien qu'elle avoit été rebâtie dans cet intervalle, ce qui n'est gueres croyable. Malgré tant de soins & de tems, on peut dire que cette Eglise n'en est pas plus belle, & qu'elle se ressent du mauvais goût du siécle où elle a été bâtie. On a formé plusieurs fois le dessein d'en faire bâtir une en sa place qui fut de meilleur goût, & plus magnifique. Tout ce qu'il y a aujourd'hui d'habiles Architectes en France, ont donné à l'envi des desseins, mais jusqu'ici tous ces projets n'ont point eu d'exécution. Entrons donc dans le détail de cette Eglise telle qu'elle est.

Le Portail extérieur de ce Couvent est sur le Quay des Augustins, & donne entrée dans une petite cour où fut inhumé *Raoul de Brienne*, Comte d'Eu & de Guines, Connêtable de France, lequel eut la tête tranchée en l'Hôtel de Neelle, & son corps fut enterré en cet endroit par ordre du Roi *pour l'honneur des amis d'icelui Connétable*, dit Froissard. Sur cette cour est d'un côté la grand-Porte intérieure du Couvent, & de l'autre le Portail de l'Eglise, qui étant ainsi renfermé, n'est nullement en vûe, & ne mérite pas même d'y être.

Le Chœur de cette Eglise est grand & spacieux. *Charles-Henry de Malon de Bercy*, Doyen des Maîtres de Requêtes, mort le 30. May 1676. fut inhumé au milieu sous une tombe plate, & donna une somme considérable qui fut employée à la décoration du grand-Autel, qui consiste en huit colonnes Corinthiennes de marbre de Saraveche, disposées sur un plan courbe, & qui soûtiennent une demi-coupole où est le Pere Eternel dans sa gloire, en bas-relief. Aux côtés sont

H ij

deux Anges en adoration, & un peu plus loin deux figures plus grandes que nature, dont l'une représente S. Augustin, & l'autre sainte Monique. Cette décoration fut commencée en 1675. & fut achevée au mois d'Août de l'an 1678. Le Tabernacle est de menuiserie, mais peint en marbre. Il fut sculpté par Drouilli, aux dépens du P. *Lambrochon*, un des Religieux de ce Couvent. Les balustrades de fer qui enferment cet Autel, de même que la porte du Chœur, ont été faites aux dépens d'un autre Religieux nommé le P. *Olivier*. Les stalles ou chaires du Chœur, sont un excellent ouvrage de menuiserie qui fut commencé en 1666. & ne fut achevé qu'en 1672. Les deux chaires qui le terminent du côté du Jubé, sont plus ornées de sculptures que les autres, & sont destinées, l'une pour le Roi, & l'autre pour le Dauphin, lorsque le Roy étant à Paris, vient dans cette Eglise pour y faire la cérémonie de donner l'Ordre du S. Esprit.

L'attique d'un des côtés de ce Chœur est orné de sept grands tableaux enrichis de magnifiques bordures. Le premier de ces tableaux, c'est-à-dire,

QUART. DE S. ANDRE'. XVIII. 173
celui qui est le plus près de l'Autel, représente le Sacrement de l'Eucharistie, & toutes les figures de l'Ancien Testament qui y ont rapport. Ce tableau a été donné par un Religieux de ce Couvent, & on ignore le nom du Peintre qui l'a fait.

Les cinq qui suivent, nous font voir chacun une Cérémonie de l'Ordre du S. Esprit sous les cinq Grands-Maîtres qui ont successivement regné depuis l'institution & fondation de cet Ordre ; qui sont Henry III. Instituteur & Fondateur ; Henry IV. Louis XIII. Louis XIV. & Louis XV. Ce dernier est représenté, donnant le Collier de l'Ordre à Louis de Bourbon – Condé, Comte de Clermont, dans la grande Promotion qui fut faite le 3. de Juin 1724. Ces cinq tableaux ont été composés & peints par trois des plus fameux Peintres de l'Académie Royale de Peinture. Henry III. a été peint par *Vanlo* ; Henry IV. par *de Troy* ; Louis XIII. par *Champagne* ; Louis XIV. & Louis XV. par *Vanlo*.

Le sujet du septiéme tableau est pris du Chapitre cinquième des Actes des Apôtres, où il est dit que l'on apportoit les malades dans les rues, & qu'on les mettoit sur de petits lits & sur des couchettes, afin que Pierre venant à passer, son *ombre* du moins couvrît quelqu'un d'eux, & qu'ils fussent délivrés de leurs maladies, & ils étoient tous guéris. Ce tableau est de *Jouvenet*, & c'est en faire l'éloge que de dire qu'il est digne de ce Peintre.

Le Jubé qui sépare le Chœur de la Nef, est d'un dessein très-médiocre. Il fut bâti vers l'an 1665. & du côté de la Nef, est décoré de dix colonnes Corinthiennes de marbre de Dinan. Entre les groupes de ces colonnes, on a placé deux Autels, dont l'un est sous l'invocation de la sainte Vierge, & l'autre sous celle de S. Nicolas de Tolentin.

La Chaire du Prédicateur est un excellent morceau de sculpture de *Germain Pilon* qui la fit en 1588. On y voit de très-beaux bas-reliefs. Au milieu saint Paul y est représenté prêchant au peuple; à droite est S. Jean-Baptiste qui prêche dans le désert, & Jesus-Christ est à gauche, sur le bord du puy de Jacob, parlant à la Samaritaine. Entre ces figures il y a six Anges en façon de termes, qui portent les instrumens de la Passion de Jesus-

Chrift. On a ajoûté à cet excellent ouvrage une couronne de bois qui a huit pieds de diamétre, & eft foûtenue par cinq Anges, & relevée de dix fleurs de lys auſſi de bois. Juſques-là il n'y avoit rien de trop, ni rien qui alterât l'excellente beauté des figures de Pilon, mais en 1684. on s'aviſa mal à propos de les faire dorer par le Frere *Amiot*, Religieux du même Couvent, & on ne s'apperçut qu'après coup du tort qu'on avoit fait à cet ouvrage, en voulant l'enrichir.

Les deux benitiers de marbre jaſpé qui ſont à l'entrée de cette Egliſe, ont été faits aux dépens du petit pécule du P. *Simian*, Docteur en Théologie de la Faculté de Paris, & Religieux de ce Couvent, mort au mois de Fevrier de l'an 1683. Ce Religieux pour marquer ſa reconnoiſſance envers Meſſieurs de Meſme, fit ſculpter leurs armes en marbre blanc, & les fit mettre au haut de ces benitiers, ainſi qu'on les y voit.

La Chapelle du S. Eſprit eſt à côté du grand-Autel vers le nord. Elle eſt décorée de pluſieurs tableaux, dont celui qui eſt ſur l'Autel, repréſente la deſcente du S. Eſprit ſur la ſainte

Vierge & sur les Apôtres. Il est de *Jacob Bunel*, Peintre né à Blois en 1558. & estimé. Cette Chapelle fut construite & dédiée en mémoire de l'institution de l'Ordre du S. Esprit, dont la cérémonie fut faite pour la premiere fois dans cette Eglise par le Roi Henry III. le premier jour de Janvier de l'an 1579. On avoit mis dans cette Chapelle un tableau où Henry III. étoit représenté, donnant le Collier de l'Ordre du S. Esprit à plusieurs Chevaliers ; & au bas étoit cette inscription.

Fortissimis & prudentissimis utriusque
militiæ Equitibus priscæ
nobilitatis bello & pace optimè
de Republicâ meritis, HENRICUS III.
Galliæ & Poloniæ Rex Augustus,
Divini Spiritûs apud Christianos
Symbolum, pro equestri stemmate
esse voluit, jussit, decrevit,
plaudente, acclamante,
venerante populo, & voto pro salute
Principis nuncupante
ob singularem ipsius pietatem.
Lutetiæ Parisiorum
Kalend. Januar. ann. M. ID. LXXIX.

Ce tableau subsista jusqu'à la mort du Duc & du Cardinal de Guise, mais dès que le Peuple Ligueur eut appris que ces deux rebelles avoient été tués à Blois par ordre du Roi, il vint en fureur aux Augustins, & mit en pieces le tableau & l'inscription.

Je parlerai des autres Chapelles qui regnent le long de cette Eglise du côté du nord, à mesure que je ferai mention des personnes illustres qui y ont été inhumées.

Gilles de Rome est le premier de ceux qui sont venus à ma connoissance. Il étoit issu de l'ancienne & illustre Maison des *Colonnes*, qui a donné à l'Eglise le Pape *Martin III.* quatorze Cardinaux, un grand nombre de Prélats ; & au siécle, plusieurs grands Capitaines. Il entra d'abord dans l'Ordre des Hermites de S. Augustin, & en devint successivement Général. Après avoir été Précepteur du Roi Philippe le Bel, il fut élevé à l'Archevêché de Bourges. Il assista au Concile Général de Vienne l'an 1311. & en convoqua un Provincial à Bourges pour le lendemain de la Nativité de la Vierge la même année, selon les uns, & en 1315. selon le Reli-

H v

gieux de S. Sulpice ; il mourut à Avignon en 1316. & son corps fut transporté à Paris, & inhumé dans cette Eglise, avec cette Epitaphe.

HIC JACET

Aula Morum, vitæ munditia, Archiphilosophiæ Aristotelis perspicacissimus Commentator, Clavis & Doctor Sacræ Theologiæ, lux in lucem reducens dubia, Frater Ægidius de Roma *Ordinis Fratrum Eremitarum sancti Augustini, Archiepiscopus Bituricensis, qui obiit anno Domini* 1316. 22. *mensis Decembris.*

Madame Isabeau de Bourgogne, *Dame de Neaufle, femme de Monsieur Pierre de Chambely le jeune, Seigneur de Neaufle, laquelle trépassa l'an de grace mil trois cents vingt & trois.*

La Dame Jeanne de Valois, *Comtesse de Beaumont-le-Roger, fille de Monsieur Charles, fils du Roy de France, Comte de Valois, pere du Roi Philippes, & de Madame Ca-*

therine Impératrice de Constantinople, femme dudit Charles, laquelle Jeanne fut femme de Monsieur Robert d'Artois. Elle trespassa l'an mil trois cens soixante trois, le neuviesme jour de Juillet.

Ici fut aussi inhumé un enfant, dont l'Epitaphe nous fait connoître le nom & les qualités.

CY GIST

ENGELBERT Monsieur, fils 4. de haut & excellent Prince Monsieur Engelbert de Cleves, Comte de Nevers, d'Eu, de Rhetel, & d'Auxerre, fils & frere de Duc, & cousin germain du Très-Chrétien Roy Louis 12. de ce nom : qui trépassa à Paris en l'Hôtel dudit Comte nommé l'Hostel d'Eu, le 16. jour de Fevrier, l'an 1498.

Ære sub hoc nitido jacet Engelbertulus
    infans
Nomen habens patris, Carola *mater*
    erat :
Alter ab illustri Clivensi *stirpe creatus,*
Altera nobilium Vindocinense *decus.*
Ille Ludovico *bisseno sanguine junctus,*

Hæc etiam Francis Regibus oria fuit.
At puerum fovere dies cunabula centum,
Quando adiit superos vita tenella suos.

Contre le mur on voyoit l'Epitaphe de *Jean-Baptiste Sapin*, Conseiller-Clerc au Parlement de Paris, gravée sur une lame de cuivre. Ce Magistrat, un des plus vertueux & des plus sçavans de son siécle, allant passer une partie des vacations en Touraine d'où il étoit originaire, & étant accompagné de *Jean de Troyes*, Abbé de Gastines, rencontra en chemin *Georges de Selve*, que le Roi & le Roi de Navarre envoyoient en Ambassade vers le Roi d'Espagne. Ces trois illustres voyageurs étant arrivés à *Cloës*, bourg qui est entre Chateaudun & Vendôme, furent enlevés par un parti de la garnison Calviniste qui étoit dans Orléans, & conduits pieds & mains liés dans cette ville, où par vengeance de l'Arrêt du Parlement, donné contre les Calvinistes Rebelles qui étoient dans cette ville, Jean-Baptiste Sapin & Jean de Troyes furent pendus à une même potence le 2. Novembre de l'an 1562. Gilles Bourdin, Procureur Général, assisté de du Mesnil & de Boucherat, Avocats Généraux, fit la relation de cette funeste avanture au Parlement le 12. du même mois. Le corps de Sapin fut apporté à Paris, & inhumé aux Augustins, où le 18. du même mois on lui fit un Service auquel le Parlement, *en forme de Cour*, assista. Ce n'est pas pour vouloir diminuer l'atrocité du crime, mais uniquement par amour pour la vérité, que je remarquerai ici que de ces trois illustres personnages, *de Selve* étoit le seul qui eut le caractere d'Ambassadeur, quoique le sieur *Brice*, pour avoir copié des Auteurs qui n'étoient pas plus exacts que lui, les ait liberalement décorés tous trois de ce respectable caractere. Il assûre aussi qu'ils furent tous trois pendus, ce qui est aussi faux que le reste, car il est constant que de Selve fut échangé pour le sieur *de Luzarche* qui étoit prisonnier à Paris pour la Religion. Voici l'Epitaphe de Sapin.

JOANNI-BAPTISTÆ SAPINO *nobili familiæ orto, Senatori ornatissimo, viro integerrimo, omni doctrinarum genere prædito, Civi opti-*

mo; qui cum obeundi muneris ergo Turones iter faceret, à publicis hostibus positis latronum more insidiis, in Carnotensi agro interceptus, Aureliam (impiorum factionum arcem) abductus perduellium exercitio traditus, ac dies aliquot miserè adservatus, demum quod Antiquæ & Catholicæ Religionis assertor fuisset, turpissimæ neci est addictus. Patres hoc tanto scelere commoti, universi in purpura coeuntes, hanc in insontis collegæ corpore acceptam injuriam, toti amplissimo ordini irrogatam & communem censuerunt, & tanquam honestam & gloriosam pro Christi nomine & Christiana Republica mortem perpesso, supremis & ipsi in eum officiis fungentes, solemnem luctum fieri publicum parentale peragi, aram propitiatoriam extrui, ac reliquos omnes Senatorios honores mortuo deferri, ex voto publico decreverunt. An. restit. salut. 1562. Id. Novemb.

REQUIESCAT IN PACE.

Remi Belleau, Poëte françois, natif de Nogent-le-Rotrou, mort le 6. de Mars 1577. fut aussi enterré dans le Chœur de cette Eglise. Il composa divers ouvrages, & traduifit les Poëfies d'Anacreon de grec en françois. Un de ses meilleurs ouvrages est un Poëme *de la nature & diversité des pierres précieuses*, qui donna lieu à Ronsard de lui faire cette Epitaphe qui fut gravée sur son tombeau.

Ne taillez, mains industrieuses,
Des pierres pour couvrir Belleau,
Lui-même a basti son tombeau,
Dedans ses pierres précieuses.

Outre cette Epitaphe, il y en avoit une en prose, & qui étoit ainsi conçûe;

Remigii Bellaquei *Poetæ Laureati, qui cum pietate & cum fide, undequinquagenariam, pulcherrimè, omnibusque gratissimus vixit ætatem, extinctos cineres, Divæ Cæciliæ piis sodalibus solicitandos, supremi voti observantissimi curatores,* pr. Non. Mart. M. D. LXXVII. *Mœstissimo funere, hoc in tumulo deposuerunt.*

Distichon Numerale:

Postera lux Sexta est Marti, tibi Bellaqua vates,
 Qua faciunt socio luctibus exequias.

Toutes ces Epitaphes que je viens de rapporter, ne se voyent plus, & ont été ou détruites ou cachées par la nouvelle décoration dont on a embelli le Chœur.

Gui du Faur, sieur de Pibrac, si connu par ses emplois & par ses Quatrains, mourut le 12. de May de l'an 1584. âgé de cinquante-six ans, & fut inhumé dans ce Chœur, auprès du grand-Autel à droite, où l'on mit cette Epitaphe.

TUMULUS
VIDI FABRI PIBRACHII.

Hîc teguntur cineres tantum, & ossa Vidi Fabri Pibrachii, nomen ejus, virtusque spirat in ore & admiratione populorum omnium, quos non solum Orbis Christianus, sed Oriens, & intima Scytharum ora videt: genus illi à stirpe veterum Fabrorum, quæ neminem habuit, in tam longa serie annorum plus quam trecentorum, qui non aut ex Ordine Senatorio in toga illustris, aut inter fortes rei militaris ac bellica gloriâ famaque insignis fuerit; ipse qui nasci ab illis fortuitum neque ultra duxit, cum per omnes iret dignitatum &

QUART. DE S. ANDRE'. XVIII. 185
honorum gradus, tribunal emptum nummario pretio, nec insedit, nec appetivit unquam; virtute non censu; meritorum æstimatione, non divitiarum magnitudine ratus censeri munus, & Religionem Judicantium. Sub Carolo IX. primum ex Prætura Tolosana accitus in urbem & missus Tridentum (quo tum sanandis, formandisque rebus Ecclesiæ adversus furentem impietatem sectariorum convenerant lecta Regnorum & Provinciarum nominis Christiani lumina) sic renuntiavit summam imperatæ legationis, sic Gallici nominis prærogativam, Regisque sui jus, ac dignitatem fandi prudentia & ubertate asseruit, ut cum gratia causa nihil diceret, omnia tamen essent illic omnibus grata quæ diceret: illinc reversum, non in prioris Provinciæ Prætura & Magistratu ocium, sed altior honos ad negotia traxit, evectum ad Regiæ Advocationis munus in augustiore & primario Galliæ totius Senatu, ubi cum auctior fama virtutum in dies cresceret & triumpharet ejus oratio, raptus est velut in selectiorem & sanctiorem illorum ordinem, qui arcana

Regni & tacitas Principis meditationes cognoscit ac regit, & mox deinde Henrico III. quem tunc Poloni publico, solemni, comitiorum ordinumque Regni sui decreto Regem sibi renuntiarant, datus omnium autor ac princeps Consiliorum, quæ sic temperavit arte, judicio, sapientiaque, ut brevi præter spem omnium, in tanta rerum difficultate avito cum Galliarum Regno tuendo rursus incolumem & salvum reddiderit; & quærentes nihilominus per secessionem Poloniæ proceres, cui se, Regnique jura permitterent, aliquandiu interim in prioris Sacramenti fide, & Regis obsequio continuerit; tum his perfunctum & redditum sibi exeerit rursum Senatus, sed inter Præsides suos, otiumque fecit, in quo patriis verbis tetrasticis numeris ea suis vitæ præcepta composuit, quæ propter eximiam vim sapientiæ populorum omnium sermone versa teruntur, non sine præcipua autoris sui apud Turcas, etiam & Barbaros veneratione. Ad extremum quoque Francisco Henrici Regis fratri minori, quem inferioris Germaniæ populi ducem, ac Principem sibi dixerant, à Rege

QUART. DE S. ANDRÉ. XVIII.

Quæstor sacri Palatii, & Cancellarius serò missus (quia rebus jam desperatis ac penè eversis) cum inde rediisset, morbo diem suum gloriæ plenus feliciter clausit an. 1584. 2ª Maii.

Et annis post ea sex ac viginti, secuta virum è Vasconia citeriore conjux, femina illustris Joanna de Custos à Tarabel, hic idem sibi, quod viro moriens fatale conditorium fecit. an. 1612.

Michael Faber Pibrachius ejusdem Fabri filius, natu maximus, Regis in sacri Consistorii ordine Consiliarius, mœrens monumentum posuit. an. 1627.

Aux deux côtés de ce Tombeau il y avoit deux petites tables de marbre noir, sur l'une desquelles on lisoit :

Dieu tout premier, puis pere & mere honore,
Sois juste & droit, & en toute saison
De l'innocent prend en main la raison
Car Dieu te doit là haut juger encore.
Heureux qui met en Dieu son esperance
Et qui l'invoque en sa prosperité,
Autant ou plus qu'en son adversité

Et ne se fie en humaine assurance.

Sur l'autre table de marbre étoient gravés ces autres vers :

Il est permis souhaiter un bon Prince
Mais tel qu'il est, il le convient porter
Car il vaut mieux un tyran supporter
Que de troubler la paix de la Province.
Songe longtems avant que de promettre ;
Mais si tu as quelque chose promis,
Quoy que ce soit & fusse aux Ennemis,
De l'accomplir en devoir te faut metre.

Sur la table de marbre qui est opposée à celle sur laquelle est l'Epitaphe, sont gravés ces quatre vers :

Pibrac dont l'honneur & la gloire
Eclate par tout l'Univers,
Ne veut ny prose ny des vers
Pour en conserver la mémoire.

Il gist sous cette tombe.

Il n'y a rien à ajoûter à l'Epitaphe latine de Pibrac, si non que la famille des *du Faur*, dont il étoit, est établie à Toulouse depuis plusieurs siécles, mais qu'elle est originaire d'Auch. On y a aussi oublié de dire que Pibrac avoit été Chancelier de

Marguerite de France Reine de Navarre. Ce fut pendant que Pibrac étoit à son service, que malgré toute sa sagesse, il ne put se défendre des charmes de cette Princesse, & qu'il osa élever ses desirs jusqu'à elle. Quoiqu'il fut bien fait de sa personne, & qu'il eut beaucoup de douceur & d'agrément dans l'esprit, la Reine n'avoit aucun goût pour lui, & se faisant honneur d'une résistance qui ne lui coûtoit rien, elle lui fit écrire une lettre fiere où elle lui reprochoit sa témérité. Cette avanture mortifia infiniment Pibrac qui tâcha de se justifier par une réponse qu'il fit & qu'il montra à de Thou, qui la trouva écrite avec beaucoup d'esprit & de délicatesse, mais plus propre à convaincre de la vérité des reproches que lui faisoit cette Princesse, qu'à l'en desabuser.

Lorsqu'en 1675. on entreprit de décorer le grand Autel comme nous le voyons à présent, on transporta derriere cet Autel les cendres & le tombeau de *Pibrac*.

Proche la Sacristie de cette Eglise l'on voyoit l'inscription suivante gravée sur une table de marbre.

Le Samedi veille de Pâques 20. jour d'Avril 1585. trepassa à neuf heures du matin au faubourg S. Germain des Prez lez Paris, rue de Seine, haute & puissante Dame Diane de Rohan, femme & épouse de haut & puissant Seigneur Messire François de la Tour-Landry, Chevalier de l'Ordre du Roi, Comte de Chasteauroux, & Baron dudit lieu de la Tour-Landry: de laquelle Dame les entrailles sont icy devant enterrées, avec celles de feu illustrissime & reverendissime Prélat, François de Rohan son grand oncle, en son vivant Archevêque de Lion Primat des Gaules, & Evêque d'Angers.

PRIEZ DIEU POUR EUX.

De l'autre côté du grand Autel, c'est-à-dire du côté de l'Evangile, sont la Tombe & l'Epitaphe d'un des plus fameux Théologiens du dernier siècle, & du plus consulté de son tems sur les cas de conscience.

HIC SITUS EST

JACOBUS DE SAINTE-BEUVE, *Parisinus, Presbyter Doctor, ac Socius Sorbonicus, Regius*

S. Theologiæ Professor,
qui vixdum XXVIII. transgressus
annum, à Clero Ecclesiæ Gallicanæ
anno M. DC. XLI.
Meduntæ congregato, cum aliquot viris
eruditis ad componendum Theologiæ
Moralis corpus, est delectus:
& biennio post in Schola Sorbonæ
Theologiam docuit magnâ famâ
magnâ studiosorum frequentiâ doctrinam
ejus eximiam cum singulari pietate
sapientiaque conjunctam
testantur nonnullarum Ecclesiarum
Breviaria ac Ritualia diligentissimè
emendata;
plurimi Hæretici ad Catholicam
Religionem felicissimè
adducti;
Multæ Controversiæ privatorum,
qui ipsum ultro arbitrum elegerunt,
compositæ;
complures omnium ordinum
ad emendationem morum prudentissimis
admonitionibus consiliisque compulsi.
Cùm idem undique non à civibus
& popularibus modò,
sed etiam ab exteris,
de rebus ad Disciplinam Ecclesiasticam
& ad mores pertinentibus
quotidie consuleretur,

cunctisque indefessus satisfaceret:
Antistites,
qui ex omnibus Regni Francici
Provinciis anno Domini M. DC. LXX.
apud Pontem Isaræ Conventum
habebant,
virum optimè de Ecclesia meritum
honorario donavere.
Vixit annos LXIV. *Obiit* XVIII.
Kalendas Januarias
anno M. DC. LXXVII.

Hieronimus de Sainte Beuve
Prior Montis Aureoli, fratri optimo
atque carissimo mœrens posuit.

On doit voir dans la Sacristie un fort beau tableau de *Vignon* qui représente les Mages prosternés en terre qui adorent l'enfant Jesus, & lui présentent de l'or, de l'encens & de la myrre. Ce tableau fut donné à ce Couvent par le Maréchal d'Ancre.

Dans la nef, on voit au pilier qui est en face de la Chapelle de la Vierge, une statue d'homme armé, plus petite que le naturel, laquelle représente *Jacques de la Fontaine*, Chevalier, Seigneur de Malgenestre, &c. dont voici l'Epitaphe:

LOUANGE

QUART. DE S. ANDRE'. XVIII.

LOUANGE SOIT A DIEU,

CY GIST

SOUS CETTE GRANDE TOMBE

Messire JACQUES DE LA FONTAINE, Chevalier, Seigneur de Malgenestre issu & sorti de la Maison des Princes Souuverains de la Romagne Malateste Comte Dastes & di Casa Solare en Italie desquels il s'est toujours montré digne par sa valeur durant sa vie partie de laquelle il a usé dans les armées au service & près de S. A. Serenissime Carolo Esmanuel Duc de Savoye lespace de XX années & du depuis Monseigneur Henry de Savoye Duc de Nemours le ramena de Piedmont en France en 1620 luy donnant une Compagnie dordonance & le reste de ses jours la employé près sa personne de celles de Mesdames les Duchesses & de Messeigneurs les Princes leurs enfants. Lequel décéda le 2e Octobre 1652 âgé de 66 ans &

Priés Dieu pour son ame.

VIVE JESUS.

C'est une opinion généralement répandue dans les branches differentes qui portent le nom de la Fontaine Solare, qu'elles tirent leur origine de la Maison *de Solare* une des plus illustres du Comté d'Asti en Piedmont ; & que *Jean de Solare*, puisné des Comtes de Morette, ayant été attiré en France par Charles Duc d'Orleans, du tems des guerres des Maisons d'Orleans & de Bourgogne, il s'y maria à une Demoiselle du nom *de la Fontaine* qui l'obligea de joindre son nom à celui de Solare dont les descendans ont toujours conservé les armes qui sont bandé d'or & d'azur de six pieces, les bandes d'or échiquetées de gueules de trois traits.

J'ai lû cette origine dans plusieurs Généalogies manuscrites, mais je ne l'ai vû prouvée nulle part. Si Messieurs de la Fontaine Solare vouloient bien communiquer au public les preuves qu'ils en ont, ils feroient grand plaisir à ceux qui aiment la Généalogie.

Les branches qu'on dit descendues de ce Jean de Solare qui vint s'établir en France, sont celles d'*Oignon*, ou de *Verton* ; de *Bitry*, qui subsiste

QUART. DE S. ANDRÉ. XVIII. 195
dans les enfans d'un puisné nommé Philippe de la Fontaine, mort Ecuyer de S. A. S. Madame la Duchesse du Maine le 10. Janvier 1731. Il a toujours porté le nom de Solare, & ses fils le portent aussi ; de la Fontaine Seigneurs de *la Boissiere* dont est le Major de Dieppe, & de laquelle étoit Joseph de la Fontaine de la Boissiere, Prêtre de l'Oratoire, dont les Sermons ont été imprimés en 1730. en six volumes in 12. Il étoit né le 4. Aoust de l'an 1649. & est mort le 18. d'Aoust de l'an 1732. de la Fontaine Seigneurs de *Bachets*, &c. Artus de la Fontaine, Baron d'Oignon, Gouverneur de Soissons & de Laon, Chevalier de l'Ordre du Roi, son Lieutenant général en l'Isle de France, son Maître d'Hôtel ordinaire, fit en cette derniere qualité les fonctions que fait aujourd'hui le Grand Maître des Cérémonies, sous les Rois Henry II. François II. Charles IX. & Henry III. & c'est, dit-on, de lui qu'est venu le proverbe d'être *assis en rang d'oignon*.

Dans la Chapelle de S. Nicolas de Tolentin, contre le mur méridional, est un tombeau de pierre sur lequel est un homme armé, & au dessus on lit :

I ij

CY GIST

Messire PIERRE DUSSAYEZ, *en son vivant Chevalier, Seigneur & Baron du Poyet qui trépassa le* 10. *jour d'Avril après Pasques* 1548.

Priés Dieu pour son ame.

Proche la Chaire du Prédicateur, est une table de marbre noir, élevée, & sur laquelle est gravée l'Epitaphe d'*Eustache du Caurroy*, un des plus grands Musiciens de son siécle. Sauval dit qu'il ne reste de lui qu'une Messe des Trépassés qui se chante tous les ans le jour des Morts dans le Chœur de Nôtre-Dame; & que la musique de cette Messe est très-lugubre, sçavante & achevée; qu'elle attendrit les cœurs les plus durs, & même épouvante. Je ne sçai si on chante encore cette Messe le jour des Trépassés à Nôtre-Dame, mais cette Messe m'a paru telle que le dit Sauval. Au reste cet Ecrivain étoit mal informé quand il décidoit qu'il ne restoit de du Caurroy que cette Messe. J'ai vû autrefois des livres de musique chez l'Abbé Paul Tallemant de l'Académie Françoise, qui étoient de la composition de du Caurroy, & appartenoient à Charles Perrault aussi de l'Académie Françoise. D'ailleurs c'est une tradition assez généralement répandue parmi ceux qui sçavent l'histoire de nôtre Musique, que la plûpart des Noëls que l'on chante, sont des gavotes & des menuets d'un Balet que du Caurroy avoit composé pour le divertissement du Roi Charles IX. Voici l'Epitaphe de cet homme admirable.

D. O. M. S.

Suspice Viator, & stupesce ; quisquis es, fatebere me effari vera, si hoc unum audies ; EUSTATIUS DU CAURROY *Bellovacensis hîc situs est, satis est pro titulo, satis pro tumulo, satis superque cineri pio, modestoque, quem virum non Iberia, non Gallia, non Italia modo, sed omnis Europa, Musicorum principem invidiâ admirante confessa est ; quem Carolus IX. Henrici duo coluere, Regioque musices sacello præfecere, quem harmoniam ipsam è Cœlo devocasse, & in Templa divum induxisse testantur ingenii monumenta ; stupore & silentio venerandum negas ?*

tot bona, brevis urna non claudit, hospes, æternitas hæc sibi vindicat, non moriuntur mortales immortales famâ, oriuntur ut soles, & si quotidie occidant; vale & bene comprecare. Vixit 60. ann. devixit an. 1609.

N. FORME' *Parisinus eidem Regio muneri succedens.*

H. M. F. C.

Dans une petite Chapelle qui est derriere celle du S. Esprit, & qui est fermée à clef, est le tombeau de *Philippe de la Clite*, plus connu sous le nom *de Comines*, à cause que ses ancêtres avoient été Seigneurs de cette ville, mais dont *la Clite* étoit le véritable surnom. Tout le monde connoît l'excellence de son esprit, & celle des Mémoires qu'il a laissés. Il quitta le service du Duc de Bourgogne, son Prince naturel, pour s'attacher au Roi Louis XI. sans qu'on ait jamais sçû au vrai quel avoit été le sujet de ce changement. Il fut Seigneur *d'Argenton* en Poitou, & mourut en 1509. âgé de 64. ans. Marville dit qu'on voyoit autrefois sur

QUART. DE S. ANDRE'. XVIII. 199
ce tombeau un Globe en relief & un Chou Cabus, avec cette devise: *le Monde n'est qu'abus.*

Il y a une Epitaphe qui auroit mieux mérité d'être mise sur ce tombeau, & c'est pour réparer cette omission que je la transcris ici.

Gallorum & nostra laus una & gloria
 gentis,
 Hic COMINE *jaces, si modo fortè*
  jaces.
Historia vitam potuisti reddere vivus,
 Extincto vitam reddidit Historia.

Dans cette même Chapelle ont été inhumées *Helene de Chambes,* femme de Philippe de Comines, & *Jeanne de la Clite de Comines* leur fille, femme de René de Brosse Comte de Penthievre en Bretagne. Voici l'Epitaphe de cette derniere.

EPITAPHIUM

Dominæ JOANNÆ DE COMMINIS.

Quingentis annis bis septem & mille   1511.
 peractis,
In lucem quartam post Idus Martius
 ibat,
Octavamque parens, Phœbus properabat
 ad horam,

Comminia occubuit generosa à prole Joanna,
Pontebriæ Comitis Britanni sponsa Renati,
Atque Argentonii Domino prognata Philippo,
Chambeaque Helena mens hic in pace quiescat.

Dans la Chapelle d'Alluye, qui est aujourd'hui celle de Messieurs Charlet, on a vû pendant longtems la statue d'un Evêque représenté à genoux sur son tombeau où l'on lisoit ces deux Epitaphes, l'une en vers, & l'autre en prose :

EPITAPHIUM
Domini Petri Quiquerani, Episcopi Senecensis.

Dum juvenilis honos prima lanugine malas
 Vestit, & in calido pectore fervet amor :
Me rapuit quæ cuncta rapit, mors invida doctis,
 Hei mihi ! cur vita tam brevis hora fuit ?
Cur brevis hora fuit : rerum sic volvitur ordo,

Alternatque suas, tempus & hora vices.
Si fera longæva tribuissent fata senecta
Tempora, venturis poma dedisset ager.
Flos periit, periere simul cum cortice fructus,
Aridaque ante suos poma fuere dies.
Nemo tamen lachrimis, nec tristia funera fletu
Fœdet, cur ? Volito docta per ora virum.

HIC JACET

Nobilis vir reverendus in Christo pater, Dominus PETRUS QUIQUERANUS, *Episcopus Senecensis; filius Domini Antonii Quiquerani, Equitis & Baronis Bellojocani illustrissimi in Provincia; cujus libri tres de laudibus Provinciæ extant disciplinarum ac rerum cognitione efflorescentes. Obiit anno Domini* 1550. 15. *Kalend. Septembris, annos natus* 24.

Pierre de Quiqueran dont je viens de rapporter les Epitaphes, étoit Evêque de Senez, & mourut à l'âge de vingt-quatre ans. Il étoit fils d'Antoine de Quiqueran Baron de Baujeu & d'Anne de Forbin, fille du fameux

Palamedes de Forbin Seigneur de Soliers. Ce Prélat avoit beaucoup d'esprit, & composa un livre à la louange de sa patrie intitulé *de laudibus Provinciæ*. La famille des Quiqueran est une des plus illustres de la ville d'Arles par son ancienneté, par les emplois qu'elle a eus, & par les alliances qu'elle a faites. Rostan de Quiqueran suivoit le parti de la Princesse Estiennette des Baux, dans la guerre qu'elle avoit l'an 1150. avec le Comte de Provence. Honoré de Quiqueran de Beaujeu, mort Evêque de Castres, connu & estimé par la régularité de sa conduite & par son sçavoir, étoit de cette famille.

 Le tombeau de marbre noir qu'on voit dans la Chapelle qui est à côté, & presque vis-à-vis la petite porte du chœur, est celui de la famille de Barentin, c'est-à-dire de la branche qui est établie à Paris. Des deux bustes qui accompagnent ce tombeau, l'un est celui d'*Honoré Barentin*, Conseiller d'Etat, Secretaire du Roi, Maison & Couronne de France, mort le 10. de May de l'an 1639. & l'autre, celui d'*Anne du Hamel* sa femme, morte le 10. de Novembre de la même année.

Les autres personnes du même nom & de la même famille qui ont été inhumées dans cette Chapelle où l'on lit les Epitaphes ou Inscriptions que je vais rapporter, sont :

Jacques-Honoré Barentin, Chevalier, Vicomte de la Motte, Baron de Mauriac, &c. Maître des Requêtes honoraire, ancien Président au Grand-Conseil, mort le dernier Février 1689. âgé de 63. ans & trois mois.

Dame *Françoise de Ribeyre*, femme de Charles-Honoré Barentin, morte le 25. Juillet 1693. âgée de 26. ans.

Achile Barentin, Conseiller de la Grand-Chambre, qui mourut le 17. Juin 1698. âgé de 68. ans.

Cette Epitaphe a été posée par *Charles-Honoré Barentin*, Intendant de Flandres, fils aîné de Jacques-Honoré Barentin, mari de Françoise de Ribeyre, & neveu d'Achile Barentin.

Outre cette branche des Barentins établie à Paris, il y en a une autre connue sous le nom de *Barentin Chissay*, laquelle est restée dans le Vendômois, & a une belle sépulture aux Cordeliers de Vendôme où l'on voit plusieurs de ce nom armés de toutes pieces.

Dans la Chapelle de S. Charles est un buste de marbre blanc sur un piedestal de marbre noir, & au dessous est écrit en lettres d'or :

HIC JACET

CAROLUS BRULARTUS à Leonio, *Comes Consistorianus, Petri Brularti à Secretis Augusti filius; qui quatuor ac viginti, tam legationibus quam mandatis Regiis perfunctus, omnibusque fœliciter gestis, nulla laborum mercede, nec accepta, nec postulata; bonis paternis ac Regia benignitate inter tot ingentes ætatis suæ fortunas contentus, integrè ac liberaliter vixit, nec minus constanter obiit, huncque tumulum sibi morituro vivens extruendum curavit. Anno Domini* 1649. *die* 25. *Julii, ætatis suæ anno* 78.

Amelot de la Houssaye dit dans ses Mémoires Historiques, que Charles Brulart dont on vient de lire l'Epitaphe, étoit surnommé *de Léon* d'un Prieuré qu'il avoit en Bretagne. Il ajoûte qu'en 1612. il avoit succedé à

M. de Champigni en l'Ambassade de Venise, où il résida six ou sept ans, & qu'il y gagna plus de cent mille écus par les affaires secretes qu'il y fit avec les Marchands du Levant. Si cela est vrai, il s'étoit récompensé par ses mains, & l'Auteur de son E-pitaphe n'a pas eu raison de dire qu'il n'avoit ni reçu, ni demandé la récompense de ses services. Un homme de cette humeur n'avoit eu garde de s'oublier lui-même dans les vingt-trois autres Ambassades ou Commissions importantes où il avoit été employé pour le Roi. Amelot dit encore qu'il ordonna par son testament que tous ceux de son nom, qui assisteroient à ses aniversaires, auroient chaque fois trois écus d'or, & que les revenus provenant de la vente de sa maison de la rue Dauphine où il demeuroit, feroient employés à faire apprendre un métier à leurs pauvres domestiques.

Dans la Chapelle qui est après celle de S. Charles, est un tombeau de pierre élevé, & au milieu est un Ange de marbre blanc, tenant une tête de mort. Au dessus sont deux statues à genoux dont l'inscription qui suit nous fait connoître les noms :

HIERONIMUS LUILLIER, *in sanct. Regis Consilio Conf. & in Camera Computorum Procurator generalis, vivus sibi ; & Elisabethæ Dreux conjugi benæ meritæ posterisque posuit.*

Obiit hæc 24. Aprilis 1619. Ille 16. Septemb. 1633.

La Chapelle de S. Augustin est auprès de la grand-Porte de cette Eglise. On y remarque un Mausolée de marbre noir & deux figures de marbre blanc, qui sont de grandeur naturelle, & à genoux devant un prié-Dieu & sur la même ligne. Ces figures représentent *Nicolas de Grimouville*, Baron de l'Archant, Capitaine des Gardes des Rois Henry III. & Henry IV. Commandeur de l'Ordre du S. Esprit, mort d'une blessure qu'il reçut au talon étant au siége de Roüen, l'an 1592. & *Diane de Vivonne* sa femme, fille de François de Vivonne de la Chataigneréé, qui fut tué par Gui Chabot Comte de Jarnac, dans ce fameux combat qui se fit en présence du Roi Henry II. Sur ce Mausolée est gravée une Epitaphe latine, mais qui ne dit autre chose que ce que je viens de dire.

Dans le Cloître on voit une statue de *S. François d'Assise* en habit de Capucin, à genoux, & dans l'attitude où l'on suppose qu'il étoit lorsqu'il reçut les Stigmates. Cette figure qui n'est que de terre cuite est de *Germain Pilon*, & le modele d'une de marbre que cet illustre Artiste avoit faite pour la Chapelle du Louvre, & que *le Maire* dit qu'on voit dans un des Cabinets de cette Maison Royale. Sur le plinte qui porte cette statue on lit:

Stigmata Domini mei Jesu Christi in corpore meo porto.

L'Ordre du S. Esprit a fait décorer deux sales de ce Monastere, qui lui sont affectées, de boiserie, sculpture, dorure, & des portraits en buste, avec les armes & principales qualités de tous les Cardinaux, Prelats, Commandeurs & Chevaliers reçus dans cet Ordre depuis son établissement jusqu'à ce jour. C'est l'Abbé de Pomponne, Commandeur & Chancelier des Ordres du Roi, Conseiller d'Etat ordinaire, & le Marquis de Breteuil, Commandeur, Prevost, & Maître des Cérémonies des mêmes Ordres, & Secretaire d'Etat au département de la guerre, qui ont pris le soin de faire exécuter ces ouvrages qui ont été faits en 1733.

Le P. *Bouge*, Religieux de ce Couvent, est chargé par les Chevaliers Commandeurs de l'Ordre, de tenir ces sales ouvertes, & d'y accompagner les curieux tous les mercredi & jeudi de chaque semaine, fête ou non fête, depuis onze heures & demie du matin, jusqu'à quatre heures après midi.

Ce Couvent n'est d'aucune Province, ainsi que celui de Rome & quelques autres, & est immediatement soumis au Général de l'Ordre. Il sert de College à toutes les Provinces de France qui y envoyent des Religieux pour y faire leurs études de Philosophie & de Théologie, & les faire ensuite passer Docteurs dans cette Université la plus fameuse qu'il y ait au monde.

C'est dans ce Couvent que se tiennent ordinairement les Assemblées générales du Clergé. La Chambre de Justice établie par Edit du mois de Mars de l'an 1716. y tint aussi ses Séances. La Chambre des Vacations formée en 1720. pendant que le Parlement étoit séant à Pontoise, tint aussi les siennes dans les sales de ce Couvent.

Un incendie affreux ayant consumé le 28. d'Octobre de l'an 1737. le corps de logis du Palais où la Chambre des Comptes tenoit ses Séances, cette Compagnie les alla tenir dans des sales de ce Couvent, & les y a continuées jusqu'au 3. de May 1740. qu'elle alla siéger pour la premiere fois dans le corps de bâtiment qu'on a construit au Palais en la place de celui qui a été brûlé.

Un vers de feu M. des Preaux * auroit fait prendre ce Couvent pour une espece de place de guerre qui a soûtenu des siéges, ou auroit

Aux Saumaises futurs préparé des tortures,

si M. Brossete ne nous en eut donné l'intelligence. Les Augustins de ce Couvent nomment tous les deux ans en Chapitre trois de leurs Religieux Bacheliers pour faire leur licence en Sorbonne, y ayant trois places fondées pour cela. L'an 1658. le P. Celestin *Villiers, Prieur de ce Couvent,*

* J'aurois fait soûtenir un siége aux Augustins.

voulant favoriser quelques Bacheliers, en fit nommer neuf pour les trois licences suivantes. Ceux qui s'en virent exclus par cette élection prématurée, se pourvurent au Parlement, qui ordonna que l'on feroit une autre nomination en présence de Messieurs de Catinat & de Saveuse, Conseillers de la Cour ; & de Maître Janart, Substitut du Procureur Général. Les Religieux ayant refusé d'obéir, la Cour fut obligée d'employer la force pour faire exécuter son Arrêt. On manda tous les Archers, qui après avoir investi le Couvent, essayerent d'enfoncer les portes, mais ils n'en purent venir à bout, parce que les Religieux prévoyant ce qui devoit arriver, les avoient fait murer par derriere, & avoient fait provision de cailloux & de toutes sortes d'armes. Les Archers tenterent d'autres voyes : les uns monterent sur les toits des maisons voisines pour entrer dans le Couvent, tandis que les autres travailloient à faire une ouverture dans la muraille du jardin du côté de la rue Christine. Les Augustins s'étant mis en défense, sonnerent le tocsin, & commencerent à tirer d'en-bas sur les assiégeans. Ceux-ci tirerent à leur tour sur les Moines, dont il y en eut deux de tuez, & autant de blessez. Cependant la brêche étant faite, les Religieux eurent la témérité d'y porter le saint Sacrement, espérant d'arrêter par là les assiégeans. Mais comme ils virent que cette ressource leur étoit inutile, & qu'on ne laissoit pas de tirer sur eux, ils demanderent à capituler, & l'on donna des ôtages de part & d'autre. Le principal article de la capitulation fut que les assiégez auroient la vie sauve, moyennant quoi ils abandonnerent la brêche, & livrerent leurs portes. Les Commissaires du Parlement étant entrez, firent arrêter onze de ces Religieux, qui furent menez en prison à la Conciergerie. Ce fut le 23. d'Aoust 1658. Le Cardinal Mazarin qui n'aimoit pas le Parlement, fit mettre les Religieux en liberté par ordre du Roi, après vingt & sept jours de prison. Ils furent mis dans des carosses du Roi, & menez en triomphe dans leur Couvent, au milieu des Gardes-Françoises rangées en haye depuis la Conciergerie jusqu'aux Augustins, &c.

A l'angle que forme l'Eglise des Augustins, à un des coins de la rue, & du Quay du même nom, est un bas-relief gothique dont les figures représentent une satisfaction publique qui fut faite à la Justice, aux Augustins & à l'Université, pour réparation d'un crime commis envers deux Religieux de ce Couvent. Voici le fait tel qu'il est rapporté par *du Breul*. En 1440. Jean Boyart, Colin Feucher & Arnoulet Pasquier, Sergens à Verge, accompagnés de Gilet Rolant, Meunier, & de Guillaume de Bezençon, faiseur de Cadrans, étant entrés dans le Couvent des Augustins sous prétexte de quelqu'exploit, tirerent du Cloître par violence le P. *Nicolas Aimeri*, Maître de Théologie, ce qui causa un grand tumulte, dans lequel *Pierre Gougis*, Religieux de la Maison, fut tué par l'un des Huissiers. Les Augustins en porterent aussitôt leur plainte, & le Recteur de l'Université & le Procureur du Roi au Châtelet se joignirent à eux. Le Prevôt de Paris faisant droit à ces plaintes, rendit sa Sentence le 13. Septembre de la même année, par laquelle les Huissiers furent condamnés à aller en chemises sans chaperon, nuds jambes & nuds pieds, tenant chacun en sa main une torche ardente & du poids de quatre livres, faire amende-honorable au Châtelet en présence du Procureur du Roi; d'aller faire pareille amende au lieu où la violence & le meurtre avoient été commis ; & pareille chose à la Place Maubert ou autre lieu désigné par l'Université. De plus ils furent condamnés à faire faire & édifier une Croix de pierre de taille près du lieu où le meurtre avoit été commis, avec images, c'est-à-dire bas-reliefs, représentans ladite réparation. En outre tous leurs biens meubles & immeubles, héritages & possessions, furent déclarés acquis & confisqués au profit du Roi ; préalablement pris sur iceux la somme de mille livres parisis pour être employée en Messes, Prieres & Oraisons pour l'ame du défunt, & l'autre partie appliquée au profit dudit Nicolas ou Nicole Aimeri, de l'Université, du Prieur & des Religieux Augustins, & de ceux qui avoient poursuivi lesdites réparations. Enfin la même Sentence banit les coupables du Royaume de France à perpétuité.

XIX. *Le Quartier de Luxembourg.*

LE Quartier de Luxembourg est borné à l'Orient par la rue du Faubourg S. Jacques exclusivement; au Septentrion par les rues des Fossez de S. Michel ou de S. Hyacinthe, des Francs-Bourgeois, & des Fossez de S. Germain des Prez inclusivement; à l'Occident par les rues de Bussy, du Four & de Séve inclusivement; & au Midi par les extrémitez du Faubourg inclusivement, depuis la rue de Séve jusques au Faubourg S. Jacques.

LE PALAIS D'ORLEANS,

OU DE LUXEMBOURG.

LE Palais d'Orléans, communément appellé le Luxembourg, pour avoir été bâti sur les ruines de l'Hôtel de Luxembourg, a donné le nom à ce Quartier. La Reine Marie de Medicis, veuve d'Henry IV. voulant faire bâtir un Palais où elle pût être logée plus commodément qu'elle ne l'étoit au Louvre, acheta le 27.

LE PALAIS DE LUXEMBOURG.

Plan et Description du
Quartier du Luxembourg,
avec ses Ruës
et ses Limites.

de Septembre de l'an 1611. l'Hôtel de Luxembourg qui tomboit en ruine. Ce fut Henry de Luxembourg, Duc de Piney, & dernier mâle de cette ancienne & illustre Maison, qui le vendit à cette Princesse pour la somme de quatre-vingt-dix mille livres. Elle y joignit quelques autres maisons voisines, entre autres une qu'elle acheta de M. Arnauld pere de M. d'Andilly, & choisit *Jacques de Brosse* pour en être l'Architecte, lui ordonnant d'imiter, autant que le terrein le pourroit permettre, le dessein du *Palais Pitti*, qui est le Palais où le Grand Duc de Toscane fait sa demeure lorsqu'il est à Florence. Le dessein de de Brosse ne fut pas plûtôt fini, qu'on l'envoya en Italie, & à tout ce qu'il y avoit d'Architectes de réputation en Europe ; aussi ce Palais est-il un des plus reguliers & des plus superbes qu'il y ait, je dirois même qu'il est parfait, si les connoisseurs ne trouvoient pas que le portail en est trop étroit pour une aussi grosse masse de bâtiment ; que les arcades des portiques sont trop hautes pour leur largeur, trop égayées, & les pilastres trop gros pour la gayeté des arcades ; que les deux pavillons du principal corps de bâtiment qui font du côté de la cour, sont trop preſſés, & font un creux trop ſombre & trop noir ; que le veſtibule eſt trop étroit pour un édifice auſſi grand, &c. Avec tous ces défauts, & quelques autres qu'on y peut blâmer avec raiſon, ce Palais eſt cependant un de ceux qui approchent le plus de la perfection. Les fondemens en furent jettés en 1615. & quoiqu'on y travaillât ſans diſcontinuation, il ne fut achevé qu'en 1620.

La face qui eſt ſur la rue eſt en terraſſe ou galerie découverte, au milieu de laquelle eſt un Pavillon orné d'architecture en reſſault ou corps avancé, enrichi de deux ordres de colonnes l'un ſur l'autre, qui ſont le Toſcan & le Dorique. Ce Pavillon eſt couronné d'un dôme terminé par une lanterne de figure ronde, & au pourtour duquel on a poſé pluſieurs ſtatues pour lui ſervir d'accompagnement. Le Portail ou principale porte de ce Palais eſt dans ce Pavillon dont le paſſage eſt décoré de colonnes Doriques, & de niches entre deux. L'étage ſupérieur eſt ouvert de quatre

quatre côtés par de grands arcs dont chacun est accompagné de quatre colonnes de marbre, & d'ordre Dorique. A chaque extrémité de cette terrasse sont deux gros Pavillons quarrés qui avec celui du milieu forment trois avant-corps. Les faces de ces deux Pavillons qui donnent sur la terrasse, sont décorées de deux statues en pied, & de marbre, lesquelles représentent le Roi Henry le Grand, & la Reine Marie de Medicis sa femme. L'architecture est par tout décorée d'un bossage qui fait un assez bel effet. Ces deux Pavillons sont joints au grand corps de logis qui est entre la cour & les jardins par deux Galeries plus basses que le reste du bâtiment, & qui sont soûtenues chacune par neuf arcades avec de grands corridors voutés sous lesquels on est à couvert des injures du tems.

La cour, qui est formée par tous ces bâtimens, est grande & quarrée, & il n'a même tenu qu'à l'Architecte qu'elle ne fut plus grande & plus commode qu'elle n'est, car on y a pratiqué une petite terrasse qui en occupe toute la largeur, & qui est terminée sur le devant par une balustrade dont les balustres sont de marbre blanc, de même que les appuis. Les pilastres qui en retiennent les travées servoient autrefois de socles à des statues de marbre qui furent vendues avec les meubles de la Reine Marie de Medicis, lorsque les mauvais traitemens du Cardinal de Richelieu obligerent cette Princesse à sortir du Royaume. On monte de la cour à cette terrasse par un grand perron qui avec l'elévation de la terrasse empêchent que les carosses n'aillent plus loin, & font que quelque tems qu'il fasse on ne peut entrer dans le principal corps de bâtiment sans être exposé aux injures du tems.

Le principal corps de logis est au fond de la cour & de cette terrasse. Il est accompagné aux angles de quatre grands Pavillons & d'un corps avancé au milieu qui en fait un cinquiéme. C'est dans celui-ci que sont de face trois bayes ou portes par lesquelles ou l'on monte aux appartemens, ou l'on va aux jardins. Ces bayes sont de différentes grandeurs, celle du milieu étant beaucoup plus grande que les deux qui sont à ses côtés. Sur ces portes sont trois bustes de marbre qui sont les portraits du Roi Henry IV. de la Reine Marie de Medicis, & du Roi Louis XIII. leur fils. Les ordres d'architecture qui regnent sur tout ce vaste édifice, sont le Toscan & le Dorique, & un attique au dessus ; mais sur les quatre Pavillons qui sont aux angles du principal corps de logis, on a ajoûté l'ordre Ionique aux deux ordres que je viens de nommer, parce que ces Pavillons sont plus élevés que le reste. Les entablemens qui sont au pourtour des combles, sont ornés d'une balustrade avec des pilastres qui en retiennent les travées, & cette balustrade regne également par tout. Les faces principales des Pavillons sont décorées de frontons sur lesquels sont des statues couchées.

Le grand escalier a été ordonné par *Marin de la Vallée*, & conduit par *Guillaume de Toulouse*, les plus habiles de leur tems dans leur art. Les moulures de cet escalier ne se suivent & ne se continuent pas.

Ce Palais, malgré la solidité de son architecture, avoit besoin des grandes réparations que le Roi y a fait faire en 1733. 1734. 1735. 1736. &c.

Les appartemens ont toute la grandeur & tous les ornemens convenables aux personnes Royales ausquelles ils sont destinés. La Chapelle a des peintures sur bois qu'on croit être d'*Albert Durer*. Elle est sur une voute en cul de four qui est fort hardie, & qui fut exécutée par *Dominique de la Fons*. Sur la cheminée de la grandsale qui est après la sale des Gardes, on voit un tableau *du Guide* qui représente la Richesse & les principaux attributs qui lui conviennent. Sur la cheminée d'une autre piece est le portrait de Marie de Medicis peint par *Vandeik*. Dans la frise d'une autre piece sont représentés les Princes & grands hommes de la Maison de Medicis. Dans le salon qui précéde la galerie de Rubens, sont peintes les Muses en neuf tableaux. Le tableau qui est sur la cheminée est *du Guide*, & représente le jeune David nud, tenant la tête de Goliath. On doit voir aussi l'appartement qu'a autrefois occupé Mademoiselle, fille aînée de Gaston de France Duc d'Orleans, dans lequel on remarque un plafond où il y a un morceau de peinture de *Charles de la Fosse*, qui est un des meilleurs de ce Peintre ; mais tous les differens morceaux qu'on voit ici ne font que préparer l'attention & l'admiration qu'on doit à la Galerie qui a été peinte par *Pierre-Paul Rubens*.

DESCRIPTION DES TABLEAUX
peints par Rubens dans une des Galeries du Palais de Luxembourg.

Feu M. *de Piles*, homme d'esprit, & grand connoisseur en peinture, dit dans son Abregé de la Vie des Peintres * que *la Reine Marie de Medicis ayant souhaité que Rubens peignit les deux Galeries de son Palais de Luxembourg, le fit venir à Paris pour voir les lieux, & pour en faire ses desseins. L'une de ses Galeries*, continue-t-il, *étoit destinée pour l'Histoire de la vie de cette Reine, & l'autre pour la vie du Roi Henry IV. Rubens commença par l'Histoire de la Reine & l'acheva : mais la mort du Roi qui arriva incontinent après, ne lui permit pas d'achever l'Histoire de ce Prince, de laquelle il avoit commencé beaucoup de tableaux.* De Piles n'y pensoit point, sans doute, lorsqu'il écrivoit ce qu'on vient de

* Pag. 386. II. Edit.

lire. Le Roi Henry le Grand mourut en 1610. la Reine Marie de Medicis acheta l'Hôtel de Luxembourg en 1611. on ne commença à bâtir ce Palais qu'en 1615. & Rubens ne vint à Paris pour en peindre la Galerie qu'en 1620. De pareilles méprises ne sont point excusables dans un homme de Lettres, & qui même ayant été employé dans des négociations importantes, devoit au moins sçavoir la date de la mort du Roi Henry IV.

La Reine Marie de Medicis fit donc venir Rubens à Paris sur la fin de l'année 1620. & lui ordonna de peindre dans cette Galerie l'Histoire de sa vie, depuis sa naissance jusques à l'accommodement qui fut fait à Angers entre elle & le Roi son fils en 1620. Comme cette Galerie est éclairée par des fenêtres qui donnent d'un côté sur la cour, & de l'autre sur les jardins, les tableaux sont placés sur les trumeaux qui sont entre ces fenêtres. Ils ont neuf pieds de large sur dix pieds de haut. Il y en a dix de chaque côté, & un au bout de la Galerie. Rubens commença ces tableaux en 1621. & les finit en 1623. Trois

Ecrivains en ont donné la description en differens tèms ; *Bellori* en 1672. *André Félibien* en 1690. & M. *Moreau de Mautour* en 1704. Toutes ces peintures ont été parfaitement bien gravées sous la conduite de *Nattier*, Peintre de l'Académie Royale de Peinture.

1. Le premier tableau est du côté du jardin, en entrant, & nous représente les trois Parques qui en présence de *Jupiter* & de *Junon* qui paroissent dans le Ciel, filent les jours de Marie de Medicis. Clotho qui tient la quenouille, & Lachesis qui tourne le fuseau, sont assises sur des nuages, mais Atropos qui tire le fil de la vie de la Princesse est à terre. L'attitude de la premiere des Parques a donné lieu à la draperie dont on l'a couverte après coup.

2. Le second représente la naissance de la Reine. On y voit la Déesse Lucine qui le flambeau à la main dissipe l'obscurité de la nuit, & après avoir procuré un accouchement heureux, met l'enfant entre les mains d'une femme assise, vétue d'un habit bleu couvert d'une ample draperie rouge, & ayant une couronne de

fleurs & une tour fur la tête. Cette femme repréfente la ville de Florence qui reçoit l'enfant & la regarde avec admiration. Le jeune homme qui eft au haut du tableau, & qui tient une corne d'abondance de laquelle fortent un fceptre, une main de Juftice, une palme, &c. exprime le génie heureux de la Princeffe. L'Arne, fleuve qui paffe à Florence, eft peint fur le devant du tableau fous la figure d'un vieillard couronné de rofeaux, & appuyé fur une urne. Auprès de lui eft le Lion que portoit la Maifon de Medicis dans l'écu de fes Armes. Un enfant qui eft fur le bord de ce fleuve, tient un écu aux armes de Florence qui font une fleur de Lys épanouie. Deux Amours en l'air répandent à pleines mains des fleurs fur la Princeffe. Le figne du Sagittaire qu'on remarque au haut du tableau, y a été peint apparemment pour défigner le mois de Novembre, qui eft celui de la naiffance de cette Princeffe.

3. Ce tableau nous repréfente l'éducation de la Princeffe. On y voit Minerve, la Déeffe des Sciences, occupée à montrer à écrire à la Prin-

cesse. A sa droite est l'Harmonie figurée par un beau jeune homme qui joue de la basse de Viole, soit pour nous apprendre que la musique & la simphonie doivent entrer dans l'éducation des jeunes personnes du plus haut rang, soit pour nous avertir que l'on doit commencer de bonne heure à regler les passions de l'ame, & toutes les actions de la vie, & ne rien faire qu'avec ordre & mesure. A la gauche on voit les trois Graces, non pas telles qu'elles sortirent des mains de Rubens, mais telles qu'elles sont depuis plusieurs années qu'on a pris soin de couvrir d'une draperie leurs beautés les plus touchantes & les plus capables de faire des impressions dangereuses. Une de ces Graces présente une couronne de fleurs à la Princesse pour signifier qu'elle lui cede le prix de la beauté & de ces graces piquantes qui sont au dessus de la beauté même. Mercure descend du Ciel pour lui faire part de l'Eloquence dont il est le Dieu. Sur le devant du tableau sont plusieurs instrumens propres aux Arts liberaux, & dans le fond est un rocher percé d'une grande ouverture d'où sort de l'eau & par où passe la lumiere qui éclaire les Graces, & répand un grand jour sur la beauté de leurs carnations. Ce tableau est un des plus beaux de cette Galerie, & les corps des trois Graces étoient le chef-d'œuvre de Rubens.

4. Dans la peinture qui suit, on voit l'*Amour* & l'*Hymen*, Dieux qui vont rarement de compagnie. Le dernier est ici sous la figure d'un jeune homme couronné de fleurs, & tenant le flambeau nuptial. Ils paroissent tous deux en l'air, tenant le portrait de la Princesse qu'ils présentent au Roi Henry IV. Ce Prince est debout, couvert d'armes riches & brillantes. Il regarde avec plaisir ce portrait dont l'Amour lui fait remarquer les graces & les beautés. La France sous la figure d'une femme qui a le casque en tête, & est vétue d'un manteau de couleur bleue, semé de fleurs de Lys d'or, regarde attentivement ce portrait, & semble applaudir au choix du Roi. Jupiter & Junon sont assis dans le Ciel sur un nuage, & aux pieds du Roi, il y a deux Amours, dont l'un tient son casque & l'autre son bouclier.

5. Ce tableau repréfente le mariage de leurs Majeftés, célébré à Florence au mois d'Octobre de l'an 1600. Le Cardinal Aldobrandin, Légat & neveu du Pape Clement VIII. revêtu de fes habits Pontificaux, fait cette cérémonie dans une Eglife de Florence. La Reine eft devant lui, couverte d'une robe blanche enrichie de fleurs d'or, & ayant un voile fur la tête. Le Cardinal Aldobrandin tient la main de la Reine, à qui le Grand Duc Ferdinand de Medicis fon oncle, au nom du Roi, met un anneau au doigt. Il eft accompagné de Roger de S. Lary Duc de Bellegarde, Pair & Grand Ecuyer de France, Chevalier des Ordres du Roi, &c. & de Nicolas Brulart, Seigneur de Sillery, depuis Chancelier de France, qui avoit négocié & conclu le mariage. La Reine a derriere elle Jeanne d'Autriche, Grande Ducheffe de Tofcane fa mere, & Eleonord de Medicis, Ducheffe de Mantoue, fœur aînée de fa Majefté, ayant chacune une couronne Ducale fur la tête.

6. On voit dans le fixiéme tableau l'arrivée de la Reine à Marfeille le

3. de Novembre 1600. La France fous la figure d'une belle femme couverte d'un manteau bleu, femé de fleurs de Lys d'or, & accompagnée d'une autre femme couronnée de tours, laquelle repréfente la ville de Marfeille, & des Seigneurs & Dames de la Cour que le Roi avoit envoyés à Marfeille pour rendre cette cérémonie plus majeftueufe, vont au devant de la Reine, & la reçoivent au fortir d'une Galere de Florence fuperbement équipée qui l'avoit tranfportée ici. L'Evéque de Marfeille vient auffi au devant d'elle avec le dais qu'on lui préfente. La Renommée paroît en l'air, & avec fa trompette annonce l'arrivée de la Reine.

7. Dans le feptiéme tableau, le Peintre a repréfenté le mariage du Roi avec la Reine qui s'accomplit à Lion le 9. du mois de Décembre de l'an 1600. Ces auguftes époux y font peints fous les figures de Jupiter & de Junon, affis fur des nuages. Derriere eux eft le Dieu Hymen qui porte la Torche nuptiale, & eft accompagné de trois petits Amours qui portent des flambeaux allumés. Au

bas est la ville de Lion figurée par une femme vétue de pourpre, & ayant une couronne murale sur la téte. Elle est assise dans un char tiré par des lions montés par deux Amours tenant chacun un flambeau, & admirant les nouveaux mariés.

8. La naissance du Roi Louis XIII. arrivée à Fontainebleau le 27. Septembre 1601. fait le sujet du huitiéme tableau. C'est un des plus beaux qu'il y ait dans cette Galerie, car outre qu'il a été entierement peint par Rubens même, on y admire la belle expression de joie & de douleur qu'on voit sur le visage de la Reine, qui regarde le nouveau né. Une femme qui représente la Justice le tient entre ses bras, & semble le donner comme en dépôt entre les mains du bon Génie figuré par un jeune homme qui a un serpent au tour de ses bras. Derriere le lit de la Reine, est un autre jeune homme qui a des aîles au dos, & qui soûtient une grande draperie attachée au tronc d'un arbre. Entre cette draperie & ce Génie, est la Fortune qui tient un gouvernail. A droite est la Fécondité conjugale avec une corne d'abondan-

ce d'où sortent cinq petits enfans mêlés parmi des fleurs. Ils désignent ceux que le Roi eut de son mariage avec la Reine Marie de Medicis, & qui furent depuis, le Roi Louis XIII. Gaston Duc d'Orleans, Elisabeth Reine d'Espagne, Christine Duchesse de Savoye, & Henriette-Marie Reine d'Angleterre. La femme qui a une tour sur sa tête, & qui tient une maniere de sceptre de la main gauche, représente la ville de Paris. Apollon paroît dans le Ciel sur un Char tiré par des Coursiers blancs ; & le cheval Pégase & une étoile qui est au dessus, & qui sont tout au haut dans un petit nuage, marquent la Constellation sous laquelle Louis XIII. est né.

9. Le Roi Henry IV. ayant projetté de grands desseins, avoit résolu avant que de partir de donner à la Reine la Régence du Royaume. Cette résolution est exprimée dans le neuviéme tableau de la maniere qui suit. Le Roi accompagné de ses Généraux armés, met entre les mains de la Reine suivie de deux Dames, un Globe d'azur semé de fleurs de Lys d'or. Le Dauphin est au milieu d'eux,

& toute la Cour à leur suite. Dans le fond de ce tableau est un grand portique d'architecture du même ordre que celle du Palais de Luxembourg.

10. Pour donner plus d'autorité à la Reine qui devoit être Regente pendant l'absence du Roi, ce Prince jugea à propos de la faire sacrer & couronner à S. Denis le 13. de May 1610. & Rubens a représenté cette grande cérémonie dans le dixiéme tableau. Ce Peintre a pris ici le moment où la Reine à genoux reçoit la Couronne des mains du Cardinal de Joyeuse qui la lui mit sur la tête. Le Dauphin vêtu de blanc, & Madame, fille aînée de France, sa sœur, sont à ses côtés. La Reine Marguerite est derriere eux avec toute la Cour. Le Roi n'est ici que spectateur, & paroît à la fenêtre d'une tribune.

Ces dix tableaux remplissent le côté de cette Galerie qui donne sur les jardins. Au bout de cette Galerie est un tableau qui en remplit toute la largeur, & qui représente deux actions qui n'ont que trop de liaison. D'un côté c'est la mort du Roi arrivée le vendredi 14. May 1610. & dans l'autre est la Régence de la

Reine qui fut déclarée Régente le jour même de la mort du Roi.

11. La premiere de ces actions est représentée par le tems qui enleve le Roi dans le Ciel où il est reçu entre les bras de Jupiter accompagné d'Hercule & de quelques autres Divinités. La Victoire est assise sur les armes de ce Monarque ayant à ses pieds un serpent percé de coups. Elle a les mains jointes, & regarde attentivement le Roi.

Dans l'autre partie du tableau, on voit la Reine en habit de deuil & assise sur un trône. Elle a auprès d'elle la Prudence figurée par Minerve, & en l'air est une femme qui par le gouvernail qu'elle tient, représente la Régence. La France sous la figure d'une femme affligée, & toute la Noblesse un genou à terre, rendent leurs respects à la Reine, & lui jurent obéissance. Au milieu de tout le tableau, sont deux femmes dont l'une tient la lance du Roi où est attaché son casque, l'autre sous la figure de Bellone se desespere & s'arrache les cheveux.

12. Le douziéme tableau est de suite, mais du côté de la cour. La

Rebellion & les desordres de l'Etat sont représentés sous des figures monstrueuses. Les Dieux de la Fable sont differemment occupés à assister la Reine. Apollon & Pallas sont à terre, & combattent contre ces sortes de monstres. L'un les attaque à coups de fléches, & l'autre les perce de sa pique, foulant aux pieds la Discorde, la Fureur, la Tromperie, & les autres vices qui se cachent dans les tenebres, & qui ne sont éclairés que des flambeaux qu'ils tiennent à la main, & de la lumiere qui environne Apollon, laquelle les éblouit. Les autres Divinités sont sur des nuages. D'un côté sont Saturne & Mercure, & de l'autre Mars & Venus. Jupiter & Junon sont proche l'un de l'autre. Junon montre avec le doigt l'Amour qui conduit le Globe du Monde tiré par les Colombes de Venus; & comme cette action se passe dans l'obscurité de la nuit, on voit Diane dans le Ciel qui répand autour d'elle une foible lumiere.

13. La Reine sur un Coursier blanc est représentée dans le treiziéme tableau. Elle a un casque sur sa tête, & son habit est blanc, & est couvert

d'un manteau de drap d'or. Les graces & la fierté paroissent sur son visage, & lui donnent un air victorieux & triomphant. On voit dans le ciel, qui est pur & serein, la Victoire accompagnée de la Force & de la Renommée qui suivent la Reine.

14. On voit dans le quatorziéme tableau l'échange qui fut fait le 9. Novembre 1615. d'Anne d'Autriche Infante d'Espagne, épouse du Roi Louis XIII. avec Isabelle de France, épouse de Philippe IV. Roi d'Espagne. Ces deux Princesses paroissent sur un pont richement paré, qui fut construit sur la riviere de Bidassoa, ou d'Andaye, qui fait la séparation des deux Royaumes. Deux femmes qui représentent la France & l'Espagne, se donnent & reçoivent mutuellement les deux nouvelles Reines. La Felicité placée au haut du tableau, répand à pleines mains des richesses sur elles. Elle est dans un ciel éclairé, au milieu de plusieurs Amours qui tiennent des flambeaux, & qui semblent danser. Le Dieu du fleuve est sur le devant du tableau, & est accompagné d'un Triton qui sonne d'une conque, & d'une Nymphe qui

présente aux deux Reines des branches de corail & des perles.

15. Le Roi Louis XIII. quoique majeur, & quoique marié, laissa encore quelque tems le gouvernement du Royaume entre les mains de la Reine sa mere, & ce ne fut qu'après la mort du Maréchal d'Ancre, qu'il pria la Reine de trouver bon qu'il prit lui-même le gouvernail de son Etat. C'est à ce sujet qu'ont été faits les deux tableaux suivans.

Dans le quinziéme, on voit la Reine mere assise sur un trône, vêtue d'un manteau royal, & tenant des balances. Minerve est à côté d'elle, accompagnée de l'Amour qui s'appuye sur les genoux de la Reine. Tout auprès sont deux femmes dont l'une tient les sceaux, & l'autre une corne d'abondance. Au dessous & sur le devant du tableau, sont attachées l'Ignorance, la Médisance & l'Envie. La premiere est représentée par une femme qui a des oreilles d'âne; la seconde par un satyre qui tire la langue, & la troisiéme par une femme maigre renversée par terre. On voit aussi quatre jeunes enfans nuds, avec des instrumens de musique, ou d'arts liberaux à leurs pieds. L'un tient des pinceaux, & repréfente la Peinture; l'autre tient une flûte, un autre badine, tire l'oreille à l'Ignorance, & foule aux pieds l'Envie. D'un autre côté du tableau, eft Saturne qui femble conduire la France dans des tems plus heureux.

16. Le feiziéme tableau nous fait voir le Roi fur un vaiffeau dont la Reine lui met en main le gouvernail, & dont les vertus tiennent les rames, & le font voguer. Pallas eft debout au milieu du vaiffeau, & au haut des voiles font Caftor & Pollux défignés par deux étoiles.

17. La Reine voulut que parmi les fuccès les plus heureux de fon adminiftration, le Peintre traçât ici une image de fes difgraces, & peignit dans ce dix-feptiéme tableau l'évafion de cette Princeffe du Château de Blois où elle étoit prifonniere. Ce fut le Duc d'Efpernon qui fut l'auteur & le fauteur de cet évenement, & qui conduifit cette Princeffe à Loches, & de-là à Angoulême. L'évafion de la Reine eft marquée dans un coin du tableau par une Dame qui defcend du haut d'une tour, comme avoit fait la

Reine. La nuit figurée par une femme avec des aîles de chauve-souris, la couvre d'un grand manteau noir étoilé. A côté de la Reine, est Pallas avec plusieurs personnes de qualité, & une suite de Gardes qui l'environnent. Quoique le Peintre ait pris le moment de la sortie de la Reine du Château de Blois, & que *Felibien* convienne que le Duc d'Espernon n'y vint point, & qu'il attendit la Reine auprès de Montrichard, il auroit dû dire à une lieue de Loches, cependant le même Ecrivain, & après lui Moreau de Mautour, trouvent la figure de ce Seigneur dans ce tableau, & disent que c'est lui qui reçoit la Reine à la sortie du Château de Blois. C'est quelque chose de risible de voir que *Felibien* & *Moreau de Mautour* prétendent mieux connoître la figure du Duc d'*Espernon*, que ce Duc & ses amis ne la connoissoient, car ni lui, ni eux ne la trouvoient absolument point dans ce tableau. L'Historien secretaire du Duc d'Espernon, nous l'assure positivement ; voici comme il en parle : *Ce Seigneur*, dit-il *, étant un jour allé en fort bonne compagnie à l'Hôtel de Luxembourg que*

* *Girard, Hist de la vie du Duc d'Espernon, Tome III. p. 148. Edit. 1673.*

la Reine mere faisoit achever, on entra dans la galerie. Cette Princesse y avoit fait peindre l'histoire de sa sortie de Blois, comme la plus célèbre partie de sa vie. Un des plus signalés témoignages que le Duc pouvoit recevoir de la méconnoissance de ses services, c'étoit de n'avoir aucune part à cette peinture, lui qui étoit l'auteur de l'action ; & les Valets de pied qui avoient levé les portieres du carosse, n'y avoient pas été obmis. Il sçavoit que cette injustice lui avoit été faite, mais il n'avoit jamais rien témoigné de sa douleur, quoiqu'elle fut très-sensible ; il n'en eût pas même parlé en cette occasion, si la compagnie ne l'y eût obligé. Chacun lui fit des questions sur la vérité de l'histoire qui étoit représentée, comme à celui qui en pouvoit mieux dire la vérité. Enfin quelqu'un plus libre que les autres, lui ayant demandé comment on l'avoit obmis, lui qui avoit tant de part à la chose, il repartit modestement qu'il ne sçavoit pas qui lui avoit fait cette injustice ; mais que ceux qui avoient eu dessein de le desobliger en cela, avoient sans doute plus offensé la Reine que lui ; qu'il étoit très-assûré, bien qu'il n'eût pas de part à la peinture, qu'on ne le blâmeroit jamais d'avoir manqué à l'action, ni à ce qu'il avoit promis à la Reine, les effets en étant assez publics; mais qu'on ne la loueroit peut être pas de lui avoir dénié une si foible reconnoissance.

18. Dans le dix-huitiéme tableau, on voit l'accommodement fait à Angers entre la Reine mere & les Députés du Roi son fils. La Reine en habit de deuil, & ayant un voile blanc sur sa tête, est assise sur un trône. A sa droite est le Cardinal de Guise, & à sa gauche est une femme ayant un œil ouvert au dessus de sa tête, & un de ses bras entouré d'un serpent pour marquer la Vigilance ou la Prudence. Vis-à-vis de la Reine est le Cardinal de la Rochefoucaud qui lui montre Mercure qui descend du Ciel, & apporte un rameau d'Olive, simbole de la paix qui se traite.

19. Dans ce tableau est représentée la reconciliation de la Reine avec le Roi son fils. Cette Princesse est conduite au Temple de la Paix par Mercure qui lui en montre l'entrée avec son Caducée. Une femme qui représente l'Innocence, paroît exciter & pousser la Reine par le bras pour y entrer. La Paix paroît elle-même,

& éteint le flambeau de la guerre sur un amas de toutes sortes d'armes, pendant que Mercure présente son Caducée à la Reine. D'un côté est une des Furies qui se desespere, & de l'autre la Fraude, avec plusieurs autres vices qui sont abbatus & accablés de douleur & de rage.

20. Ce fut au Château de *Cousieres* près de Tours, appartenant au Duc de Montbazon, que se fit l'entrevue du Roi Louis XIII. & de la Reine sa mere, le mercredi 5. de Septembre 1619. Le Peintre a exprimé cette entrevue par ce tableau. Le Roi paroît descendre du Ciel vers la Reine qui est assise sur des nuages où plusieurs Zephirs semblent répandre par leurs haleines un air doux & plein de tendresse. Auprès de la Reine est représentée la Nature – même avec des enfans nuds. Dans une grande lumiere, on voit l'Esperance sous la forme d'une belle femme vétue de vert & assise, qui tient un Globe sur ses genoux, & un timon de vaisseau d'une main. Plus loin est la Valeur figurée par un jeune homme suspendu en l'air, lequel de la foudre qu'il lance de la main droite, abbat

abbat l'hydre de la rebellion & plusieurs serpens entortillés les uns dans les autres.

21. Dans ce dernier tableau paroît le Tems qui découvre la Vérité. L'un & l'autre sont figurés par Saturne qui soûtient & porte en l'air une jeune fille sans voile & sans draperie, &, comme on dit, toute nue. Le Roi & la Reine sa mere sont assis sur des nuages dans le Ciel. Le Roi présente à la Reine une couronne de laurier qui environne deux mains jointes, & un cœur au dessus pour marquer la sincerité de leur reconciliation.

Au bout de la Galerie, sur la cheminée, est la Reine Marie de Medicis, debout, & peinte en Pallas.

Au dessus des portes qui sont aux deux côtés, on a mis les portraits du Grand Duc François de Medicis & de la Grande Duchesse Jeanne d'Autriche qui étoient le pere & la mere de la Reine Marie de Medicis.

Le tems qui détruit tout avoit tellement endomagé tous les tableaux de cette Galerie, qu'on a été obligé de les faire racommoder. On a confié ce soin à trois personnes qui sont les sieurs *Godefroy*, *Vanbreda* & *Colens*. Le premier a un secret particulier pour rentoiler les tableaux, & y excelle même. C'est lui qui les remet sur toile & remplit les crevasses; les deux autres, qui sont des Peintres Flamans, les repeignent, ayant été choisis pour cela après la mort du sieur Falens.

Les jardins sont vastes & en bel air. Le parterre qui est en face de ce Palais est grand & beau. L'étendue de ces jardins n'étoit pas d'abord aussi grande qu'elle l'est à présent, car le terrein des Chartreux venoit jusqu'au bassin qui est au milieu du parterre, mais Marie de Medicis acquit d'eux cette portion, & leur donna en échange un grand terrein du côté de la campagne.

Il seroit à souhaiter que le jardin fut en face du Palais, de même que le parterre, mais il est à côté. Au reste tout est grand dans ces jardins, grand parterre, grandes palissades, grandes & longues allées, &c.

Il n'y a pas de Maison Royale dans Paris qui se présente aussi bien que celle-ci qui a en face la rue *de Tournon* qui lui sert d'avenue ; il n'y eut peut-être pas eu dans aucune ville du monde une avenue plus longue, ni plus magnifique que celle-ci, si le Pont Neuf & la rue Dauphine eussent conduit en ligne droite au portail de ce Palais.

Quoique cette Maison Royale ait été bâtie de fond en comble par Marie de Medicis, & qu'il y ait un marbre noir sur la grand-porte où est écrit en lettres d'or : *Palais d'Orleans*, le public s'est obstiné à le nommer *le Luxembourg*, en mémoire de l'Hôtel qui étoit anciennement sur ce terrein, & qui appartenoit, ainsi que je l'ai dit, à la maison de Luxembourg.

Dans la rue de Tournon il y a deux ou trois Hôtels qui méritent d'être remarqués.

L'Hôtel des Ambassadeurs étoit autrefois celui de *Concino Concini* connu sous le nom de *Maréchal d'Ancre*, qui fut tué dans le Louvre le 24. d'Aoust 1617. Sa maison fut pour lors pillée par le peuple, & l'avoit même été auparavant, lorsque le Roi fit arrêter au Louvre Henry de Bourbon Prince de Condé, parce que les gens de ce Prince firent courir le bruit que les amis du Maréchal d'Ancre avoient assassiné leur maître. Cette maison appartient au Roi, & c'est ici que logent les *Ambassadeurs extraordinaires* après leur entrée. Ils y sont traités pendant trois jours aux dépens du Roi, mais ceux qui viennent des pays fort éloignés, comme ceux de Moscovie, de Maroc, de Siam, de Turquie, &c. y sont logés & traités pendant tout le séjour qu'ils font à Paris.

Le Roi Louis XIII. à son retour de Savoye en 1629. alla loger dans cet Hôtel qu'il préféra pour lors au Louvre pour des vues particulieres, & sur tout parce qu'il est fort près du Luxembourg où la Reine sa mere, qu'il visitoit souvent, faisoit son séjour.

L'Hôtel qui suit, du même côté, se nommoit autrefois *l'Hôtel de Ventadour*, & occupe un grand emplacement. Dans ces derniers tems il fut acheté par *Chartraire*, Trésorier général des Etats de Bourgogne, qui l'a fait rebâtir de fond en comble l'an 1713. Il appartient aujourd'hui à son légataire universel, & a été habité dans ces derniers tems par M. Chauvelin Conseiller d'Etat ordinaire.

La maison de feu M. *Terrat*, mort en 1719. Chancelier du feu Duc d'Orleans est à côté de la precédente. La grand-porte est un morceau d'architecture fort estimé. Aujourd'hui il y a ici une Académie Royale où l'on apprend tous les exercices convenables à la Noblesse.

L'Hôtel de Châtillon est un Hôtel garni qui a son entrée dans la rue de Tournon, & qui fait le coin de la rue du Petit Bourbon. Autrefois c'étoit ici un des Hôtels que les Ducs de Montpensier avoient à Paris, mais la principale entrée étoit alors dans la rue du Petit Bourbon. Ce fut dans ce logis que *Catherine de Lorraine Duchesse de Montpensier*, reçut la nouvelle du meurtre de ses freres à Blois par ordre du Roi Henry III. *& ce fut de là*, dit Sauval, *qu'elle sortit comme forcenée, & qu'avec les enfans orphelins du Duc de Guise, courant par tout Paris, fondant en larmes, & vomissant toutes sortes d'injures contre le Roi, elle fit tant de compassion, & émut si bien la populace, qu'elle fut en quelque façon le flambeau fatal de la Ligue.*

LA FOIRE SAINT GERMAIN.

Le lieu où se tient cette Foire est au bas de la rue de Tournon, & dans l'étendue du quartier de Luxembourg.

Il y avoit anciennement une Foire dans le faubourg S. Germain, laquelle étoit si ancienne, que son origine n'est point parvenue à nôtre connoissance. Tout ce qu'on en sçait, c'est que vers l'an 1175. le Roi Louis le jeune demanda à *Hugues*, Abbé de S. Germain des Prez & à sa Communauté, la moitié de cette Foire qui commençoit tous les ans quinze jours après Pâques, & duroit trois semaines. Il promit de n'en jamais rien aliener, & permit à l'Abbé & aux Religieux de rentrer de plein droit dans cette moitié dont ils lui faisoient cession, aussi-tôt qu'il n'en jouiroit plus. La Charte ne parle point du sujet qui porta le Roi à faire cette demande à la Communauté, ni de ce qu'il lui devoit donner pour la dédomager. Le Roi Philippe le Hardi demanda en 1285. à l'Abbé & aux Religieux, l'autre moitié de cette Foire dont ils jouïssoient; & le Roi se chargea de payer tous les ans à l'Université les quarante livres que l'Abbé & la Communauté de l'Abbaye de S. Germain des Prez étoient obligés de lui payer pour l'entretien de deux Prêtres deffervans les deux Chapelles de S. Martin & du Val des Ecoliers. L'acte de cession est du mois de Juin de la même année. Comme l'envie qu'avoit le Roi Philippe le Hardi d'attirer tout le commerce aux Halles, étoit la principale raison qui l'avoit porté à acquerir entierement cette Foire, il n'en fut pas plûtôt en possession, qu'il la supprima, & il se passa près de deux cens ans sans qu'elle fut rétablie. *Geoffroy Floreau*, Abbé de S. Germain, voyant les revenus de son Abbaye extremement diminuez par les pertes qu'elle avoit faites pendant les guerres des Anglois, présenta Requête à Louis XI. en 1481. pour lui demander des secours & la permission d'établir dans le faubourg S. Germain une Foire franche, semblable à celle qui se tient à S. Denys, & de laquelle ils pussent toucher les revenus & les profits. Le Roi lui accorda sa demande, & par des Lettres Patentes du mois de Mars de l'an

1482. ordonna qu'il s'y tiendroit tous les ans à perpetuité une Foire franche pendant huit jours à commencer au premier d'Octobre. Les Religieux de S. Denys y formerent opposition, alleguant que cette Foire préjudiciroit infiniment à celle qui se tenoit à S. Denys le 9. du même mois & les jours suivans. Sur cette opposition, le Parlement ordonna que la Foire de S. Germain ne commenceroit qu'à la S. Martin. Les Moines de S. Denys n'étant pas encore satisfaits, obtinrent le 12. Mars 1482. un second Arrêt du Parlement qui rejetta la tenue de la Foire S. Germain au 3. de Février de chaque année. Les Moines retirerent pour lors des mains du sieur Benoise les jardins d'un des Hôtels du Roi de Navarre, qui lui avoient été cédés par Jean Duc de Berry, & qu'ils lui avoient donnés sa vie durant à titre de cens, & y firent construire trois cens quarante loges qui furent louées à plusieurs Marchands au profit de l'Abbaye. Cette Foire se tint pour la premiere fois le 3. de Février 1486. Charles VIII. par Lettres Patentes du mois de Février de l'an 1487. &

Louis XII. par les siennes de l'an 1499. confirmerent celles de Louis XI. qui ordonnent l'établissement de cette Foire. *Guillaume Briçonet*, Cardinal de l'Eglise Romaine, & Abbé de S. Germain des Prez, fit bâtir en 1512. les Halles où se tient la Foire, & les murs qui les environnent. Cette Foire fut alienée en 1624. à plusieurs Marchands pour la somme de trente mille livres par Louise-Marguerite de Lorraine, Princesse de Conti, qui jouissoit des revenus de l'Abbaye de S. Germain des Prez, sous l'administration du nommé *Buisson*. qui avoit le titre d'Abbé. François de Bourbon, Prince de Conti, son mari, en avoit auparavant joui sous celle du nommé *Porcheron*. Le Cardinal de Furstemberg, Abbé de S. Germain, voulut faire casser l'alienation en 1690. & sur l'opposition des Marchands en faveur desquels elle avoit été faite, il y eut procès qui fut terminé en 1698. par Arrêt du Conseil qui ordonna que le Preau de la Foire seroit réuni au Domaine de l'Abbaye S. Germain des Prez ; & que les Marchands ou autres qui jouissoient des Halles, seroient maintenus dans leur possession moyennant la somme de trente mille livres qu'ils payeroient une seconde fois, parce qu'ils n'avoient pas fait donner d'employ de la premiere somme payée à la Princesse de Conty. Quoiqu'il ait passé en coutume de proroger cette Foire jusqu'au Dimanche de la Passion exclusivement, la franchise n'y a lieu que pendant les huit premiers jours, suivant les termes de l'institution. Nos Rois accordent la prolongation de cette Foire en faveur de leurs Valets de pied, à qui les Marchands font quelques gratifications. On annonce tous les ans au public la Foire S. Germain par une Ordonnance du Lieutenant Général de Police, publiée à son de trompe, & affichée dans les carrefours & places de Paris: ce qui se fait pareillement de l'Arrêt du Conseil par lequel le Roi en accorde la continuation au de-là de la premiere huitaine.

Germain Brice dit dans sa Description de Paris que le lieu où se tient cette Foire n'a rien de remarquable. Bien loin de penser & de parler comme lui, je dirai d'après tous les Connoisseurs, que les Halles sous lesquelles se tient cette Foire, & qui ont été construites par ordre du Cardinal Briçonet, ainsi que je l'ai déja remarqué, passent pour le plus hardi morceau de charpenterie qu'il y ait au monde ; & que les plus fameux Architectes, ainsi que les Charpentiers les plus habiles, viennent tous les jours admirer. Ce merveilleux bâtiment est comme divisé en deux Halles differentes, qui cependant ne composent qu'une seule & même enceinte & sont contigues. Elles ont cent trente pas de longueur sur cent de largeur. Neuf rues tirées au cordeau, & qui s'entrecoupent les unes les autres, les partagent en vingt-quatre parties ou isles. Les loges qui forment & bornent ces rues sont composées d'une boutique au rez de chaussée, & d'une chambre ou petit magazin au dessus. Il y a quelques-unes de ces loges derriere lesquelles on a ménagé des cours où il y a des puits pour éteindre le feu en cas d'accident. Au bout d'une des Halles est une Chapelle où l'on dit tous les jours la Messe pendant la durée de la Foire. Les rues sont ici distinguées par le nom des differens Marchands qui y étalent; ainsi il y a la rue aux Orfevres, la rue aux Merciers, la rue aux Drapiers, la rue aux Peintres, la rue aux Tabletiers, la rue aux Fayanciers, la rue aux Lingeres, &c.

L'enclos exterieur ou preau de la Foire S. Germain est très-vaste, & outre la Halle aux draps, la Halle à la filasse, & le Marché fermé que le Cardinal de Bissi y a fait construire, il y reste encore de grandes places capables de contenir le grand nombre de carosses qui y abordent tous les soirs pendant la tenue de la Foire qui n'est jamais plus belle ni plus brillante qu'aux flambeaux, car c'est alors que les Gens de Qualité s'y rendent, & que les petits spectacles qu'on y donne, le jeu & les Caffés, y attirent un grand concours de monde de toute condition & de tout pays.

Le Marché que le Cardinal de Bissi, Abbé de S. Germain des Prez, y a fait construire en 1726. dans le preau, au lieu où étoient des loges de charpente pour des Danseurs de corde & autres petits spectacles, est fermé de quatre portes, la plus grande defquelles eſt en face de la rue de Buſſi. Cette porte dont la premiere pierre fut poſée le 9. de Juillet de l'an 1726. eſt au milieu d'un plan circulaire qui a quinze toiſes de longueur. Elle conſiſte en une grande baye ou ouverture, & deux petites à côté pour la commodité des gens de pied. La baye principale a onze pieds de largeur, & vingt-un pieds de hauteur, mais les deux petites n'ont pas la moitié de ſa largeur, les ornemens ne l'ayant pas permis. Cette porte, qui eſt d'ordre Dorique, eſt ſurmontée d'un attique qui a de proportion le tiers de toute la hauteur; & d'un couronnement où ſont les armes du Cardinal de Biſſi ſoûtenues de chaque côté par une corne d'abondance renverſée de laquelle tombent des fruits, &c. Au milieu de l'attique eſt une table de marbre noir ſur laquelle eſt gravée en lettres d'or l'inſcription qui ſuit, & qui eſt de la compoſition du ſieur *Jullien*, un des Officiers du Cardinal de Biſſi.

Regnante Ludovico XV.
Henricus de Thiard de Biſſi *S. R. E. Presbyter Cardinalis*,

Episcopus Meldensis,
sancti Germani à Pratis Abbas,
Regii Ordinis Commendator;
dirutis histrionum Theatris,
viam, domos, & amplissimum forum
ad Civium utilitatem,
& Urbis ornamentum magna cura,
& impensa inchoavit & absolvit
anno Domini M. DCCXXVI.

Au revers des armes de ce Cardinal, sont posées celles de l'Abbaye de S. Germain des Prez, lesquelles sont d'azur à trois fleurs de Lys d'or qui est de France, & sur le tout de sable à trois Besans d'argent. Au dessous de ces armes est cette inscription qui est de l'Abbé *Raguet.*

Abite Mimi, ludiæ facessite
Hinc impudentem exturbat Histrioniam
Dum Civitatis commoda Henricus parat.
Quod edule Pontus, flumen; agri procreant
Exuberanti deerit haud unquam foro.
Adeste Cives, eligite, emite, vivite.

Cette porte est du dessein d'un jeune Architecte nommé *Boscri*, à qui on reprocha d'avoir rendus biais tous les pilastres & les corps qui en décofent les faces intérieures & extérieures, mais on ne fait point attention qu'il a été obligé de suivre la direction de la rue, & que c'est cet assujetissement qui a rendu l'architecture & la sculpture biaises. Toute la sculpture de cette porte est du nommé *Durif*.

Ce nouveau Marché a six cens toises de superficie, & peut contenir quatre cens Echoppes ou petites loges, sans que les rues ou les passages nécessaires pour en faciliter le commerce, en soient nullement embarassés.

Au dessus de la porte qui est du côté de la rue de Tournon, il y a une table de marbre noir sur laquelle sont ces deux vers de feu M. de la Monoye :

Hic ubi se ludis pascebat inanibus olim,
Sorte capit solidas urbs meliore dapes.

Dans la rue des Fossés de S. Germain des Prez, on remarque

L'Hôtel des Come'diens du Roy,
entretenus par Sa Majeste'.

Les trois troupes de Comédiens

François ayant été réunies en une qui avoit son Téatre dans un Jeu de Paume de la rue des Fossés de Nesle, qu'on nomme la rue Mazarine depuis qu'on a bâti le College Mazarin, elle joua la Comédie en cet endroit jusqu'en 1687. Pour lors le College Mazarin ayant été ouvert pour l'exercice des classes, le concours du College & celui de la Comédie étant devenu incommode à l'un & à l'autre, le Roi ordonna aux Comédiens de chercher dans Paris, & dans le terme de six mois, un lieu propre à leurs représentations. Ils jetterent d'abord les yeux sur l'Hôtel de *Lussan*, situé dans la rue des Petits Champs, & sur une maison contigue à cet Hôtel laquelle appartenoit à des Religieuses. Ce fut le 5. Décembre 1687, que les Comédiens acheterent ces deux maisons, mais le Roi ayant été informé des obstacles qui s'opposoient à cette acquisition, il rendit en son Conseil d'Etat le premier Mars 1688. un Arrêt en commandement, qui cassant & annulant tout ce qui avoit été fait pour l'acquisition des deux maisons dont je viens de parler, permet aux Comédiens d'acheter *le Jeu de Paume de l'Etoile*, situé dans la rue des Fossés S. Germain des Prez, & d'y établir leur Téatre. Les Comédiens acheterent aussi-tôt ce Jeu de Paume qui leur coûta soixante mille livres, & une maison qui étoit à côté, & qui leur fut vendue douze mille livres. On travailla sans perte de tems à la construction du Téatre & à tous les accompagnemens nécessaires On assûre que la dépense générale de ce bâtiment monta à deux cens mille livres. On divisa cette somme en vingt-trois parts, suivant l'état qui fut arrêté par le Roi, & ceux des Comédiens qui ont une part entiere dans les profits, entrent aussi dans cette dépense pour une part entiere ; ceux qui n'ont qu'une demie part, un quart de part, à proportion ; ainsi c'est un vingt-troisiéme au total, ou un quarante-sixiéme, ou un quatre-vingt-douziéme.

Cet Hôtel qui a été élevé sur les desseins de *François d'Orbay*, Architecte de réputation, occupe un terrein de dix toises, & est d'une architecture simple, mais assez reguliere. La face est de pierres de tailles, à deux étages, & percée par six croisées à chaque étage. Elle est couronnée par un fronton triangulaire, dans le timpan duquel est une figure de Minerve en demi-relief. Au dessus sont les armes de France aussi en demi-relief; & plus bas est un cartouche où est cette inscription en lettres d'or, sur un marbre noir:

HOSTEL DES COMEDIENS
DU ROY,
entretenus par SA MAJESTE'.
M. DC. LXXXVIII.

Un grand balcon de fer qui a quatre pieds de saillie, regne sur toute la largeur de cette façade; & au dessous sont quatre portes quarrées & de même proportion, par lesquelles on entre dans cet Hôtel. La salle où est le Téatre, est grande & ornée de loges assez commodes. Le parterre & l'amphitéatre peuvent contenir un grand nombre de spectateurs. Le plafond a été peint par *Bon Boullongne*, & c'est un très-bon morceau de peinture, mais il est si négligé & tenu si mal-proprement, qu'on a aujourd'hui bien de la peine à y connoître quelque chose. La troupe des Acteurs est nombreuse, & la plûpart réussissent parfaitement, ou pour le comique, ou pour le serieux. Ils ont d'ailleurs dans l'un & l'autre genre, des pieces d'une si grande beauté, que l'on trouve ordinairement chez eux un grand nombre de spectateurs. Les habits dont ils se servent dans les représentations sont riches; ceux des femmes surtout sont ordinairement d'une grande magnificence, d'un excellent goût, & ne leur coûtent gueres. Les personnes qui ne demeurent point à la Cour, & qui sont curieuses de bien prononcer nôtre Langue, doivent s'attacher à la prononciation des Acteurs.

Germain Brice en parlant des Acteurs de l'Opera, a remarqué comme un privilege qui leur étoit particulier, que ceux qui étoient Gentilshommes ne dérogeoient point, mais il s'est trompé dans cette restriction, car il en est de même des Comédiens du Roi, ainsi qu'il fut décidé par Arrêt du Conseil d'Etat du Roi, rendu à S. Germain en Laye le 10. de Septembre 1668. en faveur de *Josias de Sou-*

las, Ecuyer Sieur *de Floridor*, Comédien du Roi, contre les Commis à la recherche des usurpateurs de noblesse.

La rue des Fossés de M. le Prince aboutit d'un côté aux coins des rues des Cordeliers & de Condé, & de l'autre au coin de la rue Vaugirard, vis-à-vis la rue des Francs-Bourgeois. Celle-ci commence au coin de la rue Vaugirard, & finit à la rue d'Enfer. Elle a été ainsi nommée comme les autres de même nom, parce qu'anciennement elle étoit habitée par des gens si pauvres, qu'ils étoient exempts & *francs* de toutes les impositions municipales.

La rue d'Enfer va de la porte S. Michel au bout du faubourg. *Sauval* dit qu'en 1210. elle se nommoit *le chemin d'Issi*; ensuite *la rue de Vauvert*, à cause du Château ainsi nommé; puis *la rue de la Porte-Gibard*, pour les raisons que j'ai dites en parlant de cette Porte; enfin vers l'an 1258. on commença à la nommer *la rue d'Enfer*, dans l'opinion où étoit le Peuple que les diables avoient rendu le Château de *Vauvert* inhabitable; mais d'autres qui soûtiennent être fondés sur des vieux titres, difent que c'eft parce qu'elle eft au-deſſous de la rue S. Jacques qu'on appelloit *via ſuperior*, & celle-ci *via infera*, d'où on l'a nommée *la rue d'Enfer*, au lieu de la nommer la rue *Baſſe*. Enfin le fameux M. Huet, Evêque d'Avranches *, dit qu'elle a été nommée *la rue d'Enfer*, non pas parce qu'elle eft baſſe, mais parce que c'étoit un lieu *de débauche* & *de voleries*.

* Orig. de Caën. pag. 278.

A l'entrée de cette rue on remarque *le College du Mans*. Le Cardinal Philippe de Luxembourg, Evêque du Mans, ayant réſolu de fonder un College dans l'Univerſité de Paris pour douze pauvres Ecoliers de ſon Dioceſe, & ayant été prévenu par la mort, en laiſſa l'exécution à Chriſtophe de Chauvigné, Chanoine du Mans, & à ſes autres exécuteurs teſtamentaires. Ceux-ci choiſirent l'ancien Hôtel des Evêques du Mans ſitué dans la rue de Reims, ſur la montagne ſainte Genevieve, & qui tomboit en ruines. Le Cardinal Louis de Bourbon, ſucceſſeur de Philippe de Luxembourg en l'Evêché du Mans, entra dans leurs vues en leur donnant cet Hôtel, à condition que le Procureur des Boursiers en rendroit tous les ans à lui, & à ses successeurs Evêques du Mans, le jour de S. Julien, la somme de vingt-cinq livres, jusqu'à ce que le College lui eut fourni un fonds d'indemnité qui fut d'un pareil revenu. Ce fut sur l'emplacement de ce Palais Episcopal que les exécuteurs du testament de Philippe de Luxembourg bâtirent un College tout neuf qui contenoit une Chapelle, trente-six chambres pour loger les Boursiers, les Regens & les Pensionnaires, les classes, & les autres commodités nécessaires, ce qui coûta plus de quatorze mille livres. Du nombre des Boursiers, il y en a un qui est le Superieur ou Principal, & un autre qui est tout ensemble Procureur & Chapelain. Ce dernier est tenu de célébrer trois Messes qu'il doit chanter à haute voix les Dimanches & les Fêtes. Le Principal, le Procureur & les Boursiers, sont tenus d'ailleurs à célébrer quatre grands Services par an pour le Cardinal leur Fondateur. Les exécuteurs testamentaires, suivant les vues du Fondateur, assignerent à chaque Boursier vingt-cinq livres de revenu, &

le double au Principal & au Procureur Chapelain, avec défense d'augmenter les Bourses, de peur que le bien être ne les portat à négliger l'étude, & à la dissipation. Les statuts sont dattés du Mans, le 9. Juin 1526. Les revenus de ce College étoient tellement diminués en 1613. que Charles de Beaumanoir, Evêque du Mans, consentit à la suspension des exercices publics, & permit aux Principal, Procureur & Boursiers de louer les chambres du College à leur profit. On n'enseigna dès lors dans ce College que la Philosophie, & l'on ne l'y enseignoit même plus, lorsque les Jésuites du College de Clermont acheterent celui du Mans la somme de 53156. livres que le Roi Louis XIV. paya pour eux des deniers de son Trésor Royal, ce qui paroît par deux Arrêts du Conseil, l'un du 18. May 1682. & l'autre du mois de Juin suivant. Comme il étoit ordonné par ces Arrêts du Conseil que les deniers provenans de la vente du College du Mans seroient employés à l'achat d'une maison qui porteroit le titre de College du Mans, cela fut exécuté en 1683. qu'on acheta une maison située à l'entrée de la rue d'Enfer, laquelle coûta 37000. livres. Ainsi il restoit plus de 16090. livres, & cette somme fut si bien mise à profit, qu'en 1690. les Bourses de ce College rapportoient 100. livres chacune, & 150. livres en 1702. Cette même année, Louis de la Vergne Montenard de Tressan, Evêque du Mans, fit un Reglement daté du 6. Décembre par lequel le revenu du Principal & du Procureur Chapelain, est fixé à 400. livres pour chacun, outre leur logement, &c. Il n'y a plus aujourd'hui d'exercice d'Humanités, ni de Philosophie, mais en 1716. la vie commune y fut rétablie comme dans son origine. C'est toujours l'Evêque du Mans qui nomme le Principal, le Procureur Chapelain & les Boursiers.

LE PETIT SEMINAIRE,

ou LE SEMINAIRE DE S. LOUIS.

Louis-Antoine de Noailles, Archevêque de Paris, qui fut ensuite Cardinal de l'Eglise Romaine, fut à peine assis sur le Siege Archiepiscopal de cette ville, qu'il institua ce Seminaire

naire pour y élever des enfans qui auroient de la vocation à l'état Ecclésiastique. Feu *Louis de Marillac*, Curé de S. Jacques de la Boucherie, fut le premier promoteur de cet utile & pieux établissement, car il donna en 1696. quelques maisons & 1150. livres de rente pour le commencer. L'Archevêque de Paris de son côté sollicita auprès du Roi, & en obtint des Lettres Patentes datées du mois de Décembre 1696. par lesquelles Sa Majesté outre une rente de 3000. liv. qu'il accorda, permit l'union de quelques Benefices simples à ce Seminaire, & accorda à ceux que l'Archevêque de Paris commettroit pour sa direction, la faculté d'accepter les legs du feu Abbé *de Marillac*, & toutes les autres donations & fondations qu'on y feroit dans la suite. Le Roi permit aussi qu'on enseignât dans ce Seminaire les Humanités, la Philosophie & la Théologie à ceux qui y seroient admis, sans néanmoins que le tems qu'ils employeroient ici à l'étude de ces sciences, pût leur être compté pour prendre des degrez dans l'Université. Ces Lettres furent registrées au Parlement le 28. de Février de l'an 1697.

Tome VI.   M

Louis-Bernard Ourfel, Prêtre, Docteur en Théologie de la Faculté de Paris, Chanoine & grand-Pénitencier de l'Eglife de cette Ville, donna par fon teftament fa Bibliotheque, qui étoit très-curieufe, à ce Seminaire. Il mourut le 10. Janvier 1730. âgé de 65. ans.

Dans cette même rue, & du même côté que le Seminaire de S. Louis, font les Ecuries du Palais d'Orleans ou Luxembourg. Il y a dans cette baffe cour un réfervoir, & une fontaine d'eau d'Arcueil qui eft prefque publique.

De ce même côté font quelques maifons qui appartiennent aux Chartreux. Les deux qui ont le plus d'étendue & de beauté, ont été bâties en 1706. & 1707. La plus grande a été conftruite fur les deffeins de *le Blond*, Architecte qui avoit beaucoup de génie, & qui eft mort au fervice du *Czar Pierre I.* Cette maifon a été occupée & embellie par la Ducheffe de Vendôme qui l'avoit achetée à vie. C'eft aujourd'hui le Duc de Chaulnes qui y demeure. Cet Hôtel, un des plus parfaits qu'il y ait à Paris, feroit digne de loger un Prince du Sang, mais les écuries & les remifes fuffiroient à peine à un Bourgeois renforcé.

Vis-à-vis, mais de l'autre côté de la rue, est un Couvent de Feuillans.

LE COUVENT DES FEUILLANS
sous l'invocation des Anges Gardiens.

Ce Monastere fut d'abord destiné pour servir de Noviciat. La premiere pierre en fut posée le 21. Juin 1633. par *Pierre Seguier*, pour lors Garde des Sceaux de France. On mit sur cette pierre une lame de cuivre sur laquelle est cette inscription :

DEO OPTIMO MAXIMO.
Lapis iste,
pro fundamento hujus Monasterii
Congregationis Fuliensis,
sub auspiciis SS. Angelorum Custodum
erigendi ab Illustrissimo ac Nobilissimo
viro PETRO SEGUIER,
Procancellario meritissimo, positus est,
anno 1633. 11. Calendas Julii.

Les deux pierres fondamentales de l'Eglise y furent posées le 18. de Juillet de l'an 1659. ayant chacune son inscription particuliere.

Sur l'une on mit :

M ij

Nobilissimus & Illustrissimus Dominus
ANTONIUS DE BARILLON,
Toparcha de Morangis,
Marchio de Branges, Comes
Consistorianus,
Nec non ærarii Galliæ Director generalis
hunc primum lapidem angularem
in hoc Oratorio D. O. M.
& SS. Angelis Custodibus sacro,
posuit anno 1659. *die* 18. *Julii.*

Sur l'autre pierre est écrit:

Nobilissimus & Illustrissimus Dominus
LUDOVICUS DE ROCHECHOUART,
Eques, Comes de Maure,
magnus Aquitaniæ Seneschallus,
& Regis in eodem Seneschallatu
Proprætor,
hunc primum lapidem angularem
in hoc Oratorio D. O. M.
& SS. Angelis Custodibus sacro,
posuit anno 1659. *die* 18. *Julii.*

Cette Eglise ayant été achevée dans la même année 1659. elle fut benite le premier d'Octobre par Dom Pierre de S. Joseph, Provincial de la Province de France.

LES CHARTREUX.

Saint Louis, dont le zéle pour la propagation des Ordres Religieux étoit presque sans bornes, fut si édifié du récit qu'on lui faisoit de la vie solitaire & pénitente des Disciples de S. Bruno, qu'en 1257. il demanda à Dom *Bernard de la Tour*, Prieur de la grande Chartreuse, Général de tout l'Ordre, quelques-uns de ses Freres qu'il vouloit établir près de Paris. Dom Bernard envoya aussitôt au Roi Dom *Jean de Josseran*, Prieur du Val-Sainte-Marie, au Diocèse de Valence, avec quatre autres Religieux. Le Roi les établit à Gentilli dans la maison, vignes & terres qu'il avoit achetées des enfans de Pierre le Queux. Après un an de séjour en cet endroit, ces cinq Chartreux supplièrent le Roi de vouloir bien leur accorder son Hôtel de *Valvert* ou *Vauvert*, maison de plaisance que le Roi Robert avoit fait bâtir, & qui étoit abandonnée, à cause, disent les bonnes gens, que les diables s'en étoient emparés, & y faisoient un tintamarre épouventable, mais que S. Louis l'ayant accordée aux Chartreux, la présence & les prieres de ces saints Religieux les en chasserent : *aniles fabulæ.* Le motif que ces Religieux alléguerent, étoit que la doctrine qui se répandoit de la ville de Paris dans toute l'Eglise, feroit refleurir leur Ordre. Quoique cette raison ne fut gueres valable, puisque Gentilli n'est qu'à une petite lieue de Paris, & que d'ailleurs saint Bruno ait voulu plûtôt former des Solitaires & des Saints, que des Sçavans, cependant le Roi leur accorda leur demande, & non seulement leur donna le lieu & l'Hôtel de Vauvert, avec toutes ses appartenances & dépendances, mais même leur laissa la maison, les vignes & terres où il les avoit établis à Gentilli, & ajoûta à tous ces bienfaits cinq muids de bled de Gonesse, à prendre tous les ans à la Toussaints dans les greniers de Paris. L'acte de cette fondation est daté de Melun & du mois de May de l'an 1259. Un homme d'un profond sçavoir, mais qu'il faisoit souvent servir aux illusions de son imagination également féconde & dangereuse, prétend que cette Charte a été fabriquée à plaisir. La raison qu'il en donne, c'est qu'elle commence par ces mots, *in nomine sanctæ & individuæ Trinitatis* ; & que, selon lui, on ne mettoit pas cet intitulé dans les Chartes du tems de S. Louis. Combien de pieuses & de magnifiques fondations seroient renversées si ce principe étoit reçu ? Un tel Ecrivain détruiroit plus de Chartes d'un seul trait de plume, que le prétendu Dom *Titrier* n'en pourroit fabriquer en un an. Si avant S. Louis, il n'y avoit eu aucune Charte avec cet intitulé, & que ce fut la seule que ce Roi eut commencée ainsi, c'en seroit assez pour la faire soupçonner, mais ne suffiroit pas cependant pour la faire déclarer fausse, car enfin les usages ont leurs commencemens comme toutes les autres choses de ce monde ; mais cet intitulé avoit d'ailleurs été en usage longtems avant S. Louis, le fut sous son Regne & après. Sans pousser les recherches plus loin, il n'y a qu'à ouvrir le premier volume des Preuves de l'Histoire de la ville de Paris, composée par Dom *Félibien* & Dom *Lobineau*, & on verra l'ancienneté & la continuation de cet intitulé. On y trouvera la Charte de fondation de l'Abbaye de S. Maur des Fossés par Blidegisile, qui est de l'an 640. une du Roi Charles III. en faveur de l'Eglise de S. Marcel, & de l'an 918. une du Roi Henry I. portant fondation de l'Abbaye de S. Martin des Champs de l'an 1060. une du même Roi, & en faveur du même Monastere, de l'an 1070. une de Philippe I. en faveur de cette même Abbaye, de l'an 1073. une par laquelle ce même Prince donne S. Martin des Champs à l'Abbaye de Cluni, de l'an 1079. une du même Prince pour l'expulsion des Religieuses de S. Eloy, de l'an 1107. des Lettres de Galon, Evêque de Paris, touchant la collation des Prébendes de sainte Opportune, de l'an 1108. du Roi Louis VI. en faveur des Serfs de saint Martin des Champs, de l'an 1110. Charte de fondation de l'Abbaye de S. Victor, de l'an 1113. donation de S. Denis de la Chartre faite à S. Martin des Champs par Estienne, Evêque de Paris, l'an 1133. Lettres de Pierre le Vénérable Abbé de Cluni, pour l'échange de Montmartre & de S. Denis de la Chartre, de l'an 1133. Lettres du Roi Louis VI. pour l'Abbaye de Montmartre, de l'an 1134. Lettres du Roi Louis VII. en faveur de l'Hôpital Saint Benoît près des Thermes, de l'an 1138. donation du même Prince à sainte Opportune, de l'an 1154. Charte de Robert, Comte de Dreux, pour l'Hôpital de S. Gervais, de l'an 1171. Lettres du Roi Louis VII. en faveur de sainte Opportune, de l'an 1176. Charte de Philippe-Auguste pour S. Martin des Champs, de l'an 1190. Lettres de Maurice, Evêque de Paris, en faveur de l'Eglise de S. Germain l'Auxerrois, de l'an 1192. Lettres du Roi Philippe-Auguste portant confirmation d'une Charte de Galeran, Comte de Meulant, de l'an 1195. Lettres de Maurice, Evêque de Paris, en faveur de S. Maur des Fossés, aussi de l'an 1195. premiere fondation de la Sainte Chapelle de Paris par S. Louis, de l'an 1245. seconde fondation de ladite Sainte Chapelle par le même S. Louis, de l'an 1248. Lettres Patentes du même Prince & de la même année, en faveur de Bouchard de Marly, & de l'Abbaye de Porrois. Lettres du même Roi portant concession de huit muids de froment sur la Prevôté de Sens, en faveur de la Sainte Chapelle de Paris, de l'an 1256. Toutes ces Chartes, & plusieurs autres que je ne citerai point ici, commencent par ces mots, *in nomine sancta, & individua Trinitatis*, & seroient supposées si l'on vouloit s'en rapporter à nôtre sçavant visionaire.

Dès que les Chartreux furent en possession de l'Hôtel de Vauvert, ils bâtirent à la hâte sept ou huit cellules, & n'eurent d'abord pour Eglise que l'ancienne Chapelle de cet Hôtel, qui leur sert encore aujourd'hui de Refectoir; mais leur piété & leur vie exemplaire leur gagnerent l'estime de plusieurs personnes, qui par leurs pieuses liberalités leur donnerent les moyens de faire bâtir des lieux reguliers, & de se loger convenablement. Saint Louis avant que de partir pour son voyage d'Outre-Mer, fit commencer l'Eglise qu'on y voit encore aujourd'hui, & ce fut *Eudes de Montreul* qui en fut l'Architecte. La mort du Roi suspendit l'exécution de ce bâtiment qui n'étoit pas fort avancé. Il fut plusieurs fois repris & continué dans la suite, de sorte qu'en 1324. il fut entierement fini, & que le 26. May de l'an 1325. cette Eglise fut dédiée par *Jean d'Aubigni*, Evêque de Troyes, sous l'invocation de la sainte Vierge & de S. Jean-Baptiste.

J'ai remarqué que les huit premieres cellules de cette Chartreuse furent bâties du tems de S. Louis. Marie ou Marguerite d'Issoudun, Comtesse d'Eu, fille de Raoul de Lusignan, & d'Yoland de Dreux, & femme d'Alphonse de Brienne, grand-Chambellan de France, légua par son testament de l'an 1260. quinze livres de rente pour l'entretien d'un Religieux Prêtre. Thibaud II. du nom, Roi de Navarre, Comte de Champagne & de Brie, gendre de S. Louis, fonda aussi la place d'un autre Religieux en 1270. avant qu'il partit pour la Croisade. Ainsi il n'y avoit que dix cellules, & autant de Chartreux à Vauvert, lorsque Jeanne de Châtillon, Comtesse d'Alençon, de Blois, de Chartres, femme de Pierre de France, Comte d'Alençon, troisiéme fils de S. Louis, fonda quatorze cellules pour autant de Religieux, comme il paroît par ses Lettres du mardi après l'Annonciation 1290. (c'est 1291.) données en la maison de l'Evêque de Wincestre, appellée *la Grange aux Queux*, au dessus de Gentilli. Cette Princesse y suppose qu'il y avoit déja seize cellules à Vauvert, & que sa fondation acheveroit le nombre de trente Religieux qu'on dit que S. Louis avoit réfolu d'y mettre. Pour l'entretien de ces quatorze Religieux, elle légua deux cens vingt livres de petits tournois de rente, à tenir en main morte, à prendre au tréfor du Temple à Paris, fur mille livres tournois de rente amortie, qu'elle avoit au tréfor du Roi, à cause de l'échange du Comté de Chartres *. Cela ne rempliffoit point encore le nombre de trente Chartreux que S. Louis avoit eu deffein de mettre dans cette Chartreuse, mais les fix autres cellules furent fondées, la premiere par André de Taran, & par Pierre de Chofant, lorfqu'il fe fit Religieux dans cette Maifon ; la feconde par Pierre Bourguignon, Prêtre, qui donna pour cet effet fa terre de Rouillon ; la troifiéme par Jean Defmoulins, & trois ou quatre autres par Hervé de Neauville, Seigneur du Val-Coquatrix près de Corbeil, & Guillaume de Neauville fon frere ; fans compter quelques-autres places de Religieux, fondées en cette Maifon par differentes perfonnes, & en differens tems, fur-tout par Pierre de Navarre, Comte de Mortagne au

* Voi. les Preuves de l'Hift. de Paris, tom. I. page 230.

Perche, fils de Charles II. Roi de Navarre, & de Jeanne de France, fille du Roi Jean, qui en 1396. donna cinq mille livres à ce Monastere pour l'entretien de quatre Chartreux. Cette somme fut employée par les Chartreux de Vauvert à l'achat de la terre de Villeneuve-le-Roi, qu'ils acheterent de ceux de la grande Chartreuse. Jeanne d'Evreux, troisiéme femme de Charles le Bel, fit bâtir l'Infirmerie avec six cellules, accompagnée de Jardins, & d'une Chapelle qu'elle fournit de tous les meubles & ornemens nécessaires. L'Infirmerie fut achevée en 1341. & pour l'entretenir elle donna sa terre d'Yeres*. Aujourd'hui cette Chartreuse est d'environ quarante Religieux, sans compter les Freres, ni les Donnés.

* Histoire de la ville de Paris.

On entre dans ce Monastere par un portail qui est sur la rue d'Enfer, & une avenue assez longue, & plantée d'arbres, conduit à la grand-porte interieure de cette Maison. L'on entre ici dans la premiere cour de ce Monastere, & l'on remarque, à main gauche, une Chapelle assez grande qu'on nomme *la Chapelle des femmes*, parce que c'est la seule où les femmes ayent entrée. Elle fut confacrée fous l'invocation *de la fainte Vierge* & *de faint Blaife*, le 14. de May de l'an 1460. Dans cette Chapelle eft une tombe plate de pierre de liaiz, fur laquelle eft une Epitaphe qui nous apprend que c'eft en cet endroit qu'a été inhumé *Laurent Bouchel*, Avocat fameux au Parlement de Paris, mort l'an 1629. âgé de 70. ans. J'aurois rapporté ici cette Epitaphe, fi la baluftrade de l'Autel de cette Chapelle permettoit qu'on pût la lire toute entiere.

Sur la porte par laquelle on paffe de cette cour à la feconde, eft une ftatue de la Vierge, aux pieds de laquelle eft un grand bas-relief où l'on voit S. Louis qui préfente plufieurs Chartreux à cette Reine du Ciel. A côté de S. Louis, eft S. Jean-Baptifte avec un agneau à fes pieds. De l'autre côté eft S. Antoine, & plus loin S. Hugues, qui de Chartreux fut fait Evêque de Lincoln; il a à fes pieds un cigne dont on dit qu'il fut toujours accompagné depuis qu'il fut Evêque, & qui difparut auffitôt après fa mort.

Dans cette feconde cour eft à main

droite un corps de logis bien bâti, & qui sert à loger les hôtes. A gauche est l'Eglise dans toute sa longueur. Elle n'a rien que de simple & de gothique par rapport à son architecture. L'interieur en est partagé en deux. D'abord on entre dans le Chœur des Freres, & dans cette partie il y a deux petits Autels. Le Chœur des Peres se présente ensuite, & occupe la plus grande partie de cette Eglise. La menuiserie des formes ou stalles de ces deux Chœurs, est ornée de pilastres & d'autres ornemens de sculpture d'un goût distingué. Les pilastres du Chœur des Freres sont d'ordre Ionique, & sont espacés les uns des autres d'une maniere qui fait plaisir à voir. Ceux du Chœur des Peres sont d'ordre Composite, & ne font pas le même effet. Dans le Chœur des Peres, sur une petite lame de cuivre qui est dans une des armoires pratiquées dans les basses formes, vis-à-vis les stalles des Religieux, est cette inscription:

Ces Chaises sont des marques de la belle Economie du V. P. D. Leon Hinselin. Ont été faites en l'année 1680. *par le Frere* Henry Fuziliers.

Dans le Chœur des Freres, fur une autre petite lame de cuivre qui eſt adoſſée à un petit volet pratiqué vis-à-vis les ſtalles, on lit :

La Menuiſerie du Chœur des Freres Convers de la Chartreuſe de Paris, a été commencée le 20. *Fevrier* 1681. *& finie le* 10. *d'Octobre* 1682. *par l'ordre & belle œconomie du Vénérable Pere Dom* Leon Hinſelin, *Prieur de la Chartreuſe de Paris, & le tout conduit par le Frere* Henry Fuziliers, *Convers.*

Le tableau qui eſt ſur le grand-Autel, eſt de *Philippe Champagne*, & repréſente Jeſus-Chriſt au milieu des Docteurs.

Cette Egliſe eſt extrêmement ornée par pluſieurs grands tableaux de nos plus habiles Peintres, leſquels ſont placés au deſſus des ſtalles & entre les vitraux.

Le premier, en allant du grand Autel vers la porte de l'Egliſe, à gauche, repréſente la Reſurrection du Lazare, & a été peint par *Bon Boullongne*, & eſt un des meilleurs qu'il ait faits.

L'Aveugle de Jerico, par *Antoine*

Coypel, mort premier Peintre du Roi Louis XV.

Le Miracle des cinq pains, par *C. Audran*.

La Samaritaine, par *Noël Coypel*, pere d'Antoine, & d'autre Noël Coypel.

Le cinquiéme, qui est le premier de ceux qui sont dans le Chœur des Freres, est la Cananée, par *Corneille*.

La Resurrection du Lazare, par le même.

Le premier, à main droite, en allant du grand Autel vers la porte de l'Eglise, représente la guérison de plusieurs malades sur le lac de Genezareth. Il est de *Jouvenet*, & est un des plus beaux de ce Peintre. On en admire la fierté, la correction du dessein, & les expressions.

La femme affligée du flux de sang, qui touche le bord de la robe de Jesus-Christ, & qui est guérie, par *Boullongne* le jeune, mort premier Peintre du Roi Louis XV.

Simon-Pierre & André son frere, dans le moment qu'ils se donnent à Jesus-Christ. On y voit aussi S. Jacques & S. Jean, avec Zebédée leur pere, qui racommodent leurs filets,

& un groupe composé de deux hommes, d'une femme & d'une petite fille. Ce tableau est de *Jean Dumont*, surnommé *le Romain*.

Le Centenier, par *Corneille*.

Le premier qu'on voit dans le Chœur des Freres, de ce côté-ci, est le Paralytique sur le bord de la Piscine, par *Corneille*.

La fille de Jaïre ressuscitée par Jesus-Christ. Il est de *la Fosse*.

Plusieurs personnes de grande considération ont été inhumées dans cette Eglise.

Philippe de Marigni, Evêque de Cambray, puis Archevêque de Sens, mort en 1325. fut inhumé dans l'ancienne Chapelle qui sert aujourd'hui de Refectoir, & ensuite transporté dans cette Eglise devant le grand Autel.

Jean de Blangi, Docteur en Théologie, Evêque d'Auxerre, mort le 15. Mars 1344. Il étoit né au bourg de *Blangi* dans le Comté d'Eu, & en avoit pris le nom. Il fut grand Théologien & grand Négociateur.

Jean de Chissé, Evêque de Grenoble, mort à Paris le 17. Août 1350.

Amé de Genéve, frere de Robert de

Genéve, Pape sous le nom de Clement VII. Amé mourut le 4. Décembre 1369. Son Tombeau est à côté de l'Autel sous une arcade. Il y est représenté armé, & on y lit cette Epitaphe :

CY GIST

Noble & puissant Prince, Messire
AME' DE GENE'VE,
qui trépassa l'an de grace 1369.
le 4e. jour de Décembre.

Jean de Dormans, Evêque de Beauvais, Cardinal de l'Eglise Romaine, & Chancelier de France ; & *Guillaume de Dormans son frere*, aussi Chancelier de France, eurent leur sépulture dans le Chœur de cette Eglise. Guillaume mourut le 11. Juillet 1373. & le Cardinal le 7. Novembre de la même année. On ôta leur tombeau du Chœur en 1611. à cause qu'il incommodoit dans la célébration de l'Office Divin ; & le Chancelier Boucherat, issu par femmes de la famille des Dormans, fit placer ce Tombeau, en 1696. devant l'Autel de la Chapelle de sainte Anne, & fit mettre l'Epitaphe qu'on va lire, où étoit l'ancien Tombeau.

HIC JACET

Illustrissimus Ecclesiæ Princeps,
Joannes de Dormano
S. R. E. Cardinalis
Episcopus Belvacensis,
& Franciæ Cancellarius
designatus anno MCCCLXIV.
qui munus suum in regias manus
deposuit anno MCCCLXXI.
fratre ejus,
qui hic etiam adjacet, in idem munus
mox suffecto;
hujus Cardinalis effigies de metallo
cupreo ante hic exposita
pro faciliori Divini Cultûs & Ritûs
Cartusiensis, quibus diuturno
impedimento fuit celebratione,
translata est ante Altare
Sacelli sanctæ Annæ consensu
pietate & religione Illustrissimi
Domini Domini Ludovici Boucherat
Comitis de Compans Laville,
Regiorum Ordinum Commendatoris
& Franciæ Cancellarii nobili familiæ
de Dormano affinis,
qui sumptibus suis hoc Monumento
parentavit.
Anno Domini MDCXCVI.

Marguerite de Châlons, Dame de Thieri & de Puifoye, fille de Jean de Châlons, Comte d'Auxerre & de Tonnerre, & femme de Jean de Savoye, Chevalier, morte le 11. Octobre 1378.

Guillaume de Sens, Premier Préfident du Parlement de Paris, mort le 11. Avril 1399.

Michel de Cernay, Evêque d'Auxerre, & Confeffeur du Roi Charles VI. mort le 13. d'Octobre 1409.

Pierre de Navarre, Comte de Mortain, fils de Charles II. Roy de Navarre, dit le Mauvais, & de Jeanne de France, fille du Roi Jean, mort à Bourges le 29. Juillet 1412. d'où fon corps fut tranfporté en l'Abbaye S. Antoine lez-Paris, & de là le 5. Août fuivant, en l'Eglife des Chartreux où l'on voit fon Tombeau qui eft de marbre blanc, & eft fous une arcade prife dans le mur, qui fépare le Sanctuaire de la Chapelle de S. Etienne & de la Sacriftie. Pierre de Navarre y eft repréfenté avec *Catherine d'Alencon* fa femme, quoique cette Princeffe qui mourut à Paris le 25. Juin 1462. ait été inhumée à fainte Geneviéve où fe voit fon Epitaphe fur une tombe de pierre, devant la Chapelle de S. Martin, dans la Nef, à droite en entrant.

Philippe d'Harcourt, premier Chambellan du Roi Charles VI. mort le 13. d'Octobre 1414.

Jean d'Arsonvalle, Evêque de Châlons, & Confesseur du Dauphin, fils de Charles VI. mort le 27. d'Août de l'an 1416.

Jean de la Lune, neveu de l'Antipape Benoît XIII. mort en 1424.

Adam de Cambray, Premier Président du Parlement de Paris, mort le 15. Mars 1456. & *Charlote Alexandre* sa femme, morte le 12. Mars 1472.

Louis Stuard, Seigneur d'Aubigni, fils d'Edmont Stuard, Duc de Lenox, & mort à Paris l'an 1665. fut inhumé au milieu du Chœur sous la cloche. Il avoit été envoyé en France dès l'âge de cinq ans. Il prit les Ordres fort jeune, & fut Chanoine de l'Eglise Métropolitaine de Paris. Lors du rétablissement de Charles II. sur le trône de ses ancêtres, il retourna en Angleterre, & ce Prince le fit grand-Aumônier de la Reine sa femme. Il fut nommé au Cardinalat, mais il mourut à Paris quelques heures avant l'arrivée du courrier qui lui en apportoit la nouvelle. Il en est souvent parlé dans les ouvrages de Saint-Evremont avec qui il étoit uni d'une étroite amitié. Voici l'Epitaphe qui fut mise sur sa tombe :

D. O. M.

LUDOVICO STUARTO *Albini Regulo, Edmundi Leviniæ Ducis filio, ex Regiâ Stuartorum apud Scotos familia oriundo, Catharinæ Lusitaniæ Caroli II. Magnæ Britanniæ Regis conjugis magno Elemosinario; viro non tam claris natalibus, quam religione, morum suavitate, urbanitate, ingenii elegantiâ, cæterisque animi dotibus conspicuo; qui cum in Cardinalium Collegium mox cooptandus esset, immaturâ morte peremptus est, an. ætat. 46. anno Christi 1665. 3. Idus Novemb.*

De se plura ne dicerentur
supremis tabulis cavit.

De l'Eglise, on passe dans le petit Cloître qui est orné de pilastres d'ordre Dorique, avec des tableaux dans les arcs qui représentent les circonstances les plus remarquables de la vie de S. Bruno depuis qu'il eut quitté le monde, jusqu'à sa mort, & même jusqu'à sa Canonisation. *Eustache le Sueur* commença cet excellent ouvrage en 1649. & l'acheva en moins de trois ans.

Dans le premier de ces tableaux, on voit un Docteur * qui prêche, & un nombreux auditoire qui l'écoute avec une grande attention. Les figures, dit M. Felibien le pere, sont dans des situations & des attitudes faciles & naturelles. Il y a de la diversité dans tous les airs de têtes, & une belle entente dans les accommodemens des draperies.

* Diocres.

Dans le second c'est ce même Docteur au lit de la mort, & quoique ce tableau soit un peu gâté, il ne laisse pas d'avoir des beautés.

Le sujet du troisiéme seroit bien effrayant s'il étoit vrai. On y voit le Docteur *Diocres* qui pendant qu'on chante l'office des morts, sort à demi de son cercueil, & déclare lui-même l'arrêt de sa damnation. Tous les assistans sont saisis de frayeur, & saint Bruno qui est derriere le Prêtre officiant, en paroît encore plus pénétré que

que les autres. On a prétendu que cet évenement donna lieu à sa retraite & à l'institution de son Ordre; mais la plûpart des Critiques rejettent cette apparition comme une fable. Ce tableau passe pour être un des plus beaux, & il n'en faut point être surpris, car il en est des Peintres comme des Poëtes, ils réussissent beaucoup mieux dans les sujets fabuleux où ils peuvent donner carriere à leur imagination, que dans ceux où ils sont resserrés par la vérité de l'Histoire.

Dans le quatriéme, on voit saint Bruno à genoux devant un Crucifix, dans l'attitude d'un homme absorbé dans la méditation de ce qu'il avoit vû après la mort du Docteur Diocres.

Le cinquiéme nous fait voir saint Bruno entouré de plusieurs personnes qui l'écoutent, & paroissent touchées de la force de ses paroles. Ce Saint n'alloit plus dans les Ecoles pour y faire des leçons sur les Sciences, il n'y alloit que pour informer ses Auditeurs de la résolution qu'il avoit prise, & pour leur inspirer les sentimens dans lesquels il étoit.

Dans le sixiéme, saint Bruno ayant pris la résolution de se retirer du monde, se joint à six de ses amis pour embrasser le même genre de vie.

Dans le septiéme, on voit trois Anges qui se présentent à lui pendant son sommeil, & semblent l'instruire de ce qu'il doit faire. Les Connoisseurs prétendent que ce tableau est un des mieux peints de toute cette histoire.

Dans le huitiéme, saint Bruno & ses compagnons distribuent tous leurs biens aux pauvres. La disposition du lieu & les bâtimens en sont agréables, & l'ordonnance de toutes les figures bien entendue, dit M. *Felibien*.

Dans le neuviéme, Hugues, Evêque de Grenoble, reçoit chez lui saint Bruno, & trouva dans cette visite l'explication du songe qu'il avoit eu quelque tems auparavant, dans lequel il lui sembloit que Dieu se bâtissoit une maison dans un endroit de son Diocèse nommé *Chartreuse*, & que sept étoiles très-brillantes marchoient devant lui, & lui en montroient le chemin.

Le dixiéme nous fait voir l'Evêque Hugues, Bruno & ses compagnons, qui traversent des deserts affreux, & passent entre des montagnes d'une hauteur prodigieuse pour se rendre au lieu de Chartreuse que Bruno avoit prié l'Evêque de lui accorder.

Dans l'onziéme, on voit Bruno & ses compagnons qui bâtissent sur la croupe d'une montagne une Eglise qu'on appelle Nôtre-Dame *de Casalibus*, & de petites cellules ou cabanes séparées les unes des autres; & c'est là le premier établissement de l'Ordre des Chartreux en 1084.

Dans le douziéme, l'Evêque Hugues donne à Bruno & à ses compagnons l'habit blanc, tel que les Chartreux le portent.

Dans le treiziéme, le Pape Victor III. confirme l'Institut des Chartreux en plein Consistoire. C'est un des plus beaux de ces tableaux.

Dans le quatorziéme, Bruno donne l'habit à quelques personnes qui embrassent son Institut.

Le quinziéme représente Bruno qui reçoit une lettre du Pape Urbain II. qui lui ordonne de se rendre à Rome pour l'aider de ses conseils. Ce Pape avoit été disciple de Bruno à Paris.

Dans le seiziéme, Bruno se présente au Pape Urbain II. & lui baise les pieds.

Dans le dix-septiéme, le Pape offre à Bruno l'Archevêché de Rioles que le Saint refuse avec humilité, s'en croyant indigne.

On voit dans le dix-huitiéme Bruno retiré dans des deserts de Calabre, accompagné de quelques personnes qui voulurent l'y suivre & embrasser son Institut. Bruno est en priere, & ses Religieux commencent à remuer la terre pour s'établir.

Dans le dix-neuviéme, on voit *Roger*, Comte de Sicile & de Calabre, qui étant à la chasse, rencontre Bruno & ses compagnons, & qui s'étant informé de leur genre de vie, en fut si édifié, qu'il leur donna l'Eglise de saint Martin & de saint Etienne, & un fonds pour subvenir à leur nourriture.

Dans le vingtiéme, le Comte Roger est peint, couché dans sa tente, & Bruno qui lui apparoît, lui donne avis d'une conjuration tramée contre lui.

Le vingt-uniéme est traité d'une maniere extrêmément sçavante, tant pour la disposition des figures, que pour les differentes expressions des Religieux qui regardent leur Pere qui expire. La lumiere des flambeaux est répandue sur tous les corps avec une entente admirable.

Le vingt-deuxiéme représente saint Bruno enlevé au Ciel par les Anges.

Ces tableaux sont accompagnés de cartouches entre deux, sur lesquels sont des vers latins qui en expliquant les sujets des Peintures, décrivent la Vie de saint Bruno. Ces vers sont de Dom *François Jarry*, Prieur de la Chartreuse de Nôtre-Dame de la Prée lez-Troyes. *Germain Brice* dit qu'ils sont d'une composition ingénieuse, mais les personnes de bon goût n'en jugent point de même.

Il s'est trouvé après la mort de *le Sueur*, des jaloux de sa réputation qui ont eu l'indignité d'effacer & de défigurer en diverses manieres ce qu'il y avoit de plus beau dans ces tableaux, ce qui obligea les Religieux de les couvrir de volets qui ferment à clef.

Aux extrémités de ce petit Cloître, on a peint des vûes qui amusent agréablement les Curieux. On y voit la ville de Paris, telle qu'elle étoit au commencement du dernier siécle; la ville de Rome; la grande Chartreuse; la Chartreuse de Pavie, fondée par

Jean Galeas Visconti, Duc de Milan, qui passe pour le plus superbe bâtiment Monastique qu'il y ait dans le monde Chrétien, &c.

Les vitres méritent les regards des Curieux, mais elles les méritoient encore davantage avant qu'on en eut volé une partie des carreaux du milieu, ce qui obligea les Religieux d'ôter ce qui restoit de ces carreaux. Ces vitres sont dans des bordures peintes en apprêt, qui ont aux coins des Camaïeux qui représentent les Peres du Desert. les carreaux du milieu dont je viens de parler, étoient aussi peints en Camaïeu, mais en couleurs differentes des Camaïeux qui sont aux coins. Toutes ces piéces avoient été peintes d'après *Sadeler*, qui en a inventé la disposition des sujets, les a dessinés, & les a gravés.

La Sacristie & le Chapitre où les Religieux s'assemblent, ont été bâtis aux dépens de *Pierre Loisel* & de sa femme.

Dans le Chapitre, on remarque un grand tableau qui représente *Jesus-Christ* sur la croix, & qui a été peint par *Philippe Champagne*. Ce Peintre regardoit ce tableau comme le meilleur de ses ouvrages, & le légua aux Chartreux par son testament. On y voit aussi un tableau de *le Sueur* qui est très-digne de lui, & qui représente *Jesus-Christ* qui apparoît à la Madeleine sous la figure d'un Jardinier.

 Le Refectoir est, ainsi que je l'ai dit, au même endroit où étoit la Chapelle de l'Hôtel de Vauvert. Les Religieux y mangent ensemble les Dimanches, les Fêtes & les Jeudis, car les autres jours ils mangent en particulier chacun dans sa cellule.

 Le grand Cloître est disposé en quarré au pourtour d'un grand preau qui sert de Cimetiere, & au milieu duquel est un grand puits, qui par le moyen d'une pompe fournit de l'eau à toutes les cellules. C'est dans ce Cimetiere qu'on enterre les Religieux. Sur chaque sépulture il y a une petite croix de bois; celles des Peres y sont distinguées de celles des Freres par une croix couverte.

 Ce grand Cloître a été bâti à plusieurs reprises, de même que les cellules, ou petites maisons qui l'environnent. Ces petits logemens sont composés d'un vestibule, d'une chambre, d'une autre piéce qui sert de Bibliotheque ou d'Attelier, suivant le goût du Religieux qui l'occupe; d'une petite cour & d'un petit jardin. Une simplicité propre en fait le principal ornement.

La fondation de quatorze cellules que fit Jeanne de Châtillon, Comtesse d'Alençon, de Blois, de Chartres, &c. est représentée dans ce grand Cloître du côté de l'Eglise, où l'on a sculpté sur la pierre de la muraille, cette Princesse qui présente à la sainte Vierge qui tient l'Enfant Jesus entre ses mains, & à saint Jean-Baptiste, quatorze Chartreux à genoux. En 1712. on couvrit ce bas-relief avec des planches fermées d'un treillis, & sur ces planches on a peint, d'après le bas-relief, toutes les figures dont je viens de parler, ce qui fait un tableau de quinze pieds de largeur sur quatre de hauteur. Le Peintre fait sortir de la bouche de Jeanne de Châtillon, cette priere qu'elle adresse à la sainte Vierge:

Vierge Mere, & Pucelle, à ton cher
 Fieus *présente quatorze Freres*
  qui prient pour moy.

L'Enfant *Jesus* lui répond:

Ma fille, reprens le don que tu me fais,
Et te rens tous tes mesfaits.

Le haut de ce tableau est orné de dix-sept écussons aux armes de France & de Châtillon, alternativement.

Au bas du tableau est l'inscription qu'on va lire :

L'an de grace 1712. cet ancien Monument de la pieté de Madame Jeanne de Châtillon, *Comtesse de Blois, qui fut accordée à dix ans, & mariée à douze à* M. Pierre de France, *Comte d'Alençon, fils de saint Louis, fut dressé pour conserver la mémoire d'une fondation qu'elle fit de quatorze Chartreux à Paris, & a été renouvellée conformément à son original cy dessous sur plâtre, par les ordres de très-hauts & très-illustres Seigneurs Claude-Elzear, Comte de Châtillon, & Alexis Henry, Chevaliers des Ordres du Roy, Freres, pour empêcher que la longueur des tems n'achevât de le détruire, & conserver à la postérité la mémoire d'une si illustre parenté.*

Cette inscription n'est pas bien faite, car outre que la datte qui est à la tête, y cause une équivoque, l'Auteur qui l'a composée, ou celui qui l'a écrite, se sont servis d'une phrase louche qui jetteroit dans l'erreur la plûpart des Lecteurs. *Claude Elzear*, Comte de Châtillon, n'a jamais été Chevalier des Ordres du Roi ; il n'y a qu'*Alexis-Henry*, Marquis de Châtillon, qui ait été décoré de ces Ordres. Je n'ai garde de porter mes soupçons ailleurs que sur l'Auteur, ou sur l'Ecrivain de cette inscription ; quand on a le bonheur d'être de l'ancienne & de la grande Maison de Châtillon-sur-Marne, un Chevalier des Ordres de plus, ou de moins, doit être une illustration assez indifferente.

Dans le mur d'une des aîles de ce même Cloître, à gauche, on voit la figure à genoux, de *Pierre de Navarre*, avec le premier verset du *Miserere*, saint Pierre à côté, quatre Chartreux devant lui à genoux aux pieds de la Vierge, & derriere lui un Ange qui tient une inscription latine, laquelle fait mention de la fondation de quatre cellules, faite en 1396. & désigne les cellules C. D. R. G. comme celles qui ont été fondées par ce

Prince, à raison de cinquante livres par an pour chacune.

Plusieurs personnes de mérite ont été inhumées dans ce Cloître, ou dans le grand Cimetiere. Les plus connues sont les trois dont je vais parler.

Jean Versoris, Avocat, mort le 26. Décembre de l'an 1588. Il descendoit de *Jean le Tourneur*, qui vint s'établir à Paris sous le Regne de Charles VII. & qui, à l'exemple de la plûpart des gens de Lettres de son tems, latinisa son nom, & se fit appeller *Vorsoris*, qui est le genitif de *Versor*. Sa postérité porta toujours depuis le surnom de *Versoris*. Celui qui donne lieu à cet article, est connu pour avoir plaidé pour les Jésuites, contre Etienne Pasquier, & pour avoir été un si furieux Ligueur, qu'ayant appris la mort du Duc & du Cardinal de Guise, il en fut tellement saisi qu'il en mourut, avec des sentimens contre son Roi, qui probablement ne le conduisirent point en Paradis.

Jean des Cordes né à Langres, mais originaire de Tournay, fit paroître dès son bas âge beaucoup d'inclination pour les Lettres ; cependant, après la mort de son pere, ses parens l'obligerent de quitter les études pour se faire Marchand, mais son penchant dominant l'y ramena, & à l'âge de trente ans, il reprit les études, & se fit ensuite Jésuite à Avignon. Ses infirmités l'obligerent de sortir du Noviciat. Il obtint quelque tems après un Canonicat de Limoges, où il acheta la Bibliotheque de *Simon Bosius* qu'il augmenta considerablement, car il étoit grand amateur & grand connoisseur des bons Livres. Il mourut à Paris en 1642. âgé de 72. ans, estimé & regretté de tous les Sçavans de son tems. Le Cardinal Mazarin acheta sa Bibliotheque pour le prix de dix-neuf ou vingt mille livres, & elle a servi de fonds à celle qu'on voit aujourd'hui au College Mazarin, ou des Quatre Nations. Des Cordes a composé quelques ouvrages, mais ils n'ont pas fait grand bruit dans le monde sçavant.

Pierre Danet, Abbé de S. Nicolas de Verdun, & Curé de sainte Croix de la Cité à Paris, mort en 1709. Il a fait un Dictionnaire François-Latin, un autre Latin-François, & un troisiéme des Antiquités Grecques & Romaines, le tout à l'usage du Dauphin, fils du Roi Louis XIV. Ses Dictionnaires de la Langue Latine ont eu beaucoup de cours, cependant on peut dire que Danet ne connoissoit pas assez les finesses des deux Langues pour faire quelque chose d'excellent là-dessus. Quant à son Dictionnaire des Antiquités Grecques & Romaines, il est très-superficiel, aussi est-il fort oublié. Danet avoit été dans sa jeunesse Précepteur de *Baudelot de Dairval*, un des plus sçavans Antiquaires de ces derniers tems, mais qui n'avoit pas plus de goût que son Précepteur.

Le terrein qu'occupe cette Chartreuse est immense pour être à un des fauxbourgs de Paris. Le jardin potager seul, est au moins de quinze arpens.

Au-delà des Chartreux, en suivant toujours la rue d'Enfer, & après avoir passé la barriere, on trouve une assez belle maison, accompagnée d'un grand enclos, & c'est dans cette maison qu'on exerce pendant une année dans des pratiques de piété, ceux qui entrent dans la Congrégation de l'Oratoire, ce qui l'a fait nommer l'*Institution*, qui est à peu près la même chose que le Noviciat chez les Moines.

L'Institution de l'Oratoire.

Cette Maison fut fondée en 1650. par *Nicolas Pinette*, Trésorier de Gaston de France, Duc d'Orléans & oncle du Roi Louis le Grand. Gaston voulut bien, à la priere de Pinette, se dire Fondateur de cette Maison, à laquelle le Roi accorda en cette considération les privileges dont jouissent les Maisons Religieuses qui sont de fondation Royale. L'Eglise ne fut commencée qu'en 1655. Ce fut le 11. de Novembre de cette année-là que le Sieur *de Choisi*, Chancelier du Duc d'Orléans, & fondé de la procuration de ce Prince qui étoit pour lors en son Château de Blois, en posa la premiere pierre. Cette Eglise qui est bien bâtie, fut consacrée le 7. de Novembre de l'an 1657. par François de Caulet, Evêque de Pamiers, qui accorda une Indulgence d'un an à tous les Fidéles qui visiteront ce même jour cette Eglise ; & une de quarante jours à tous ceux qui la visiteront chaque année à pareil jour. Cette Eglise est consacrée au Mystere de la

Très-Sainte Trinité, & à celui de la sacrée Enfance de Jesus-Christ sous le titre de son oblation au Temple ; desquels deux Mysteres on fait ici tous les ans l'Office solemnel avec octave.

C'est à ces deux Mysteres que font allusion les deux inscriptions qu'on lit sur la grand-porte de cette Eglise.

Celle qui est sur la frise, est ainsi conçûe :

SANCTISSIMÆ TRINITATI,
& Infantiæ J E S U *sacrum.*

Beaucoup plus bas on lit ce passage de l'Evangile :

Invenietis I N F A N T E M *pannis involutum.*

A main gauche, en entrant dans cette Eglise, est la Chapelle de la Vierge, dans laquelle on remarque un beau Monument de marbre blanc, érigé aux dépens du sieur Pinette, à la mémoire du Cardinal de Berulle, dont on voit ici la statue sur ce Mausolée. Au dessous est une urne de marbre noir où on mit en 1661. la main droite de ce Cardinal, laquelle main, jusqu'au coude, fut détachée de son corps qui repose dans l'Eglise de l'Oratoire, rue S. Honoré. Tout cet ouvrage de sculpture est de *Sarazin*. Voici l'inscription qu'on y lit :

PETRUS S. R. E. CARDINALIS
BERULLUS,

Congregationis Oratorii Domini Jesu Institutor, præpositusque Generalis primus ; cujus vultum cernis, nomen legis, famam nosti, non jacet hîc : solam viri dexteram manum Religiosa tegunt marmora, recturam scilicet tenerum gregem alumnum loci ; ac jure quidem his in ædibus, queis de olim construendis piam Virginem, quæ prope jacet adhuc ad manum ejus, ipse post obitum monuit.

Les deux ou trois dernieres lignes de cette inscription doivent se rapporter à feue Demoiselle *Jeanne-Marie-Françoise Chouberne*, morte le 7. Novembre 1655. & qui fut inhumée dans cette Eglise. Cette sainte fille contribua à l'établissement de cette Maison non seulement par les conseils qu'elle donna à ce sujet à M. Pinette, mais encore par la donation qu'elle fit de treize ou quatorze mille livres, qui étoit tout le bien qu'elle possedoit.

Messire *Henry de Barillon*, Evêque de Luçon, a été inhumé dans cette Eglise, ainsi qu'il l'avoit ordonné, & voici l'Epitaphe qu'on mit sur sa tombe.

D. O. M.

HEIC SITUS EST

Rev. in Christo Pater, & Illustr. Dominus D. HENRICUS DE BARILLON, Episcopus Lucionensis. Gentilitiæ Nobilitatis splendore, felicitate ingenii, candore animi, vitæ innocentiâ, omni genere doctrinæ sanctioris, ad munus Episcopale jam ab adolescentiâ maturus, virtute solâ notus Aulæ; vocante Deo assumptus in Episcopum Lucionensem an. sal. M.D.C.LXXI. Invitus, ac fugâ etiam declinans honorem, onus tantum subiit. Destinatis in pauperum levamen, & decus Ecclesiæ reditibus annuis, in ditissimo patrimonio pauper, sua impendit omnia,

& seipsum super impendit.
Acciti undequâque in partem curarum
idonei viri dati ovibus optimi
Pastores,
duo Seminaria ejus ære fundata,
sacræ collationes de rebus divinis,
& disciplinâ morum institutæ,
quas presentiâ, voce, legibus,
scriptis ad usum Cleri perfecit
exercitiorum causâ
quibus ipse præerat exemplo
indicti pii secessus Sacerdotum,
revocati ad fidei unitatem innumeri
Heterodoxi,
tria Nosocomia ab ipso vel dotata,
vel aucta,
privatæ virtutes & publicæ,
gravitas in verbis, comitas in moribus,
in morbis patientia,
Pastorem ad formam ab Apostolo
præscriptam exactè compositum,
ac priscis dignum sæculis contestantur.
Vix tandem passus à sponsâ divelli,
eâ spe uti diutius prodesset,
Lutetiam venit æger;
Sed superante vi mali,
magis tamen exhaustus laboribus
uti vixerat,
sic obiit bonorum omnium amor
& desiderium,

Maii VI. *an.* M. D. C. LXXXXIX.
ætatis LX.

*Ac moriens deponi voluit hic mortale
spolium,
Apud Præsbyt. Orat. quos vivens
habuerat semper in charis
& ubi se Sacerdotii primùm,
posteà Episcopatûs dignitate
insignitum meminerat.*

Cette Maison est propre, commode, & assez grande non seulement pour loger la Communauté, mais même pour fournir des appartemens à plusieurs personnes de distinction qui veulent s'y retirer pour travailler à la seule affaire nécessaire. C'est d'ici que sont sortis pénitens, les Abbés de *Rancé* & *le Camus*, l'un mort à la Trappe dont il avoit été Abbé & Réformateur; & l'autre Evêque de Grenoble, & Cardinal de l'Eglise Romaine; les Marquis de l'*Aigle* & de *Troisvilles*; le Comte de *Santenas*; le Comte *du Charmel*; le Marquis d'*Urphé*, pere du dernier mort; *Henry de Barillon*, Evêque de Luçon, qui y faisoit de fréquentes retraites, & voulut y être inhumé, comme il y avoit été sacré Evêque. L'édifiante retraite que le *Chancelier de Pontchartrain* y a soûtenue d'une maniere si uniforme jusqu'à sa mort, mérite aussi qu'il trouve place parmi ces illustres solitaires externes, qui sont venus dans cette Maison pour ne s'occuper que de leur salut.

La Bibliotheque n'est pas des plus nombreuses, mais elle est bien choisie, & a même quelques manuscrits. On y en voit un très-ancien des Œuvres de saint Leon, Pape. Ce manuscrit avoit appartenu à l'ancien Cardinal *Grimani*, & ayant été apporté de Venise à Paris, fut donné à la Maison de l'Institution par le P. de *Berziau*. C'est sur ce manuscrit & sur plusieurs autres, que le texte des Œuvres de saint Leon a été revû, & qu'ont été faites les dernieres éditions de ce Pere, par le P. *Pasquier Quesnel*.

Le jardin est spacieux, & planté d'arbres, qui donnent du couvert dans les plus grandes chaleurs.

Le *Château des Eaux*, situé entre le faubourg S. Jacques & le faubourg S. Michel, fut bâti en 1615. pour recevoir les eaux qui y sont conduites par l'acqueduc d'Arcueil, & qui d'ici sont distribuées en plusieurs Quartiers de la Ville, ainsi que je l'ai dit ci-dessus.

L'ABBAYE DE PORT-ROYAL.

Cette Abbaye est située dans la rue de la Bourbe, & doit son origine à celle de Port-Royal des Champs. Cette derniere fut fondée en 1204. par Mathieu de Montmorency, Seigneur de Marly, & par Mathilde de Garlande sa femme, qui pour ce dessein acheta le Fief de *Porrois*, ou *Port Royal*. Cette Abbaye qui étoit de l'Ordre de Cîteaux, ainsi que celle qui donne lieu à cet article, tomba dans la suite des tems dans un grand relâchement, mais en 1609. elle fut réformée par l'Abbesse Jacqueline-Marie-Angelique Arnaud, & cette réforme jetta un si grand éclat, que le nombre des Religieuses s'accrut tous les jours. En 1625. on y comptoit quatre-vingt Religieuses, & quoique l'Abbaye n'eut que six mille cinq cens livres de rente, elles y trouvoient un nécessaire suffisant. La maison de Port-Royal se trouva pour lors trop resserrée pour une aussi nombreuse Communauté, & il falut songer ou à augmenter les bâtimens, ou à former un second établissement où l'on pût envoyer une partie des Religieuses. *Catherine Marion*, veuve d'Antoine Arnaud, Avocat célébre, qui avoit plusieurs filles Religieuses dans ce Monastere, & dont l'une en étoit Abbesse, détermina bientôt la Communauté sur le parti qu'elle avoit à prendre. Madame Arnaud acheta une grande maison située à l'extrémité du faubourg S. Jacques, appellée l'*Hôtel de Clagni*, & la donna à l'Abbaye de Port-Royal pour lui servir de décharge. On travailla aussitôt à convertir cet Hôtel en Monastere, qui prit comme l'autre le nom de Port-Royal, & en 1626. toute la Communauté de Port-Royal des Champs y fut transferée. Comme il n'y avoit point encore dans l'Hôtel de Clagni, ni les lieux réguliers, ni les autres commodités qui sont nécessaires à une Communauté Religieuse, Madame Arnaud entreprit de faire bâtir ici un grand Monastere, pour la construction duquel il falut faire des dépenses qui auroient extrêmement oberé l'Abbaye, si la Providence n'avoit fait trouver des secours suffisans pour conduire ce bâtiment à sa perfection. Dame *Anne Hurault de Chiverni*, veuve de *Charles, Marquis d'Aumont*, Lieutenant Général des Armées du Roi, ayant choisi cette Maison pour y vivre retirée du monde, elle lui fit des biens très-considérables. Elle en acquita presque toutes les dettes, fit bâtir le Chœur & tous les logemens qui sont au dessus, fit élever les murs de clôture du grand jardin, & construire le bâtiment où elle logeoit, sans compter qu'elle contribua beaucoup au rétablissement du Monastere de Port-Royal des Champs. Un si pieux exemple fut suivi par plusieurs personnes, parmi lesquelles il y en avoit d'une grande naissance. La *Marquise de Sablé* fit construire le corps de logis avec le Chapitre au bout du Chœur; la *Princesse de Guemené*, le logement dont le bas sert de Sacristie, & fait partie de l'un des côtés du Cloître; Mademoiselle d'*Aquaviva*, M. *de Sevigné*, Madame *le Maitre* qui s'y rendit Religieuse depuis, M. *de Guenegaud*, Garde des Sceaux des Ordres du Roi, & Secretaire d'Etat; *Elisabeth de Choiseuil-Praslin* sa femme, &

quelques-autres, firent bâtir au dehors plusieurs corps de logis pour s'y retirer, & gratifierent le Monastere de plusieurs autres bienfaits. Madame *de Pontcarré* lui fit un legs de vingt-quatre mille livres. Madame *de Champigni*, veuve de M. de la Guette de Chesai; Madame *de Boulogne*, veuve du Baron de S. Ange, premier Maître d'Hôtel de la Reine mere; Madame de *Rubentel*, veuve de M. le Camus; ces deux dernieres y embrasserent la vie Religieuse après la mort de leurs maris; Madame *Seguier*, veuve de M. de Ligni de Gragneule; M. *le Maitre*, & MM. *de Sericourt* & *de Saci* ses freres, lui donnerent tous leurs biens, ne s'en reservant que l'usufruit. M. *Benoise*, Conseiller-Clerc au Parlement; M. *Briquet*, Avocat Général, & M. *le Roy de la Potherie*, lui firent aussi du bien. Ce dernier lui donna une rente de cent cinquante livres, & une Epine de la Couronne de Jesus-Christ. *Louise-Marie de Gonzagues de Cleves*, qui avoit été élevée à Port-Royal, & qui fut Reine de Pologne, porta le Roi son mari à faire de riches présens à ce Monastere : entr'autres d'un ciboire,

boire, d'une agathe enchâssée dans l'or, & enrichie de diamans; d'un soleil de cristal garni d'or, &c.

Le desir qu'avoit la Mere Angelique de conserver la Réforme dans Port-Royal, lui fit entreprendre deux changemens dans l'état de ce Monastere; l'un, de le mettre sous la Jurisdiction de l'Ordinaire; & l'autre, de se démettre de sa dignité d'Abbesse, pour rendre cette Abbaye élective. Au mois de Juin 1627. elle obtint du Pape Urbain VIII. une Bulle qui la tiroit de la Jurisdiction de l'Abbé de Cîteaux, pour la soûmettre à celle de l'Archevêque de Paris. Le Roi donna ses Lettres Patentes pour l'enregistrement de cette Bulle au mois de Juillet de la même année. L'Abbesse obtint l'autre grace du Roi Louis XIII. au mois de Janvier 1629. par le moyen de la Reine Marie de Medicis. Le Roi renonça à son droit de nomination en faveur de la Réforme, & fit expédier des Lettres Patentes pour accorder l'élection triennale de l'Abbesse. Après que toutes ces choses eurent été revêtues des formalités requises, la Mere Angelique Arnaud donna sa démission pure & simple au mois de Juillet 1630. Elle fit en 1647. un troisiéme changement dans le Monastere de Port-Royal en y établissant l'Adoration perpetuelle du Saint Sacrement, & le 24. d'Octobre de la même année, elle & ses Religieuses prirent le scapulaire blanc, avec la croix rouge pardessus.

Le Monastere de Port-Royal de Paris se trouvant à son tour trop peu étendu pour contenir le grand nombre de Religieuses que la Réforme y attiroit, l'Abbesse & les Religieuses demanderent à l'Archevêque de Paris la permission d'envoyer quelques Religieuses à Port-Royal des Champs, dont on avoit rendu le séjour plus sain qu'il n'étoit. L'Archevêque de Paris leur accorda leur demande le 22. de Juillet 1647. à condition que les Religieuses qu'on y envoyeroit, ne feroient point un corps de Communauté particuliere, mais seroient toujours soûmises à la Jurisdiction dudit Archevêque, & à l'autorité de l'Abbesse de Port-Royal de Paris, qui changeroit & rappelleroit ces Religieuses lorsqu'elle le jugeroit à propos. L'Archevêque de Paris n'ayant pas trouvé dans la plûpart des Religieuses de Port-Royal toute la soûmission qu'il demandoit d'elles pour la signature du Formulaire, il fut obligé d'en faire enlever plusieurs qui furent d'abord dispersées en plusieurs Couvens, & puis conduites au mois de Juillet 1665. à Port-Royal des Champs, de même que quelques-unes qu'on avoit laissées dans le Monastere de Paris, quoiqu'elles ne fussent pas plus soûmises que les autres. La paix de Clement IX. ayant pacifié tous les troubles qui s'étoient élevés au sujet du Formulaire, le Roi fit rendre un Arrêt par son Conseil le 13. May 1669. qui sépara les deux Maisons de Port-Royal en deux titres d'Abbayes indépendantes l'une de l'autre : l'une à Paris pour être à perpetuité de nomination Royale, & l'autre aux Champs pour être à perpetuité élective & triennale. Le Roi partagea en même tems les biens en deux, & ordonna que les deux tiers appartiendroient à perpetuité à l'Abbaye de Port-Royal des Champs, & l'autre tiers à Port-Royal de Paris. Le Monastere de Port-Royal des Champs a subsisté sur ce pied-là jusqu'au 11. Juillet 1709. qu'après une

Bulle de Clement XI. du mois de Mars 1708. le Cardinal de Noailles, Archevêque de Paris, rendit un decret de supression du titre Abbatial de Port-Royal des Champs, & de réunion de ses biens à l'Abbaye de Port-Royal de Paris. En consequence, les Religieuses de Port-Royal des Champs, au nombre de vingt-deux, furent dispersées dans plusieurs Couvens de differens Ordres, & les bâtimens du Monastere furent détruits, conformément à un Arrêt du Conseil rendu le 26. d'Octobre de la même année 1709. Ainsi il n'y a aujourd'hui qu'une Abbaye de Port-Royal qui est celle du faubourg S. Jacques à Paris.

Les fondemens de l'Eglise de ce Monastere furent posés le 22. d'Avril 1646. Elle fut achevée en 1648. & benie le 7. Juin de la même année par l'Archevêque de Paris. C'est *le Pautre*, Architecte qui avoit de la réputation, qui en donna le dessein, & qui le fit exécuter. Elle est petite, mais d'ailleurs c'est un chef-d'œuvre d'architecture. On y conserve une *Epine* de la Couronne de Jesus-Christ qui fut donnée à cette Maison par M.

le Roy de la Potherie, ainsi que je l'ai remarqué.

Le 24. de Mars 1656. Dieu opera ici un miracle à l'occasion de cette sainte Epine, par l'attouchement de laquelle *Marguerite Perier*, niéce de M. Pascal, & âgée de 10. ans, fut guérie subitement d'une fistule lacrimale. Ce miracle fut juridiquement examiné & publié par les Grands Vicaires de l'Archevêché de Paris, qui ordonnerent qu'il en fut rendu de solemnelles actions de graces à Dieu. On voit dans cette Eglise au côté gauche de la grille du Chœur, un tableau qui représente Mademoiselle Perier, telle qu'elle étoit lors de sa guérison, avec cette inscription au bas.

CHRISTO SOSPITATORI

Hanc effigiem Margaritæ Perier *decennis puella, cujus sinister oculus fœda & insanabili ægilope jam triennium laborans vivifica Spinæ contactu momento curatum est die Martii 24. anno 1656. Memores tanti beneficii parentes ejus sacraverunt.*

On y lit aussi cette traduction.

Marguerite Perier jeune fille de dix ans, ayant été par l'attouchement de l'Epine vivifiante, guérie en un moment le 24. Mars 1656. d'une dégoutante & incurable fistule qu'elle avoit depuis trois ans à l'œil gauche ; ses parens ont consacré à Jesus-Christ Sauveur ce portrait qui la représente, pour être un témoignage de la reconnoissance qu'ils ont d'un si grand bienfait.

De l'autre côté est le portrait de Demoiselle *Claude Baudrand*, en symetrie avec celui de Mademoiselle Perier. La premiere avoit quinze ans lorsque Dieu fit voir en elle un des effets extraordinaires de sa puissance. Elle fut miraculeusement guérie en 1657. par l'attouchement de la sainte Epine, *de horribili totius abdominis tumore*, mal dangereux dont on ne pouvoit humainement esperer la guérison, mais Dieu lui rendit en un instant une santé parfaite au grand étonnement des Médecins.

On y garde aussi une des Cruches qu'on dit avoir servi aux nôces de Cana. Dans le Chœur des Religieuses est un tableau qui repréſente *la Cene*, où Jeſus-Chriſt eſt aſſis avec les douze Apôtres. Ce tableau eſt original, & a été peint & donné par *Philippes Champagne* Peintre, natif de Bruxelles, & fort attaché à l'Abbaye de Port-Royal où il avoit une fille Religieuſe. Le tableau qui eſt ſur le retable de l'Autel, eſt une copie de celui dont je viens de parler.

Devant la grille du Chœur eſt une tombe ſur laquelle on lit :

CY GIST

Meſſire Louis de Pontis, *Seigneur dudit lieu, & d'Ubaie, Gentilhomme Provençal, lequel ayant ſervi nos Roys durant cinquante ans, & honoré d'eux des principales Charges dans les premiers Regimens d'Infanterie, & de la Charge de Maréchal de Batailles; laſſé de vieilleſſe, & affoibli de ſes bleſſures, ſe retira du ſervice des Roys de la terre, pour ſervir le Roy des Roys dans l'Abbaye de Port-Royal l'an* M. VI.ᶜ LIII. *où il a paſſé le reſte de ſes jours dans l'exercice des vertus chrétiennes ; & eſt décédé le* XIV. *Juin de la préſente* année M. VI.ᶜ LXX. *âgé de* LXXXVII. *ans.*

PRIEZ DIEU POUR SON REPOS.

Le Gentilhomme dont on vient de lire l'Epitaphe, étoit d'une des plus anciennes maisons de Provence, puisqu'elle a des titres de l'an 1140. La terre de Pontis à qui elle a donné le nom, ou de laquelle elle l'a reçû, est située dans la Viguerie de Seyne au Diocèse d'Embrun. Louis de Pontis qui donne lieu à cet article, fut un homme d'une valeur singuliere & d'une grande probité. Il fut Lieutenant au Regiment des Gardes, puis Capitaine & Major dans celui de Bresse, ensuite Lieutenant-Colonel de celui de la Reine, enfin Mestre de Camp d'un Regiment qu'il leva en Provence, & dont il se défit après l'avoir formé, & finit sa vie dans la retraite & dans la pénitence l'an 1670 [*]. C'est sur le récit que le sieur de Pontis faisoit quelquefois des principales actions de sa vie, que *Pierre Thomas sieur du Fossé*, composa les Mémoires qui portent son nom, & qui ont été bien reçûs du Public. Comme Pontis étoit fort âgé, &

[*] Voy. le Nobiliaire de Provence, Tome II. pag. 477.

qu'il n'avoit rien écrit lui-même sur les circonstances de sa vie, sa mémoire l'a quelquefois mal servi, & a fait tomber son Historien dans quelques fautes, qui cependant ne sont pas assez considerables pour empêcher que son livre ne se fasse lire avec plaisir & utilité. Les Ecrivains conviennent tous, d'après l'Epitaphe que je viens de rapporter, que Pontis mourut le 14. Juin de l'an 1670. mais ils sont si partagez sur l'âge qu'il avoit lors de sa mort, qu'il est impossible de les concilier. Son Epitaphe dit qu'il avoit servi nos Rois pendant cinquante ans, & qu'il mourut âgé de quatre-vingt-sept ans. Le Necrologe de Port-Royal où cette même Epitaphe est rapportée, dit que Pontis étoit entré dans le service dès l'âge de quatorze ans ; qu'il y avoit passé cinquante-six années, & dix-neuf dans la retraite : mais si ces trois époques du Necrologe sont véritables, elles augmentent & les services & la vie de Pontis, qui à ce compte avoit quatre-vingt-neuf ans lorsqu'il mourut. L'Abbé Robert de Briençon dit dans son Nobiliaire de Provence, que Pontis mourut âgé de quatre-vingt-dix ans l'an 1670. M. l'Abbé Lenglet du Fresnoy va encore plus loin, car il prétend que Pontis est mort en 1670. âgé de quatre-vingt douze ans.

Marie - Angelique de Scoraille de Roussille, Duchesse de Fontange, morte le 28. Juin 1681. âgée de vingt-deux ans, fut inhumée dans cette Eglise. Elle étoit fille de *Jean Rigald*, ou *Rigaud de Scoraille*, Comte de Roussille, Marquis de Cropiere & de Saint-Joueri, & d'*Aimée-Eleonore de Plas*. Tout le monde sçait le crédit que cette Demoiselle eut auprès de Louis XIV.

Catherine - Gasparde de Scoraille, sœur de la précédente, Marquise de Curton, morte le 12. Janvier 1736. âgée de 88. ans & six mois, fut inhumée aussi dans cette Eglise auprès de sa sœur, le treize du même mois. Elle avoit été mariée le 3. d'Août 1681. avec Sebastien de Rosmadec, Marquis de Molac, Lieutenant pour le Roi de la Province de Bretagne, Gouverneur des Ville, Châteaux & Comté de Nantes, & Tour de Pillemil, mort le 3. Novembre 1700. & en secondes nôces, au mois de Juillet 1709. avec Henry de Chabanes,

Marquis de Curton, décédé le 16. May 1714. Elle n'a point eu d'enfans.

Rentrons dans la Ville.

La rue *de Vaugirard* commence au coin de la rue des Francs-Bourgeois, & se termine à la derniere barriere du chemin de Vaugirard au-delà de l'Abbaye de Nôtre-Dame des Prez. *Sauval* dit qu'en 1543. on la nommoit *le chemin de Vaugirard*; que depuis on la nomma *la rue des Vaches*, à cause que la plûpart des vaches du faubourg S. Germain y passoient pour aller paître. Il ajoûte qu'avant que Marie de Medicis fit bâtir le Palais d'Orleans, ou Luxembourg, elle avoit nom *la rue de la Verrerie*, à l'occasion de quelques Verriers qui s'y étoient venus établir. Depuis longtems on ne la connoît que sous le nom de rue de *Vaugirard*.

Après le Palais d'Orleans, ou de Luxembourg, les édifices les plus remarquables qu'on voit dans cette rue, sont les suivans.

L'HÔTEL DU PETIT BOURBON.

Cette maison étoit autrefois nommée *le petit Luxembourg*, & avoit été bâtie par le Cardinal de Richelieu qui même y vint loger en quittant l'Arsenal, & qui après y avoir fait quelque séjour, l'abandonna à *Marie de Vignerot*, Duchesse d'Aiguillon, sa niéce, & alla demeurer au Palais-Cardinal qu'il avoit fait élever avec beaucoup de dépense & de magnificence. Le petit Luxembourg échut dans la suite à Henry-Jules de Bourbon, Prince de Condé, comme faisant partie de la succession de Claire-Clemence de Maillé Brezé sa mere, laquelle étoit niéce du Cardinal de Richelieu. Tandis que le Prince de Condé vêquit, on ne toucha point à ce Palais, mais après sa mort, la Princesse *Anne de Baviere Palatine* sa veuve, l'ayant destiné pour y faire sa demeure ordinaire, elle y fit faire en 1710. & 1711. des réparations si considerables, que c'est, pour ainsi dire, un édifice nouveau. Comme ce Palais est fort resserré par le Palais d'Orleans d'un côté, & par le Monastere des Filles du Calvaire de l'autre, la Princesse de Condé n'a pû en augmenter l'étendue qu'en faisant bâtir de l'autre côté de la rue, ainsi que je le dirai plus bas.

La grand-porte de ce Palais eſt décorée de quatre colonnes Ioniques qui ſoûtiennent un fronton orné de ſculptures. A main gauche, en entrant dans la cour, ſe préſente un grand veſtibule où eſt placé le grand eſcalier, qui ſans contredit eſt un des plus grands & des mieux ornés qu'il y ait à Paris. Les appartemens ſont meublés d'une grande magnificence, & ornés de glaces & de marbres les plus rares. On jouit ſi parfaitement de la vûe des jardins du Palais d'Orleans ou Luxembourg, qu'il ſemble qu'ils ont été faits pour cet Hôtel, dont le jardin qui lui eſt particulier, eſt d'ailleurs trop petit pour une auſſi grande & auſſi belle maiſon que celle-ci : il faut dire la même choſe de la cour.

Ce Palais ſe trouvant trop petit pour loger une Maiſon auſſi nombreuſe que celle de la Princeſſe de Condé, elle fit bâtir de l'autre côté de la rue une grande maiſon compoſée de quatre grands corps de logis, qui feroient un plus bel effet s'ils n'étoient pas de hauteur differente. C'eſt dans cette maiſon qu'étoient logés les Ecuyers de la Princeſſe, ſes Officiers

& ses domestiques. Ici étoient aussi les Ecuries & les Cuisines. Comme il auroit falu traverser la rue pour porter les plats, & que le service auroit été souvent dérangé par les injures du tems, on a pratiqué sous terre un coridor voûté, qui passe sous la rue, & vient rendre au pied du grand escalier.

C'est *Germain Bosfrand*, un des plus habiles Architectes que nous ayons, qui a donné les desseins, & a conduit toute l'architecture de ce Palais & de la basse-cour.

Cet Hôtel appartient aujourd'hui à la Princesse *Marie-Anne de Bourbon-Condé*, connue sous le nom de *Mademoiselle de Clermont*, qui est petite fille de la Princesse, qui l'a fait mettre en l'état de magnificence où l'on le voit.

LES RELIGIEUSES DU CALVAIRE.

Le P. *Joseph le Clerc* qui n'est pas moins connu dans le monde, que dans l'Ordre des Capucins, ayant institué une Congrégation de Filles de l'Ordre de saint Benoît sous le nom de *Congrégation de Nôtre-Dame du Calvaire*, & la Reine Marie de Medicis s'étant trouvée à Angers dans le tems que le P. Joseph travailloit à y établir un Couvent de cette Congrégation, non seulement cette Princesse voulut en être la fondatrice, & planter elle-même la Croix au lieu que ces Filles avoient acquis pour bâtir, mais encore résolut de leur donner un Monastere à Paris, dans l'enceinte du Palais d'Orleans qu'elle venoit de faire élever. Le P. Joseph de son côté avoit déja pris des mesures pour établir un Couvent de ces Filles à Paris. Il avoit communiqué son projet à Madame *de Lauzon*, veuve d'un Conseiller au Parlement de Paris, laquelle l'avoit assûré qu'elle donneroit dix-huit mille livres en argent, & douze cens livres de rente, pour l'établissement de ce Couvent. Six de ces Religieuses, à la tête desquelles étoit la Mere Gabrielle de S. Benoît, dite de l'Esperoniere, partirent de Poitiers le 14. d'Octobre de l'an 1620. & arriverent à Paris le 22. dudit mois, & an. Elles y furent reçûes par Madame de Lauzon dans un hospice qu'elle leur avoit fait préparer auprès de la porte S. Michel. La Reine Marie de Medicis songeoit à leur faire bâtir un Couvent auprès de son Palais de Luxembourg, & pour cet effet leur donna cinq arpens de terre, & mille livres de rente à prendre sur son Domaine du Comté de Dourdan; mais à peine ces Religieuses commençoient à faire bâtir sur ce terrein, que les Architectes de la Reine lui représenterent que ce Monastere offusqueroit les vûes de son Palais, & sur cela il falut chercher un autre terrein. Elles acheterent pour lors, c'est-à-dire, le 19. Mars 1622. quelques maisons qui étoient à côté, & les payerent des dix-huit mille livres que leur avoit donné Madame de Lauzon, & elles y firent travailler avec tant de diligence, que le vingt-huit du mois de Juillet suivant, elles y furent transferées & introduites par Madame de Lauzon, qui les meubla de tout ce qui leur étoit nécessaire. Quelques années après, la Reine leur fit bâtir une Chapelle ou Eglise, en la place d'un corps de logis qu'elle leur avoit donné. La premiere pierre en fut posée en son absence par Marie de Bragelongne, femme de Claude Bouthillier, Chancelier de ladite Reine, au mois de May de l'an 1625.

On encastra dans cette pierre une médaille d'argent sur laquelle est cette inscription.

A LA GLOIRE DE DIEU,

ET DE LA TRE'S-SAINTE VIERGE SA MERE.

Marie de Medicis *a posé la premiere pierre de cette Eglise & Monastere, afin que comme elle reconnoît cette Mere du Roy des Roys pour la conservatrice du Royaume, & de sa Royale lignée, & pour le modéle & exemplaire de sa vie & de son nom, aussi elle la puisse avoir dans le Ciel pour mediatrice de son salut éternel, l'an de nôtre Redemption* 1625.

Cette Chapelle ou Eglise étant achevée, fut benite par l'Evêque de Leon qui y célébra la premiere Messe le Jeudi Saint de l'an 1631. La Reine fit construire aussi tout à neuf le Chœur, la Tribune, le Cloître, l'Appartement du Prédicateur, les Parloirs, & une Chapelle dans l'interieur qu'on nomme encore la Chapelle de la Reine. Dès le 3. Juillet 1630. la Reine qui étoit pour lors à Lyon, accorda à ce Monastere un demi pouce d'eau des fontaines de son Palais. La cloche fut benite le 13. d'Avril de l'an 1631. & nommée *Marie* du nom de la Reine fondatrice qui l'avoit donnée.

Comme le P. Joseph voulut que ce Couvent fut établi *pour honorer & imiter le Mystere de la Compassion de la Vierge aux douleurs de son adorable Fils*, on a sculpté sur la porte de l'Eglise une Nôtre-Dame de Pitié qui est d'une bonne exécution, & qui mérite les regards des Connoisseurs. Les chifres de la Reine Marie de Medicis, & les autres ornemens de sculpture dont cette façade est d'ailleurs décorée, n'ont rien que de fort ordinaire, on peut même dire rien que de lourd.

Il n'y a dans l'Eglise de ces Religieuses qu'une tombe qui mérite quelque attention, c'est celle de *Patris* dont voici l'Epitaphe qu'on y lit :

CY GIST

Maistre PIERRE DE PATRIS, *premier Maréchal des Logis de Son Altesse Royale Monsieur, frere unique du feu Roy Louis treize, d'heureuse mémoire ; Capitaine & Gouverneur du*

Comté & Château de Limours, Montlery, & premier Ecuyer de feue Son Alteſſe Royale Madame Douairiere, lequel eſt décédé au Palais d'Orleans le 6. d'Octobre 1671. âgé de 88. ans.

La qualité de *Maître* qu'on donne à Patris dans cette Epitaphe, eſt ſi déplacée, que je ne me ſouviens pas de l'avoir jamais vû donner à un homme d'Epée. Cette qualité eſt affectée aux Docteurs des Facultés des Univerſités, & à ceux des Avocats & Procureurs qui s'en font honneur ; je dis qu'ils s'en font honneur, car *Ménage* qui à ſon entrée dans le monde avoit été reçu Avocat au Parlement, & puis avoit pris le petit colet, ayant été qualifié par le P. Bouhours de *Maître Gilles Ménage*, il en fut très-piqué, & s'en plaignit.

Pierre Patris (c'eſt ainſi qu'il faut écrire ce nom, & non pas *Patrix*, comme on le trouve dans Scarron, dans la Monnoye & dans Moreri,) étoit né à Caen en 1583. mais étoit originaire du Languedoc. *Eſtienne Patris* ſon ayeul, étoit de Beaucaire, & ſe trouvant à Caen en 1521. lorſque le Parlement de Rouen y envoya des Députés de son Corps pour en réformer l'Université, ils le choisirent pour être un des Professeurs de Droit, & quelque tems après il devint Conseiller au même Parlement. Claude Patris son fils, porta son ambition moins haut, & se contenta d'être Conseiller au Baillage de Caen. Il épousa Marguerite de Bourgueville, fille de Charles de Bourgueville Sieur de Bras, Lieutenant Général au Baillage de Caen, & eut de son mariage *Pierre Patris* qui donne lieu à cet article. Il l'éleva dans l'étude des Loix, mais l'aménité & l'enjouement de son esprit le dégoûterent de l'étude épineuse de la Jurisprudence, & il ne songea qu'à rire & à s'amuser. Il avoit déja quarante ans quand il se transplanta à la Cour, & qu'il entra au service de Gaston de France Duc d'Orléans. Il y acquit une estime universelle non seulement pour son esprit, mais encore pour sa probité, pour son courage & pour sa fidélité. Le naturel & les agrémens de son esprit lui acquirent l'amitié des Voiture, des Chaudebonne, des la Riviere, des Blot, des Segrais, &c. Il avoit apporté de Caen, dit *M. Huet*, une niaiserie affectée qui y est fort familiere, & comme on a dit de Voiture qu'il avoit l'extérieur niais, Patris disoit souvent qu'il avoit enseigné la niaiserie à Voiture. Le caractere de ses vers, dit le même M. Huet, est tout-à-fait original, & presque inimitable. Sous cet air de niaiserie, l'on y trouve un sel d'un goût exquis. S'étant mis dans la dévotion, il fit imprimer un recueil de ses Poësies dévotes l'an 1660. sous le titre de *la Misericorde de Dieu, sur la conduite d'un pécheur pénitent*. Quoique les vers de ce recueil soient fort négligés, languissans, sentans le terroir normand & le déclin de l'âge, l'on y voit néanmoins briller cet esprit original d'où ils sont partis, & l'on y reconnoît un cœur touché d'une piété sincere. Patris avoit peu de bien lorsqu'il quitta Caen, & n'en avoit gueres davantage quand il mourut. Ce n'est pas toujours avec de l'esprit & de la probité qu'on fait fortune à la Cour.

LES FILLES DU PRE'CIEUX SANG.

En 1635. au mois de Décembre, le

Roi accorda des Lettres Patentes à quelques Religieuses de l'Ordre de Cîteaux, de la Congrégation de S. Bernard & de la Mission de Grenoble, qui étoient venues de cette Ville pour s'établir à Paris. Elles se logerent d'abord dans la rue Pot de fer, près du Noviciat des Jesuites, dans une maison qu'elles acheterent de François-Robert de Montry, & ce Monastere porta le nom de *sainte Cecile*. Cet établissement les constitua dans des dépenses fort au-dessus de leurs facultés, de sorte qu'en 1656. elles furent obligées d'abandonner cette maison à leurs créanciers, & de se refugier dans une autre qu'elles louerent dans la rue du Bac. Leur pauvreté toucha plusieurs personnes de piété qui vinrent à leur secours. La Duchesse d'Aiguillon leur donna neuf mille livres; Pierre Sauger, Secretaire du Roi, leur donna deux cens livres de rente; la Dame de Bidiere leur donna dix mille livres; les Marquis de Laval & de Montault; Hardouin & Gabriel Architectes, & plusieurs autres personnes, leur firent aussi du bien, en sorte que deux ans après leur chûte, c'est-à-dire en 1658.

elles acheterent trois maisons d'Antoine & François Bonigalle dans la rue de Vaugirard, où elles ont bâti la maison qu'elles occupent aujourd'hui. Le 20. Février de l'an 1659. elles firent un vœu particulier de se consacrer au culte *du précieux Sang de Jesus-Christ*, & en prirent le titre, au lieu de celui de *sainte Cecile*. La cérémonie de ce changement se fit ce jour-là par le Prieur de l'Abbaye de saint Germain des Prez; & le 9. Janvier de l'année suivante, le culte public du précieux Sang commença dans leur Chapelle par l'exposition du Saint Sacrement, terminée par un Salut; ce qui s'est toujours continué depuis tous les vendredis de chaque semaine. Au reste ces Filles sont sous la Jurisdiction de l'Ordinaire qui confirme leur Supérieure qui n'est que triennale, & qui est élûe capitulairement.

LES CARMES DE'CHAUSSE'S.

La Réforme que sainte Therese avoit introduite dans l'Ordre des Carmes l'an 1568. s'étant répandue d'Espagne en Italie, & y ayant fait de grands progrès, le Pape Paul V. informé de la piété & des travaux de ces Religieux, crut qu'ils pourroient être utiles à l'Eglise de France. Il écrivit au Roi Henry IV. pour l'engager à les recevoir dans la Capitale de son Royaume. Sa Lettre ou Bref est du 20. d'Avril de l'an 1610. & il en chargea le P. *Denys de la Mere de Dieu*, & le P. *Bernard de S. Joseph*, Carmes Déchaussés, comme aussi d'une Lettre pour le Cardinal de Joyeuse à qui il les adressa. Ces deux Religieux étoient encore en chemin lorsqu'ils apprirent la mort funeste du Roi Henry IV. mais ce malheur ne leur fit point discontinuer leur voyage, & ils arriverent à Paris au mois de Juin de cette même année. *Robert Ubaldin* qui pour lors étoit Nonce du Pape auprès du Roi, & qui fut dans la suite Cardinal, leur procura un logement aux Mathurins, proche l'Hôtel de Cluni où il demeuroit; mais ils quitterent bientôt ce logement pour aller demeurer au College de Cluni, où Dom Laurent Berard, Docteur en Théologie de la Faculté de Paris, & Supérieur de ce College, les reçut avec beaucoup d'humanité, & les retint génereusement jusqu'à ce qu'ils eurent obtenu un établissement. Le Cardinal

dinal de Joyeuse les ayant présentés au Roi & à la Reine Régente, il en obtint pour eux des Lettres Patentes datées du mois de Mars 1611. puis des Lettres de consentement de Henry de Gondi, Évêque de Paris, en date du 22. de May de la même année, & dès ce jour-là même les deux Carmes Déchaussés prirent possession d'une maison dans la rue Vaugirard, laquelle leur fut donnée par *Nicolas Vivian*, Maître des Comptes, qui l'avoit achetée dans ce dessein de Robert Barrat, Maître d'Hôtel du Roi, & de Françoise Fromage sa femme. Les Carmes y firent construire à la hâte quelques logemens, & une Chapelle dans une salle qui avoit autrefois servi au Prêche des Calvinistes. Le Nonce Ubaldin après avoir planté la Croix & beni cette Chapelle, y célébra la premiere Messe le jour de la Pentecôte de cette même année 1611. Mais comme cette Chapelle parut trop petite, Jean du Tillet, Greffier en chef du Parlement, vint offrir à ces Religieux les moyens d'en construire une plus grande. On y travailla aussitôt, & le six du mois de Novembre suivant, le même Nonce

Ubaldin y célébra la premiere Messe, & y exposa le saint Sacrement. La nouveauté & la piété de ces nouveaux venus attirerent ici un concours si extraordinaire de peuple qui s'y rendoit de tous les quartiers de Paris pour assister aux Sermons & aux autres exercices publics qui s'y faisoient, qu'il falut penser à bâtir un Couvent & une autre Eglise. On déféra à Nicolas Vivian comme principal Fondateur, l'honneur de mettre la premiere pierre aux fondemens du Couvent, laquelle il posa le 7. de Février de l'an 1613. Quant à l'Eglise qui est la même que celle que nous voyons aujourd'hui, ce fut la Reine Marie de Medicis, mere du Roi Louis XIII. qui en posa la premiere pierre le 20. Juillet de la même année. Sur cette pierre est cette inscription:

MARIA MEDICÆA
Regina Mater
Fundamentum hujus Ecclesiæ posuit.
1613.

Cette Eglise ne fut achevée qu'en 1620. & fut benite le 19. Mars par Charles de Lorraine, Evêque de Verdun. Eleonor d'Eſtampes de Valençay, Evêque de Chartres, la dédia ſolemnellement le 21. Décembre 1625. ſous l'invocation de ſaint Joſeph. Elle eſt d'ordre Toſcan, mais peu régulierement exécuté; & cependant elle ſéduit ceux qui ne ſont pas connoiſſeurs en architecture, car elle eſt grande & fort ornée.

Le grand Autel a été conſtruit aux dépens du Chancelier Séguier, qui d'ailleurs a fait des biens conſiderables à cette Maiſon. Il eſt d'un aſſez beau deſſein, & eſt décoré de colonnes Corinthiennes de marbre de Dinan, & des ſtatues d'Elie & de ſainte Thereſe. Ces bons Peres croyent que le premier a été leur Inſtituteur, & ſainte Thereſe les a réformés & ramenez à l'obſervation de leur Regle primitive. Le tableau qui eſt au milieu, a pour ſujet la Préſentation de Jeſus-Chriſt au Temple. Il eſt de *Quintin Varin*, Peintre originaire d'Amiens, qui fut un des maîtres du fameux Pouſſin, & a été donné par la Reine Anne d'Autriche. La baluſtrade qui renferme cet Autel, eſt d'un beau marbre, de même que celles des Chapelles.

La Chapelle qui est près le dôme, à gauche du grand Autel, en entrant dans l'Eglise, est sous l'invocation de la Vierge, dont on voit ici une admirable statue de marbre blanc, faite à Rome par *Antonio Raggi*, autrement dit *le Lombard*, d'après le modele qu'en avoit fait le Cavalier *Bernin*. Cette figure qui est plus grande que le naturel, est assise, & tient le petit Jesus sur ses genoux. Son attitude est si gracieuse, si tendre & si vraye, qu'elle excite l'admiration. La draperie de la Vierge, & le linge qui couvre l'Enfant Jesus, se distinguent facilement l'un de l'autre par l'art avec lequel ils sont travaillés. Cette statue coûta dix mille francs au Cardinal *Antoine Barberin*, qui, outre cette somme, fit les frais de la faire transporter à Paris, où il en fit présent aux Carmes Déchaussés. Le tems ne fait qu'augmenter tous les jours le prix de cet excellent groupe. Il est posé dans une niche formée par quatre colonnes de marbre veiné, & ornée de plusieurs incrustations de marbre.

La Chapelle qui est vis-à-vis de celle dont je viens de parler, est sous l'invocation de *sainte Therese*. Le tableau de cette Sainte a été peint par *Corneille* ; & la Chapelle est d'ailleurs décorée de colonnes de marbre de Dinan, & d'ordre Composite. Les deux grands tableaux qui sont aux côtés de cette Chapelle, sont de *de Séve* l'aîné, & estimés.

La petite Chapelle en maniere de tribune qui a vûe sur le grand Autel, & est décorée de marbres & de plusieurs autres ornemens, a été construite aux dépens & à l'usage de l'Abbé Pajot.

Le dôme a été peint par *Bartholet Flamael*, Peintre habile, de Liége, dont il est mort Chanoine. Il a représenté ici le Prophete Elie enlevé vers les Cieux sur un char de feu ; & plus bas, sur une terrasse, est Elisée son disciple, qui tend les bras pour recevoir le manteau que son maître laisse tomber. Ces peintures sont hardies & d'une grande maniere, mais elles ne sont pas dans un jour avantageux.

En 1711. on a posé une balustrade de fer qui regne sur la corniche dans toute l'étendue de l'Eglise. En même tems on renouvella le carrelage de l'Eglise qui est à compartimens de pierre de liais & de marbre. La tombe de bronze, ornée de reliefs, qu'on y voit, ferme l'entrée du caveau où l'on enterre les Religieux.

Le Monastere est grand, mais n'a rien que de simple. Le blanc dont les murailles du Cloître, des Dortoirs & des Coridors sont enduites, donne un grand air de propreté à l'interieur de cette maison. Cette peinture blanche qui est plus brillante que le marbre, a été pendant longtems un secret qui n'étoit connu que des Peres de ce Monastere, mais depuis quelque tems on en a deviné la composition, & elle est aujourd'hui assez connue, cependant, en mémoire de son origine, on la nomme toujours *le Blanc des Carmes*.

La Bibliotheque est de douze mille volumes, ou environ; & est distribuée dans deux grandes piéces. La principale est un fort joli vaisseau qui jouit d'une vûe fort agréable, & qui renferme six mille volumes. On assûre que dans l'autre salle, ou dans les chambres des Religieux, il y a aussi six mille volumes. Ce qu'on y remarque de plus rare, c'est un manuscrit de *Flodoard* ou *Frodoard*, Chanoine de Reims, qui a composé une Chronique de ce qui est arrivé en France de plus considérable depuis l'an 919. jusqu'en 966. On prétend que ce manuscrit est l'original.

Les jardins de ce Monastere sont vastes, car on dit qu'ils ont plus de quarante-deux arpens d'étendue. Ils sont fort cultivés, & on y voit tout ce qui peut les rendre agréables, ou utiles. C'est dans l'Apotiquairerie de ce Monastere que la composition de l'eau de Melisse fut d'abord inventée, & c'est pourquoi on la nomme souvent *Eau des Carmes*. Les Religieux de ce Couvent font un débit très-considérable de cette Eau, & quoiqu'ils affectent de la déguiser, en disant qu'elle est composée de plusieurs sortes d'herbes qu'ils cultivent dans leurs jardins, le Public sçait à quoi s'en tenir, & que ce n'est que de l'eau de Melisse, telle qu'on en fait partout ailleurs.

Outre le terrein que ce Monastere & ses jardins occupent, les Carmes Déchaussés avoient encore autour de leur clôture des espaces vuides sur lesquels ils ont fait bâtir depuis quelques années plusieurs beaux Hôtels dans la rue du Regard & dans la rue Cassette, qui rendront ce Couvent le plus riche de l'Ordre, lorsque ces Peres auront acquité les dettes qu'ils ont contractées pour construire ces beaux édifices.

Dans cette même rue, mais de l'autre côté & un peu plus loin, est une petite Communauté de Filles qui est sous le nom de *sainte Técle*. Le Cardinal de Noailles, Archevêque de Paris, ayant institué cette Communauté de Filles sous l'invocation de sainte Técle, il demanda à l'Eglise Collegiale de Chamailieres en Auvergne, où repose le corps de cette Sainte, quelque portion de ce Corps saint, elle lui fut accordée aussitôt, & ensuite déposée dans la Chapelle de cette Communauté. Auprès, mais dans la rue de Nôtre-Dame des Champs, il y a une Communauté de Freres, ou Maîtres des Ecoles Chrétiennes de Charité qu'on nomme aussi *Freres de l'Enfant Jesus*. La Chapelle nommée du S. Esprit, servoit à une Communauté de Filles établie en 1640. par Madame *Cossart*. Cette fondatrice étant morte, & la maison tombée en ruine, elle fut donnée à l'Hôpital Général avec ses dépendances. La Chapelle est restée sur pied, & on y dit la Messe les Dimanches & les Fêtes, & la Dame Cossart fut inhumée dans cette Chapelle.

NÔTRE-DAME DES PREZ.

C'est un Prieuré perpetuel de Benedictines, situé au bout de la rue Vaugirard qui est du côté du vilage de même nom. Ce Prieuré fut d'abord fondé à Mouson en 1628. par Dame Henriette de la Vieville, veuve d'Antoine de Joyeuse, Comte de Grand-Pré, mort le 26. d'Octobre de l'an 1611. Cette pieuse & illustre veuve, avec la permission de l'Archevêque de Reims, fit venir en 1634. Catherine de Joyeuse sa fille, & trois autres Religieuses de l'Abbaye de saint Pierre de Reims, & les mit en possession du Monastere qu'elle venoit de fonder. Madame de Joyeuse reçut des Professes dans ce Couvent, & le gouverna jusqu'en 1637. que l'armée qui menaçoit cette frontiere, l'obligea de se refugier à Picpus auprès de Paris, où elle obtint des Lettres Patentes du Roi Louis

XIII. au mois de Mars 1638. qui furent regiſtrées au Parlement le 28. Juillet ſuivant. La guerre ayant ceſſé, Madame de Joyeuſe fit bien voir que c'étoit une crainte bien fondée, & non pas l'envie de venir s'établir à Paris, qui lui avoit fait quitter ſon Couvent de Mouſon, car en 1640. elle y retourna, & y fit des acquiſitions conſiderables tant pour le ſpirituel que pour le temporel, y reçut grand nombre de nouvelles Profeſſes, & y acquit des Religieux Guillelmites le Prieuré de Louvergni, fondé en 1245. par Jean, Comte de Rhetel. Le contrat d'acquiſition eſt du 27. Juillet 1649. & fut confirmé par une Bulle du Pape de la même année, cependant ce ne fut qu'en 1651. que Madame de Joyeuſe en prit poſſeſſion, & qu'elle y laiſſa une partie de ſa Communauté pour y faire l'Office Divin. Cette illuſtre Prieure mourut dans ſon Couvent de Mouſon en 1653. Henriette de Joyeuſe ſa niéce, fut Prieure de Mouſon après elle, & le fut peu de tems, étant morte en 1654. A celle-ci ſuccéda Claude-Gabrielle de Coucy qui jouit de ce Prieuré juſqu'en 1668. qu'ayant été appellée à la Cour de Lorraine par la Duchesse sa niéce, fille du Comte d'Aspremont, elle resigna son Prieuré de Mouson & de Louvergni à Marie-Susanne Dolu, Religieuse de S. Remi-S. Georges de Villers-Cotteretz, & se reserva quatre cens livres de pension. Celle-ci resigna en 1674. à Christine le Net, que la crainte d'une armée d'Allemans obligea de venir se refugier à Paris, & d'y transferer sa Communauté, avec la permission de l'Archevêque de Reims du 2. Février 1674. & de l'Archevêque de Paris du 3. Décembre 1675. Elle se logea dans la rue du Bac au fauxbourg S. Germain, & voulut se dispenser de payer la pension à la Dame de Coucy. Celle-ci se pourvût en regrès au Conseil, & obtint plusieurs Arrêts en sa faveur. Sur ces entrefaites la sœur Christine le Net mourut le 28. d'Août 1678. & la Dame de Coucy ayant obtenu une nouvelle nomination du Comte de Grand-Pré, rentra en possession de ce Prieuré par Arrêt. Malgré toutes ces précautions, la Dame de Labadie de Bondernaut, appuyée du crédit de François de Harlay, Archevêque de Paris, obtint un

Brevet du Roi qui l'établissoit Prieure de Nôtre-Dame des Prez, & une lettre de Cachet qui exiloit la Dame de Coucy à Malnouë. Le Comte de Grand-Pré intervint comme fondateur de Nôtre-Dame de Mouson, & fit enfin maintenir la Dame de Coucy à l'exclusion de la Bondernaut. La Dame de Coucy ne fut pas plûtôt en paisible possession, qu'elle acheta cette maison située dans la rue Vaugirard, par contrat du 28. May 1689. & obtint des Lettres Patentes au mois de Juillet suivant, regiftrées au Parlement le 5. d'Août de l'an 1695. & à la Chambre des Comptes le 12. du même mois de la même année. La Dame de Coucy parvenue à l'âge de quatre-vingt ans, & devenue paralytique en 1707. fit venir de Chelles la Dame de Roussille qu'elle avoit nommée sa Coadjutrice quelques années auparavant. Celle-ci a payé toutes les dettes de la maison, a acheté la maison voisine, & s'est fait un grand emplacement *.

* Hist. de la ville de Paris. Tome II. p. 1518.

Revenons sur nos pas dans la rue Vaugirard, & parcourons ce qu'il y a de remarquable dans les rues qui y aboutissent.

Dans la rue du Regard il n'y a que les beaux Hôtels qui appartiennent aux Carmes Déchaussés.

La rue *Cassette* aboutit d'un côté à la rue Vaugirard, & de l'autre à la rue du vieux Colombier. *Sauval* dit qu'en 1543. on la nommoit la rue *Casel*, & que le Peuple à son ordinaire a corrompu ce nom, & l'a appellée *Cassette*, comme étant un mot qui lui est connu, & non-pas l'autre.

A l'entrée de cette rue on remarque une maison que les Carmes Déchaussés ont fait bâtir en 1704. & dont l'entablement est d'ordre Dorique. Les dedans en sont commodes & bien distribués.

LES FILLES DU SAINT SACREMENT.

Ce Couvent qui est aussi dans la rue Cassette, doit son établissement à plusieurs Dames d'une grande piété, & sur-tout à la *Reine Anne d'Autriche* qui s'en déclara la principale fondatrice. Les Religieuses du Monastere de la Conception Nôtre-Dame de Rambervilliers au Diocèse de Toul, ayant été obligées de quitter leur Monastere à cause des guerres, quelques-unes à la tête desquelles étoit la Mere

Catherine de Bar, connue sous le nom de *Mecthilde du S. Sacrement*, leur Prieure, vinrent se refugier à Paris en 1640. L'Abbaye de Montmartre leur servit d'abord d'azile, mais en 1643. une pieuse Dame leur donna une maison d'hospice située à S. Maur des Fossés où elles allerent demeurer ; cependant l'an 1650. les guerres civiles les contraignirent de se refugier dans Paris même, où elles se retirerent dans une petite maison de la rue du Bac, & puis dans une autre de la rue Ferou. La Mere Mecthilde qui étoit retournée à Rambervilliers, revint à Paris le 24. Mars 1651. avec quatre des plus jeunes Religieuses de son Monastere, & se joignit à ses sœurs qu'elle trouva dans le faubourg S. Germain, où elles vivoient des aumônes qu'on leur faisoit. *Marie de la Guesle*, Comtesse de Châteauvieux, fut celle qui contribua le plus à leur subsistance. Plusieurs personnes conçûrent le dessein de réparer, autant qu'il est possible aux hommes, les outrages que les hérétiques & les impies faisoient au saint Sacrement. Anne Courtin, Marquise de Bauves, fut la premiere qui s'en ouvrit à la

Mere Mecthilde à qui depuis long-tems la même pensée étoit venue. Dans ce même tems, la Reine Anne d'Autriche ordonna à M. *Picotté*, Prêtre habitué à saint Sulpice de Paris, & qui vivoit en odeur de sainteté, de faire tel vœu qu'il plairoit à Dieu de lui inspirer pour obtenir la paix dans le Royaume, & qu'elle auroit soin de le faire accomplir ; le vœu fait, fut aussitôt suivi de la paix. Ce saint Prêtre dit ensuite à la Reine qu'il avoit voué l'établissement d'une maison de Religieuses consacrées à l'Adoration perpetuelle du saint Sacrement, & ayant été informé du dessein de la Mere Mecthilde, il persuada à la Reine d'appliquer à la fondation d'un Couvent pour ces Religieuses le vœu qu'elle lui avoit ordonné de faire. Dès le 14. d'Août 1652. la Marquise de Bauves, la Comtesse de Châteauvieux, & les autres personnes qui avoient conçu ce dessein, avoient passé un contrat de fondation avec la Mere Mecthilde, mais comme elles n'avoient pas encore pû obtenir les permissions nécessaires, la protection de la Reine vint très-à-propos pour lever toutes les difficultés, & accelerer l'exécution de ce pieux dessein. L'Abbé de saint Germain des Prez accorda sa permission le 4. Mars 1653. & le 25. du même mois le saint Sacrement fut exposé dans le Monastere de la rue Ferou, dont ces Religieuses étoient entrées en possession le même jour. Les Lettres Patentes du Roi ne se firent pas longtems attendre, puisqu'au mois de May suivant elles furent accordées, mais elles ne furent enregistrées au Parlement que le 17. Juillet 1654. en la Chambre des Comptes que le 11. Septembre de la même année, & au Bureau des Finances de la Généralité de Paris que le 27. Février de l'an 1678. Cependant la Croix fut posée sur la porte de ce Couvent le 12. Mars de l'an 1654. & la Reine Anne d'Autriche après avoir mis la premiere pierre de l'Eglise, prit le flambeau devant le saint Sacrement, en réparation des irréverences & des impiétés commises contre ce Mystere de nôtre Religion. Quoique la Communauté ne fut pour lors composée que de cinq Religieuses, elles ne laisserent pas de commencer dès ce jour, l'Adoration perpetuelle de jour & de nuit, qu'on y a toujours continuée depuis. La Reine confirma pour lors cet établissement comme étant de fondation Royale, & avoit résolu de lui faire de grands biens, mais sa maladie, & sa mort arrivée en 1666. empêcherent l'exécution des grands projets qu'elle avoit formés.

Pendant que les Filles du saint Sacrement demeurerent dans la maison qu'elles avoient dans la rue Ferou, leurs fondatrices & leurs bienfaictrices leur firent bâtir tout à neuf ce Couvent de la rue Cassette, où elles furent transferées en 1669. Ces Religieuses suivent la Regle de saint Benoît dans toute sa rigueur, & font un quatriéme vœu de l'Adoration perpetuelle. Ce fut la Mere Mecthilde qui dressa les Constitutions de cet Institut qui furent approuvées, ainsi que l'Institut, l'an 1668. par le Cardinal de Vendôme, Légat en France. Le Pape Innocent XI. les confirma en 1676. & Clément XI. en 1705. Cet Institut fut d'abord reçu dans le Monastere de Rambervilliers, & se répandit ensuite en France, en Lorraine & jusqu'en Pologne. Il s'en fit même un second établissement à Paris en 1680.

Les Religieuses du saint Sacrement ayant donc été transferées dans ce Couvent en 1669. firent mettre cette inscription sur la grand-porte :

LES RELIGIEUSES BENEDICTINES
DU TRE's-SAINT SACREMENT.

LOUE' SOIT A JAMAIS
LE TRE's-SAINT SACREMENT
DE L'AUTEL.

Ce Monastere est établi pour l'Adoration perpetuelle du Saint Sacrement de l'Autel, en réparation des outrages, & autres profanations qui se commettent contre cet auguste Mystere ; & pour cet effet, il est exposé tous les Jeudis en cette Eglise, où les Religieuses sont jour & nuit en amende honorable.

Les Fidéles sont invités de joindre leurs prieres à cette intention.

L'Eglise est petite, mais propre. Le grand Autel est décoré d'une menuiserie feinte de differens marbres, par *Bailly* qui avoit un talent particulier pour imiter la couleur & le poli du marbre. Les peintures du plafond, de même que les tableaux de S. Benoît & de sainte Scholastique, sont de *Nicolas Montaigne*. Les Anges de sculpture qui soûtiennent le tabernacle sont de *Lespingola*, dont les ouvrages sont ordinairement plus animés que corrects.

La rue *Pot de fer* est aussi une de celles qui aboutissent d'un côté à la rue Vaugirard, & l'on y remarque

LA MAISON DU NOVICIAT DES JESUITES.

Ce fut en 1610. que *Madeleine Luillier*, veuve de Claude le Roux, Sieur de Sainte-Beuve, Conseiller au Parlement de Paris, acheta l'Hôtel de Mezieres, & le donna aux Jesuites pour y établir le Noviciat de leur Province de France. On commença dès-lors à y élever quelques bâtimens & une petite Chapelle. Peu de tems après on fit construire une maison assez grande où l'on trouve toutes les commodités qui conviennent à une Communauté Réguliere. Enfin l'Eglise eut son tour, & on en jetta les fondemens en 1630. Elle a été bâtie sur les desseins & sous la conduite du Frere *Martelange*, & les proportions en sont si justes, & l'architecture si belle, que quoiqu'elle ne soit pas aussi chargée d'ornemens que quelques-autres, elle passe chez les Connoisseurs pour être la plus réguliere de Paris. C'est un reproche continuel que les Jesuites ont devant les yeux, d'avoir préferé le P. *Derrand* au Frere *Martelange* pour conduire le bâtiment de l'Eglise de la Maison Professe. Ce fut *François Sublet de Noyers*, Secretaire d'Etat, ayant le Département de la Guerre, qui fit bâtir cette Eglise à ses dépens. Henry de Bourbon, fils naturel du Roi Henry IV. alors Evêque de Metz, Prince du S. Empire, & Abbé de saint Germain des Prez, en posa la premiere pierre sur laquelle est cette inscription :

D. O. M.
S. FRANCISCO XAVERIO
Indiarum Apostolo.
Anno Christi M. DC. XXX.
Pontificatus Urbani octavi
anno septimo.
Regni Ludovici decimi tertii

anno vigesimo.
*Generalatûs R. P. Mutii Vitelefchi
anno decimo quarto.
Ædis facienda primum lapidem posuit
S. P. Henricus de Bourbon,
Episcopus Metensis,
S. R. I. Princeps,
Abbas sancti Germani,
decimo Aprilis.*

Le Portail de cette Eglise est décoré de deux ordres d'Architecture, du Dorique & du Ionique, mais les Connoisseurs trouvent que les parties de cette décoration n'ont pas assez de saillie. L'inscription qui est sur la frise, est ainsi conçue :

S. FRANC. XAVER. S.

C'est-à-dire, *sancto Francisco Xaverio sacrum.*

Le dedans de l'Eglise est décoré d'un ordre Dorique fort régulier, & dont les métopes sont remplies d'instrumens qui servent dans les cérémonies de l'Eglise. Les lettres S. F. & F. S. entrelassées, & qu'on voit alternativement dans la frise de cette Eglise, font allusion à saint François Xavier sous l'invocation duquel elle est, & à *François Sublet de Noyers* qui en est le fondateur. A ce sujet je dois remarquer qu'on ne peut donner trop de louanges à la reconnoissance des Jésuites envers ce bienfaicteur. Non seulement ses armes sont à la clef de la voûte, on les rencontre encore en d'autres endroits, & lorsqu'on y pense le moins. Qui est-ce, par exemple, qui s'aviseroit de les aller chercher sur la balustrade qui renferme le Sanctuaire ? elles y sont cependant, & quand on regarde de près, on voit sur les pilastres à hauteur d'appuy, qui en retiennent les travées, le *pal bretessé d'or, maçonné de sable, chargé d'une vergette de même*, qui dans un *champ d'azur*, composent les armes des *Sublet*.

Le grand Autel qu'on voit aujourd'hui dans cette Eglise, a été construit en 1709. aux dépens du Roi sur les desseins de *Jules Hardouin Mansart*, Surintendant des Bâtimens de Sa Majesté, & sous la conduite de *Robert de Cotte*, premier Architecte du Roi. Il est décoré de quatre colonnes de marbre verd campan, d'ordre Corinthien, & dont les chapiteaux & les bases sont de marbre blanc, ce qui ne fait pas un bon effet. Cet Autel est d'ailleurs de differentes sortes de marbre. Les statues de saint Ignace & de saint François Xavier qui sont à côté, ont de la vie & de l'action, mais elles paroissent un peu courtes pour l'endroit où elles sont. Le tabernacle brille par ses ornemens de bronze & par ses bas-reliefs, le tout doré d'or moulu. Il a été fait par un Orfevre des Gobelins, nommé *Villers*. Les gradins sont de marbre verd campan, & enrichis de feuillages aussi de bronze doré. Le devant d'Autel est de marbre verd d'Egypte, & a au milieu un S. Esprit tout rayonant de gloire, qui de même que les nuages qui l'environnent, est aussi de bronze doré. Le parc du Sanctuaire est à compartimens de marbre de couleurs differentes; & au milieu sont les armes de France avec les ornemens ordinaires. Mais ce qu'on admire le plus, est le tableau qui est sur cet Autel, lequel est du *Poussin*, & d'une beauté surprenante. Il représente un des miracles que Dieu fit au Japon par l'intercession de saint François Xavier qui y ressuscita un mort. On ne peut pas en mieux détailler les beautés que l'a fait *Sauval.*

Poussin, dit-il, *a disposé ses figures, en sorte qu'elles voyent toutes le miracle, & a remué leurs passions avec un jugement & une adresse qui lui est toute particuliere : il a conduit & manié leur douleur & leur joye par degré, à proportion des degrés du sang & de l'interêt, ce qui paroît visiblement sur leurs visages & par leurs attitudes toutes differentes. L'un s'étonne du miracle, l'autre en doute ; l'un par sa gayeté témoigne son contentement, l'autre par la continuation de sa tristesse montre qu'il ne s'en rapporte ni au récit d'autrui, ni à sa vûe. Une femme au chevet du lit soûtient la tête de la personne ressuscitée ; elle est plantée & courbée avec une science & une force toute spirituelle, & tout-à-fait merveilleuse. On remarque dans les yeux, la bouche, le mouvement des bras, les plis du visage, & toutes les actions d'une autre qui est au pied du lit, que la douleur qui s'étoit emparée de son ame, ne cede qu'à grande force à la joye ; & cette joye encore ne se fait voir que comme le soleil dans un tems fort chargé, qui simplement par quelque foible rayon, sans pouvoir percer la nue, à peine donne à connoître qu'il a envie de se montrer.*

Il

Il n'y a que Poussin au monde capable d'exprimer ce combat de passions si opposées dans une même personne & sur un même visage. Jesus-Christ dans le Ciel honore ce miracle de sa présence : la figure & les attitudes en sont toutes majestueuses & divines ; elle est si finie dans toutes ses parties, qu'il n'y a que le seul Raphaël qui en puisse faire une semblable. Les envieux & les médisans disent que Poussin, Raphaël & l'Antique ont fait la même figure, & la croyent prise de la colonne Trajanne, mais les desinteressés & les intelligens tiennent que Poussin n'est redevable de la beauté des attitudes toutes divines qu'à son grand génie.

Les deux Chapelles qui sont dans la croisée, sont ornées de deux tableaux, dont l'un représente la *sainte Vierge* qui prend la Compagnie de *Jesus* sous sa protection, il est de *Simon Voüet*. L'autre représente *Jesus-Christ* prêchant & enseignant, il est de *Jacques Stella*. On prétend que ces deux Peintres firent ces tableaux en concurrence : c'est aux Connoisseurs à décider de celui qui est le plus beau.

On voit aussi dans cette Eglise un des trois Crucifix de *Jacques Sarrazin*, qui dans leur espece ne sont pas moins admirables que le tableau *du Poussin* l'est dans la sienne.

François Sublet, Seigneur de Noyers, Baron de Dangu, Secretaire d'Etat, ayant le Département de la Guerre, Surintendant des Bâtimens du Roi, & Capitaine du Château de Fontainebleau, fut inhumé dans cette Eglise qu'il avoit fait bâtir à ses dépens. La confiance qu'avoit en lui le Cardinal de Richelieu, est une preuve de son mérite. Il fut disgracié en 1643. & se retira en sa maison de Dangu que le Roi lui avoit donnée, où il ne s'occupa que de son salut, jusqu'au 20. d'Octobre 1645. qu'il mourut âgé de cinquante-sept ans. Il ordonna qu'on l'enterrât dans l'Eglise du Noviciat des Jesuites de Paris, & qu'on ne mît sur sa tombe aucune Epitaphe. Il a été très-fidelement servi sur ces deux points.

Dans l'interieur de cette Maison, il y a un bâtiment destiné aux Retraites spirituelles qu'on y fait. On y reçoit dix personnes de toutes conditions, à la fois, & cela en huit tems differens de l'année. Hors de ces huit tems marqués, il y a encore une Retraite particuliere pour les Prêtres.

Dans cette même Maison, à côté de l'Eglise, est la Chapelle des Congréganistes, c'est-à-dire, des Séculiers qui sont de la Congrégation. Cette Chapelle est fort ornée. Le plafond représente l'Assomption de la Vierge, & a été peint par un Peintre Italien nommé *Gerardini*, & dont le mérite étoit fort médiocre. Le tableau qui est sur l'Autel est l'Annonciation, & de *Champagne*.

Le P. *de Valois* Jesuite, fameux Directeur, & mort Confesseur du Duc de Bourgogne, petit-fils de Louis le Grand, étoit intime ami de *Mignard*, premier Peintre du Roi, & souhaitoit depuis longtems de voir la Chapelle de la Congrégation, ornée de quelque tableau de sa main. Mignard, malgré les occupations dont il étoit accablé, se rendit à la fin à ce que le P. de Valois souhaitoit de lui. Il peignit la sainte Vierge qui apparoît à saint Ignace dans la grotte de Manreze, & lui dicte le livre *des Exercices spirituels*. Après ce tableau, il en fit un autre qui représente saint Jerôme dans le desert; & fit présent de ces deux morceaux à la Maison du

Noviciat, qui les fait servir à la décoration de cette Chapelle.

Comme parmi les Congréganistes, il y en a de fort riches, il ne faut pas être surpris si cette Chapelle possede une belle & nombreuse argenterie qu'on étale sur cet Autel les jours de grandes Fêtes.

Près de la Maison du Noviciat, est une Communauté de Filles très-utile au Public.

LA COMMUNAUTÉ DES FILLES DE L'INSTRUCTION CHRÉTIENNE.

Cet établissement est dû à *Marie de Gournay*, veuve de David Rousseau, vivant, Marchand, demeurante au faubourg S. Germain des Prez, qui ayant reçu de plusieurs Dames de piété des sommes d'argent pour acheter une maison dans ce faubourg, qui fut convenable pour y loger un certain nombre de veuves, ou de filles vertueuses, capables de montrer & d'enseigner gratuitement de pauvres filles à louer & à servir Dieu, & à faire des ouvrages pour gagner leur vie, donna sa maison, & y établit quatre ou cinq femmes veuves ou filles, nommées par les Dames fondatrices, & par ladite Dame Rousseau qui en eut la conduite & la direction jusqu'à sa mort. Le Prieur & Grand-Vicaire de l'Abbaye de saint Germain donna des statuts à ces veuves & filles maîtresses ausquels elles se soumirent, & les ont toujours observés depuis. Celle qui est à la tête de cette petite Communauté, n'a d'autre titre que celui de *Sœur aînée*. Les Lettres Patentes du Roi qui autorisent cet établissement, sont datées de Rhetel & du mois de Septembre 1657. mais elles ne furent registrées au Parlement que le 17. de Février de l'an 1662. Dans cette maison il y a une Chapelle où l'on solemnise la Fête de la Conception de la sainte Vierge, qui en est la Fête titulaire.

La rue Ferou s'appelloit anciennement *la rue Farou*, ou *la rue Ferrou*, selon Sauval, mais nous ne sçavons point l'origine de son nom. Elle aboutit aussi à la rue Vaugirard.

La rue des Fossoyeurs se nommoit autrefois *la rue du Fossoyeur*, parce que le Fossoyeur du Cimetiere de S. Sulpice y demeuroit. Depuis que le nombre des Paroissiens est augmenté, le

Public a mis au pluriel le nom de cette rue.

La rue Garanciere a pris son nom de l'Hôtel de *Garanciere* qui y étoit. En 1541. au rapport de Sauval, on la nommoit par corruption *la rue Garence*. En entrant dans cette rue, du côté de la rue Vaugirard, on remarque une fontaine d'architecture, construite avec assez de goût, & sur laquelle on lit cette inscription latine :

AQUAM
à Præfecto & Ædilibus
acceptam
hic
suis impensis Civibus fluere voluit
Serenissima Princeps
ANNA PALATINA
ex Bavariis,
relicta Serenissimi Principis
Henrici Julii Borbonii
Principis
CONDÆI.
Anno Domini
M. DCC. XV.

Cette inscription nous apprend que c'est la Princesse Anne Palatine de Baviere, veuve de Henry-Jules de Bourbon, Prince de Condé, qui a fait construire cette fontaine à ses dépens en 1715. & qu'elle en a gratifié le Public.

Il y a aussi dans cette rue un Hôtel fort remarquable, & qui a plus d'apparence que de régularité. On le nommoit autrefois l'*Hôtel de Leon*, parce que c'étoit *René de Rieux*, Evêque de Leon qui l'avoit fait bâtir. Ce Seigneur qui étoit un des Prélats du Royaume *le plus splendide & le plus éloquent*, étant mort le 8. Mars de l'an 1651. cet Hôtel appartint à Guy de Rieux, Seigneur de *Sourdeac*, & depuis on l'a toujours nommé l'*Hôtel de Sourdeac*, quoiqu'il n'appartienne plus à la maison de Rieux. Cette maison a été bâtie sur les desseins d'un Italien nommé *Robelini*, qui en a décoré les dehors d'une maniere qui en impose à ceux qui ne se connoissent point en belle architecture.

La rue de Condé est aussi une de celles qui aboutissoit à la rue Vaugirard. Avant que le Prince de Condé vint demeurer à l'Hôtel de Gondi, on l'appelloit *la rue neuve S. Lambert*, mais dès que ce Prince y fit sa demeure, on la nomma *la rue de Condé*.

Sauval ajoûte que de son tems elle changeoit encore de nom, & que le Peuple s'accoûtumoit à l'appeller *la rue Princesse*, à cause qu'en parlant du Prince de Condé, on ne le nommoit point autrement que M. *le Prince*, nom de tout tems affecté aux premiers Princes du Sang.

L'Hôtel de Condé.

Cette maison est dans cette rue à laquelle il a donné son nom. Elle fut bâtie pour *Jean-Baptiste de Gondi*, qui vint en France avec la Reine Catherine de Médicis, en qualité de son premier Maître d'Hôtel. Henry de Bourbon II. du nom, Prince de Condé & premier Prince du Sang, l'acheta en 1612. de Jean-Baptiste de Gondi, Gentilhomme ordinaire de la Chambre du Roi, pour le prix de cent cinquante mille livres que le Roi paya pour le Prince de Condé. Il y eut un decret volontaire qui adjugea cette maison à ce Prince pour cent vingt mille six cens vingt-cinq livres, quoique réellement elle eut coûté cent cinquante mille livres. Ce qu'il y a de constant, c'est qu'elle ne coûta rien au Prince, selon le témoignage d'un Ecrivain contemporain & qualifié, qui dans les Mémoires de la Regence de la Reine Marie de Medicis, pag. 38. rapporte *que Monsieur le Prince ayant demandé la survivance de la Charge de Connétable, & fait quelques autres ouvertures, desquelles il ne remporta qu'un refus; pour l'en consoler on lui donna seulement l'Hôtel de Gondi.* Cet Hôtel consiste en plusieurs corps de logis construits en differens tems, & avec peu de symétrie. Cependant le tout ensemble forme une grande maison qui n'est pas indigne de loger un Prince du Sang. Je ne parlerai point ici des meubles qui en ornent les appartemens, parce qu'on s'imagine aisément qu'il y en a ici une quantité prodigieuse où le goût & la richesse brillent également. Le jardin n'est point grand, mais il est fort agréable, & l'on a tiré de son peu d'étendue tout le parti qu'on en pouvoit tirer.

Ce fut dans cette maison qu'en 1590. pendant le siége de Paris, se tint la Conference du Légat & du Marquis de Pisani, qui n'aboutit à rien. Ce fut aussi dans cet Hôtel que la Reine Marie de Medicis vint descendre, en arrivant pour la premiere fois à Paris, mais elle n'y coucha qu'une nuit.

Dans la même rue & du même côté, mais un peu plus haut en allant vers la rue Vaugirard, est un autre Hôtel qu'on nommoit autrefois *le petit Hôtel de Gondi*, & c'est ici que Charlote-Marguerite de Montmorency, veuve de Henry II. du nom, Prince de Condé, fixa sa demeure jusqu'à sa mort.

SAINT SULPICE.

Le premier siége de l'Eglise Paroissiale du bourg, ou faubourg S. Germain, fut d'abord dans la Chapelle de *saint Pere*, ou de *saint Pierre*, où sont maintenant les Religieux de la Charité ; mais cette Eglise se trouvant trop petite pour contenir les serfs & habitans de ce faubourg dont le nombre augmentoit tous les jours, on fut obligé l'an 1211. d'en faire bâtir une autre qui fut plus grande, où l'on transfera le titre de *saint Pierre* qui est le premier Patron titulaire de l'Eglise, connue aujourd'hui sous le nom de saint Sulpice. On voit dans les Archives de saint Germain des Prez un titre de l'an 1380. qui nous apprend que le Curé de saint Sulpice alloit faire l'Office en la Chapelle de saint Pierre aux Fêtes Annuelles; qu'il y alloit en Procession le jour des Cendres & le Dimanche des Rameaux; qu'il y faisoit l'Office le jour de saint Pierre, & l'Eau benite tous les Dimanches, &c. Cela a continué jusqu'en 1658. que les Freres de la Charité ausquels la Reine Marguerite avoit donné dès l'an 1606. la Chapelle de saint Pere & le terrein des environs, donnerent au Curé de saint Sulpice la somme de dix-huit mille livres afin d'être libres dans leur Eglise, & aussi pour s'exempter à perpetuité de payer les droits des Enterremens. Le faubourg S. Germain s'étoit si fort accrû en 1643. que l'Eglise de saint Sulpice devint à son tour trop petite. D'ailleurs elle menaçoit ruine, & il faloit absolument la réparer, ou en faire élever une autre qui fut plus grande, & plus solidement bâtie. Après plusieurs assemblées des plus illustres Paroissiens, il fut résolu de bâtir une nouvelle Eglise qu'on commença en 1646. sur les desseins de

Gamart, un des meilleurs Architectes de son tems, & la premiere pierre en fut posée par Jean-Baptiste-Gaston de France, Duc d'Orleans, frere unique du Roi Louis XIII. A peine quelques années s'étoient écoulées, qu'on s'apperçut que cette Eglise n'étoit pas encore assez grande pour le nombre des Paroissiens qui augmentoit tous les jours. *Le Vau*, premier Architecte du Roi, donna un nouveau dessein, & en conséquence, on jetta en 1655. de nouveaux fondemens, dont la Reine Anne d'Autriche posa la premiere pierre le 20. Février de cette année. La mort de le Vau, arrivée quelque tems après, obligea les Marguilliers de confier la conduite de ce bâtiment à *Daniel Gittard*, Architecte d'une grande réputation. Celui-ci trouvant la Chapelle de la Vierge qui n'étoit encore élevée que jusqu'à la corniche, trop resserrée, & peu reguliere, demanda qu'elle fut démolie, mais les Marguilliers ne voulurent point y consentir, & elle fut achevée conformément aux desseins qu'en avoit donnés le Vau. Gittard fit bâtir le Chœur qui est un quarré long de quarante-deux pieds de large sur soixante-huit pieds

Histoire de la ville de Paris, par D. Felibien.

de long, terminé au chevet par un demi-cercle de vingt pieds de rayon, & percé dans son pourtour de sept arcades, dont les pieds droits sont ornés de pilastres Corinthiens qui soûtiennent l'entablement. Ce Chœur a dans œuvre, depuis le pavé jusqu'à la corniche, cinquante-six pieds & demi de haut, & depuis l'entablement jusqu'au milieu de la voûte, trente-cinq pieds six pouces, en tout quatre-vingt-douze pieds de haut. Les bas côtés qui regnent au pourtour du Chœur, sont décorés d'un ordre Composé que Gittard avoit imaginé pour en faire un Ordre françois d'architecture. Ces bas côtés ont vingt-quatre pieds de large sur quarante-six pieds deux pouces de haut. On fut dix-huit ans à bâtir le Chœur & ces bas côtés. On travailla ensuite à la croisée qui a cent soixante-seize pieds de long sur quarante-deux de large, & se trouve plus longue de quatorze pieds, & plus large de deux que celle de Nôtre-Dame qui est la plus grande Eglise de Paris. Le côté gauche de cette croisée, en entrant, fut élevé jusqu'à l'entablement pendant les années 1672. 73. & 74. mais à l'égard du Portail, il n'y eut alors que le premier Ordre de bâti. On fut contraint en 1675. de discontinuer les travaux, à cause des dettes considérables que la Fabrique avoit contractées pour élever cet Edifice, lesquelles montoient encore à plus de cinq cens mille livres en 1683. Cette triste situation détermina le Curé & les Marguilliers à présenter une Requête au Roi & à son Conseil pour demander à être secourus, & qu'il leur fut permis d'assembler les Paroissiens pour aviser aux moyens de payer les dettes contractées, & d'achever le bâtiment de leur Eglise. Par Arrêt du 22. Février, il fut ordonné qu'en présence du sieur le Camus, Lieutenant Civil, les Paroissiens & Habitans de la Paroisse seroient convoqués pour aviser aux moyens les plus expédiens, tant pour acquiter les dettes de la Fabrique, que pour continuer le bâtiment commencé; pour, sur le procès verbal qui en seroit dressé, être statué par le Conseil ainsi qu'il appartiendroit. Le Lieutenant Civil indiqua l'Assemblée dans la Chapelle de la Communion au 22. de Mars. L'assemblée fut tenue, & cependant

Ibid.

l'affaire traîna jusqu'en 1688. que par un Arrêt du Conseil du 4. May, le Roi commit les sieurs Bignon, de la Reynie & de Ribeyre, Conseillers d'Etat, & le sieur de la Briffe, Maître des Requêtes, pour arrêter en présence des Marguilliers & de quatre des principaux Créanciers de saint Sulpice, un état des dettes & des effets de la Fabrique. Ils trouverent que les dettes montoient à plus *de six cens soixante & douze mille livres* ; & que les effets de la Fabrique ne montoient qu'à *cent quarante-trois mille livres*. Sur le referé & l'avis des Commissaires, le Conseil rendit un nouvel Arrêt le 4. Janvier 1689. par lequel, pour l'acquit du surplus des dettes, après la vente des effets de la Fabrique, les Menses Abbatiale & Conventuelle de saint Germain des Prez furent condamnées à payer le sixiéme du principal, la Mense Abbatiale les deux tiers, & la Conventuelle un tiers ; & que les cinq autres sixiémes seroient imposez sur les Proprietaires des maisons & héritages du faubourg S. Germain, à proportion des taxes faites pour les boues & les lanternes. Ce même Arrêt permit aux Habitans,

Ibid.

à l'Econome de la Mense Abbatiale & aux Religieux de l'Abbaye de faire la recherche des sommes dûes à la Fabrique, & des effets recelés, & de voir les comptes des Marguilliers. Par autre Arrêt du 14. Décembre suivant, il fut en conséquence ordonné aux Marguilliers de saint Sulpice de communiquer les comptes de la Fabrique aux Syndics des Habitans & des Communautés Séculieres & des Régulieres du faubourg. L'examen des comptes, & les recherches qu'on fit, donnerent lieu aux habitans de publier un mémoire qui ne faisoit point honneur aux Marguilliers. Ce mémoire accompagné d'une Requête, furent renvoyés par Arrêt du Conseil du 27. Août 1691. à l'examen des sieurs Bignon, de la Reynie & de Harlay, Conseillers d'Etat, mais cette instance parut si odieuse, qu'elle fut assoupie par autorité. Depuis toutes ces contestations, les travaux de l'Eglise étoient suspendus, & l'ont été longtems dans la suite, puisqu'ils n'ont été repris qu'en 1719. par M. *Languet de Gergi*, Curé de cette Paroisse. Quelque grande & quelque hardie que fut cette entreprise, ce zélé & habile Pasteur eut le courage de l'entreprendre, & aura peut-être la gloire de l'achever par le moyen d'une Loterie que le Roi lui accorda au mois de Février 1721. & aussi par le secouts de quelques personnes pieuses qui lui ont fait des libéralités considerables. Il commença par faire élever le Portail qui est du côté de la rue des Fossoyeurs, dont la premiere pierre fut posée le 5. Décembre 1719. par le Duc d'Orleans Régent du Royaume. Ce Portail est décoré de deux Ordres de colonnes, l'un *Dorique*, & l'autre *Ionique*. Les deux niches sont remplies par deux statues qui ont dix pieds de proportion. Elles sont de feu *François du Mont*, Sculpteur du Roi & de l'Académie Royale de Sculpture, & représentent *saint Jean*, le Précurseur du Messie, & *saint Joseph* qui en étoit le Pere putatif. Le grand Portail de la croisée, à main gauche, fait symétrie avec celui qui est du côté de la rue des Fossoyeurs, & est décoré de deux Ordres d'architecture, dont le premier est de quatre *colonnes Corinthiennes*, & le second de quatre *colonnes d'Ordre Composite*. Les figures de *saint Pierre* & de *saint Paul* qui remplissent les deux niches qui sont dans les entre-colonnes de ce Portail, ont neuf pieds & demi de proportion, & ont aussi été sculptées par François du Mont. Près de la statue de saint Pierre, & sur la même base, est un Enfant qui a un genou sur la pierre angulaire, & tient dans ses mains les clefs du Royaume des Cieux que Jesus-Christ promit de donner à saint Pierre. La statue de saint Paul a de même auprès d'elle un Enfant qui tient son épée. Les deux groupes d'Enfans qui sont aux extrémités du fronton, sont aussi de l'ouvrage de feu du Mont. Après la construction de ce Portail, on commença en 1722. à élever le côté gauche de la Nef; & on posa la premiere pierre à quatre piliers, ou pieds-droits qui restoient à élever de ce même côté. Ce furent le Comte de Clermont au nom du Duc de Bourbon, son frere; les Cardinaux de Polignac & de Bissy; M. de la Houssaye, Conseiller d'Etat & Controlleur Général des Finances; & M. Dodun successivement, aussi Controlleur Général des Finances, qui poserent en cérémonie ces premieres pierres. La Nef fut achevée en 1736. & l'on a travaillé depuis à élever le grand Portail.

Le Grand Portail.

Cet Edifice mérite à plus d'un titre l'épithéte de *Grand*. Il est du dessein du sieur *Servendoni*, Peintre & Architecte Florentin. Suivant le plan & le modele en relief qui ont été exposés aux yeux du Public, ce Portail doit avoir environ soixante-quatre toises d'élevation, & on y montera par un perron de vingt-deux marches, au haut duquel il n'y aura point de palier.

La premiere pierre en fut posée le lundi 11. Mars 1733. & depuis ce tems-là on y a travaillé sans discontinuation autant que les saisons l'ont pu permettre. Il sera composé de deux Ordres d'architecture, le *Dorique* & l'*Ionique*, & de soixante-huit colonnes, dont celles du premier Ordre ont cinq pieds trois pouces de diamétre, ce qui fera un des plus grands morceaux d'architecture qu'il y ait en France. Mais ne pourroit-on pas appliquer ici ce proverbe latin, *fecisti majorem, fecisti minorem*? Le peu de largeur de la rue *Ferou* sur laquelle il est situé, & la grande élevation de ce Portail le rendent déja en 1740. presque invisible, & pour le mettre dans son vrai point de vûe lorsqu'il sera achevé, il faudroit raser le grand Séminaire de saint Sulpice, & la moitié des maisons de la rue du vieux Colombier. Je donnerai, quand l'ouvrage sera fini, la description de ce grand Edifice.

Le grand Autel est à la Romaine, sa forme est une espece de tombeau à quatre faces, & il est construit d'un marbre bleu Turquin, & orné d'ouvrages de bronze doré d'or moulu. Le Tabernacle est de pareille matiere enrichie de pierreries, & représente l'Arche d'Alliance, désignée par les anneaux qui servoient à la porter. Au dessus est une table aussi de bronze doré qui représente le Propitiatoire, & qui est soûtenue par deux grands Anges de bronze doré, qui sont dans des attitudes de respect & d'adoration. Au-dessus de cet Autel est suspendu un pavillon de sculpture, & doré, qui est de l'ouvrage des *Slodtz*.

La décoration de cet Autel, de même que tous les bâtimens qu'on a élevés ici depuis l'an 1719. font d'après les deſſeins de M. *Openord*, un des plus habiles Architectes de nôtre tems, & ci-devant premier Architecte du Duc d'Orleans, Régent du Royaume.

Chaque pilier du Chœur ſera orné d'une belle ſtatue de pierre de Tonnerre, & de l'ouvrage du fameux *Bouchardon*. Cet habile Sculpteur en doit faire quatorze, ſçavoir celles de Jeſus-Chriſt, de la Vierge, & celles des douze Apôtres. Il y a déja deux ou trois ans, que celles de Jeſus-Chriſt, de la Vierge, de ſaint Pierre & de ſaint Paul, ſont placées aux quatre piliers lateraux du grand Autel. Celles de ſaint André, de ſaint Jacques le Majeur, de ſaint Jean l'Evangeliſte, & de ſaint Jacques le Mineur, y ont été placées depuis, & on compte que les autres ne ſe feront point long-tems attendre, mais en 1740. & au commencement de 1741. on n'y a vû que celles que je viens de nommer.

Dans chaque bras de la croiſée de cette Egliſe, il y a deux balcons dorés, portés ſur des conſoles, & qui renferment des tribunes vitrées pour prier avec plus de recueillement, &

sans être vû. Les sculptures en pierre de la coupole de ces quatre balcons, ainsi que les bas-reliefs des yeux de bœufs, composés d'Anges & d'Enfans, portant les attributs de saint Pierre, de saint Paul, de saint Jean & de saint Joseph, & autres sculptures de cette Eglise, sont de l'ouvrage des *Slodtz*, Sculpteurs habiles.

Le sieur *Sulli*, Anglois, qui étoit un Horlogeur fameux & bon Astronome, touché que dans une Ville comme Paris, l'on fut exposé à une incertitude continuelle sur le vrai tems du jour, imagina de tracer une *Méridienne* sur le pavé de cette Eglise, au vrai *Nord* & *Sud*. Pour cet effet il pratiqua une ouverture circulaire d'un pouce de diamétre sur une plaque de laiton solidement attachée au côté occidental de la fenêtre méridionale de la croisée de cette Eglise, à la hauteur de 75. pieds, & les rayons du Soleil passans par cette ouverture, forment sur le pavé une image ovale d'environ dix pouces & demi de long, & neuf & demi de large, au *Solstice d'Esté*; & cette image augmente en longueur & en largeur tous les jours jusqu'au *Solstice d'Hiver*; & revient en diminuant de la même maniere.

Le mouvement de l'image se fait sur le pavé d'Occident en Orient, & le *vrai Midi* est, lorsque cette image se trouve partagée exactement en deux portions égales par la ligne méridienne.

Henry Sulli mourut le 13. d'Octobre 1728. âgé de 48. ans. Il n'a pas eu le plaisir de voir cette ligne méridienne dans sa perfection, mais tout est tracé, & il a, dit-on, laissé sur ce sujet toutes les instructions nécessaires.

La Chapelle de la Vierge attire les regards par les ornemens de peinture & de sculpture dont elle brille de tous côtés.

Les peintures de la voûte sont à fresque, & de l'ouvrage de *François le Moine*, mort premier Peintre du Roi. Elles nous représentent *la Vierge* assise sur un nuage, & de laquelle on peut dire, encore avec plus de raison, ce qu'un de nos Poëtes a dit d'un autre.

Elle s'éleve au Ciel pleine de majesté,
Sa grace est augmentée ainsi que sa
  beauté :

Des Esprits Bienheureux la troupe l'environne,
L'un lui tend une palme, & l'autre une couronne.

La Vierge a *saint Pierre* d'un côté, & de l'autre *saint Sulpice*, Patron de la Paroisse. Ces deux Saints intercedent auprès d'elle en faveur du Peuple qui est au bas du tableau. Marie est environnée d'Anges, dont les uns portent les attributs qui lui conviennent, pendant que d'autres forment un concert de voix & d'instrumens pour célébrer son Assomption. Ce groupe est surtout admirable par la suavité & le brillant du coloris. Aux côtés de ce grand tableau, on voit à droite les Peres de l'Eglise & les Chefs d'Ordres qui ont écrit des grandeurs de la sainte Vierge ; & au côté gauche, sont les Vierges qui se sont mises sous la protection de Marie, & auxquelles un Ange distribue des palmes.

Le grand bas-relief de bronze doré qui représente *les Nôces de Cana*, les Anges & Enfans qui sont sur l'entablement de cette Chapelle, les festons de fleurs qui viennent se réunir à l'Autel,

tel, & généralement toute la sculpture de cette Chapelle & de son Autel, sont de l'ouvrage des *Slodtz*.

La statue de la Vierge qui est d'argent & de grandeur naturelle, a été modelée par *Bouchardon*, & jettée en fonte par *de Villers*. Cette statue est quelquefois cachée par un tableau qui représente la Vierge debout ayant les bras ouverts, & les yeux levés au Ciel, & qui est d'un Peintre nommé *Chevalier*.

Assez proche, est une Chapelle dont le tableau représente la Descente du S. Esprit sur les Apôtres, & est de *Nicolas Montaigne*, Peintre de l'Académie Royale de Peinture.

De l'autre côté du Chœur, est une autre Chapelle où l'on voit les armes d'Elisabeth d'Orleans, Duchesse de Guise, fille de Jean-Baptiste Gaston de France, Duc d'Orleans, & un tableau de la Nativité, qui est un des plus beaux qui soit sorti des mains de *Charles de la Fosse*.

Dans une autre Chapelle qui est auprès, on remarque un tableau qui représente *Jesus-Christ* qui apparoît à la Madeleine sous la figure d'un Jardinier. C'est *Halé* de l'Académie de

Tome VI.   R

Peinture qui l'a peint, & les Connoisseurs l'estiment beaucoup.

Parmi les personnes illustres qui ont été inhumées dans cette Eglise, on compte celles qui suivent.

Claude Dupuy, Conseiller au Parlement, & un des plus sçavans hommes de son tems. Il étoit né à Paris, mais étoit originaire de *S. Galmier* en Forez. Sa famille étoit noble & féconde en personnes de mérite. Claude Dupuy mourut le premier Décembre 1594. âgé de quarante-neuf ans.

Pierre Michon, connu sous le nom d'*Abbé Bourdelot*, étoit fils de Maximilien Michon, Chirurgien à Sens, & d'Anne Bourdelot. Ce fut *Jean Bourdelot*, l'un de ses oncles, Avocat au Parlement, & Maître des Requêtes de la Reine Marie de Medicis, qui le fit venir à Paris, & l'y entretint aux études. Lorsqu'il eut fait son cours de Philosophie, il commença celui de Medecine, & pour lors son oncle voulant qu'il portât son nom, obtint pour lui en 1634. des lettres de changement de nom, en vertu desquelles il se fit appeller *Bourdelot*. Il n'avoit pas encore achevé son cours de Medecine, que *Guenaud* le donna au Prince de Condé (Henry II.) pour être son Medecin. Après la mort de ce Prince, il passa en la même qualité auprès du grand Prince de Condé, & eut soin aussi de la santé du Duc d'Anguien, dernier Prince de Condé. *Gui Patin* ayant refusé en 1651. d'aller en Suéde en qualité de premier Medecin de la Reine Christine, M. de Saumaise y fit venir l'Abbé Bourdelot pour remplir cette place. Cette Reine en fut si satisfaite, que lorsqu'il voulut revenir en France, non seulement elle lui donna un passeport très-honorable, mais même obtint pour lui l'Abbaye de Massay, vacante par la mort de M. de Laubespine de Châteauneuf, Garde des Sceaux de France. Après son retour il tint dans sa maison des Conférences toutes les semaines, comme il en avoit auparavant tenu à l'Hôtel de Condé, & mourut le 9. Février 1685. au commencement de sa soixante-seiziéme année. L'Abbé Bourdelot avoit tout ce qu'il faut pour plaire aux Grands, & pour leur persuader qu'il n'ignoroit rien. Il étoit d'une figure agréable, poli, complaisant, insinuant, & décidoit aussi hardiment sur ce qu'il ignoroit, que sur ce qu'il sçavoit. Nous avons de lui quelques ouvrages imprimés qui sont peu connus, & encore moins recherchés.

François Blondel, Seigneur des Croisettes, & de Gaillardon, Directeur de l'Académie Royale d'Architecture, Maître de Mathematiques de Louis de France, Dauphin de Viennois, fils de Louis XIV. & Maréchal des Camps & Armées du Roi, mourut à Paris le 22. de Janvier 1686. âgé de 68. ans. Il descendoit de François Blondel, sieur des Croisettes, Avocat du Roi à Ribemont, qui fut annobli par Lettres du mois de Décembre 1554. On voit par la date de ces Lettres que *Blancourt* dans son Nobiliaire de Picardie, ne s'est trompé que d'un siécle, car il date ces Lettres d'anoblissement de l'an 1654. Blondel a donné plusieurs ouvrages au Public; sçavoir un cours de Mathematiques qu'il avoit composé pour l'instruction du Dauphin; un cours d'Architecture; des notes sur l'Architecture de Savot; un Traité des Bombes, & de l'art de les jetter; l'Histoire du Calendrier; la Comparaison de Pindare & d'Horace, &c. c'est lui aussi qui donna les desseins des portes de S. Denis & de S. Martin, qui sont des chefs-d'œuvres pour la magnificence & pour le goût de la belle architecture. Il est encore Auteur des Inscriptions qu'on lit sur ces Portes. Ces Inscriptions & le Livre de la Comparaison de Pindare & d'Horace, font connoître que Blondel n'étoit pas moins sçavant dans les Belles-Lettres que dans les Mathematiques.

Barthelemi d'Herbelot nâquit à Paris le 4. Décembre 1625. & y fit ses études d'Humanités & de Philosophie. Il s'appliqua ensuite tout entier aux Langues Orientales, & fit le voyage de Rome dans l'esperance de s'y perfectionner dans ces Langues. Il y fut connu & estimé des Cardinaux Barberin & Grimaldi, & contracta une étroite amitié avec Luc d'Holstein & plusieurs autres Sçavans. A son retour d'Italie, M. Fouquet, Surintendant des Finances, lui donna un appartement dans son Hôtel, & une pension de quinze cens livres. Après la disgrace de ce Ministre, il fut pourvû de la Charge de Secretaire & Interpréte des Langues Orientales. Quelques années s'étant écoulées, il fit un second voyage en Italie, où il reçut de grandes marques de bonté & d'estime de Ferdinand II. Grand-Duc de Toscane, & du Prince son fils. Il ne tint pas à ces Princes qu'ils ne s'attachassent M. d'Herbelot, mais l'amour de la patrie & les sollicitations de M. Colbert, le ramenerent en France, où le Roi lui donna une pension de quinze cens livres. Le sieur d'Auvergne, Professeur en Langue Syriaque au College Royal de France, étant mort, le Roi donna cette Chaire à M. d'Herbelot, qui mourut le 8. Décembre 1695. âgé de 70. ans. Il est Auteur d'un Livre intitulé, *Bibliotheque Orientale*, qui est un Dictionnaire qui renferme tout ce qu'il y a de plus curieux dans l'Histoire des Turcs, & dans celles des Arabes & des Perses. C'est un projet d'une étendue immense, & dont l'exécution est au-dessus des forces d'un seul homme.

Dom *Gaëtano Julio Zumbo*, Gentilhomme Sicilien, mort à Paris le 22. Décembre 1701. dans la quarante-quatriéme année de son âge, étoit un homme d'un génie admirable pour la sculpture & la peinture, & qui a laisfé à Paris trois ouvrages de Sculpture dont les figures font colorées au naturel, lesquels feront toujours regretter sa perte. L'un de ces ouvrages est une Tête Anatomique dont il fit présent à l'Académie Royale des Sciences, & qu'elle conserve précieusement. Les deux autres repréfentent, l'un *la Nativité*, & l'autre *la Sepulture* de Jesus-Christ. L'Auteur a souvent dit qu'il avoit choisi ces deux sujets pour avoir occasion d'exprimer deux passions contraires, la joye & la tristesse. M. *de Piles*, un des grands connoisseurs qu'il y ait eu, a fait une sçavante description de ces deux excellens morceaux, & l'a placée à la fin de son cours de Peinture, où les Curieux la trouveront.

Marie-Catherine le Jumel de Barneville, veuve de François de la Mothe, *Comte d'Aulnoy*, mourut au mois de Janvier 1705. Elle est très-connue par les ouvrages qu'elle a donnés au Public, & par ceux de plusieurs Ecrivains qui en ont parlé, & surtout par ce qu'en ont dit Guy Patin & Amelot de la Houssaye.

Roger de Piles étoit né à Clamecy dans le Nivernois, l'an 1635. d'une famille noble. Roger, Duc de Bellegarde, & la Duchesse de Nevers, le tinrent sur les Fonts de Baptême. Il fit ses Humanités à Nevers & à Auxerre, & vint à Paris pour y étudier en Philosophie & en Théologie. Il y logea chez son oncle l'Abbé d'Orbec, Chanoine de l'Eglise de Paris, ce qui le fit connoître à M. Ménage qui demeuroit dans la même maison. Pendant qu'il étudioit en Théologie, il partageoit son tems entre l'étude de cette science & la peinture, & apprenoit à dessiner sous le *Frere Luc*, Recolet. M. Ménage donna en 1662. M. de Piles à M. Amelot, Maître des Requêtes & ancien Président au Grand Conseil, pour être Précepteur de son fils qui n'avoit que sept ans. Le Précepteur & l'Eleve s'attacherent si fort l'un à l'autre qu'ils ne se quitterent plus. M. de Piles l'accompagna dans ses voyages & dans ses Ambassades, car cet Eleve étoit *Michel Amelot*, Marquis de Gournay, qui fut Ambassadeur à Venise, en Portugal, en Suisse, en Espagne & à Rome, & qui a passé avec justice pour un des plus sages & des plus habiles négociateurs qu'il y ait eu sous le Regne de Louis XIV. M. de Piles peignoit fort bien, & a composé plusieurs excellens ouvrages sur la Peinture. Il fut employé en plusieurs négociations qui lui mériterent une pension du Roi, de laquelle il a joui jusqu'à sa mort. L'Auteur de la Vie qui est à la tête du Livre que de Piles a fait sur les Peintres, dit qu'il mourut le 5. d'Avril de l'an 1709. âgé de soixante & quatorze ans. C'est par l'habitude où étoit le sieur *Brice* d'alterer tout ce dont il parloit, que dans l'édition qu'il donna en 1725. de sa Description de Paris, il dit que de Piles mourut le 15. d'Avril 1709. âgé de soixante & quinze ans.

Elisabeth-Sophie Cheron, femme du sieur le Hay, étoit née à Paris le 3. d'Octobre de l'an 1648. Son pere qui avoit de la réputation parmi les Peintres de Portraits, & qui étoit Calviniste, l'éleva dans sa Religion & dans sa Profession. Mademoiselle Cheron étoit née avec des dispositions si heureuses, qu'à l'âge de quatorze ans elle étoit déja célèbre. Ce fut à cet âge que sa mere qui étoit Catholique, la mena à l'Abbaye de Jouare pour y peindre l'Abbesse &

R v

quelques Pensionnaires. Ce petit voyage fut le plus heureux de sa vie, car au retour elle se fit Catholique. Elle ne réussit pas seulement à faire des portraits, elle a peint des tableaux d'histoire où l'on remarque un grand goût de dessein, & une grande intelligence du clair-obscur, qui lui procurerent une place dans l'Académie Royale de Peinture, le 11. de Juin 1672. Comme elle excelloit aussi en Poësie, ainsi qu'il paroît par la traduction en vers qu'elle a donnée d'une partie des Pseaumes & des Cantiques, l'Académie des Ricovrati de Padoue lui donna une place d'Académicienne, & lui en envoya les Patentes en 1699. dans lesquelles elle lui donna le surnom d'*Erato*. Cette pluralité de talens qui brilloient dans Mademoiselle Cheron, donna lieu à un de ses amis * de faire quatre vers pour être mis sous son portrait, lesquels peuvent lui servir d'Epitaphe :

* M Bosquillon.

De deux talens exquis l'assemblage nouveau
Rendra toujours Cheron *l'ornement de la France ;*
Rien ne peut de sa plume égaler l'excellence

Que les graces de son pinceau.

Elle n'étoit plus dans sa premiere jeunesse, lorsqu'elle épousa le sieur *le Hay*, qui avoit professé les Mathématiques à Paris, & qui avoit du goût pour les beaux arts. Madame le Hay mourut le 3. de Septembre de l'an 1711. âgée de 63. ans moins un mois.

Jean Jouvenet, Peintre ordinaire du Roi, étoit né à Rouen, & a été un des grands Peintres de nôtre tems. Il dessinoit de grand goût & d'une maniere ferme. Ses compositions sont pleines de feu, de même que ses expressions, mais ce feu diminue dans les têtes de ses figures qui ne disent pas grand-chose. Il mourut à Paris le 6. d'Avril 1717. âgé de 73. ans, étant né en 1644.

Estienne Baluze mort le 28. Juillet 1718. âgé de 87. ans. Il étoit de Tulle en Limousin, & un des plus infatigables Ecrivains de son tems.

Sur un pilastre du grand coridor, ou bas côté qui est au Nord, auprès de la Chapelle de saint Charles, on voit le portrait en buste de marbre blanc de *Michel de Marolles*, posé sur une représentation de tombeau de marbre jaspé, & soûtenu par un génie pleurant, qui d'une main tient un flambeau renversé, & de l'autre essuye ses larmes. Ce portrait est décoré d'une mitre & d'une crosse, & accompagné de beaucoup de livres épars. Au-dessous dans une table de marbre noir, posée dans une bordure de marbre jaspé, est gravée l'Epitaphe suivante :

MICHAELI DE MAROLLES
Abbati de Villeloin,
generis nobilitate,
morum candore,
Religione sincera,
varia eruditione,
clarissimo.
Qui obiit octogenario major,
prid. Non. Mart.
an. Domini 1681.

Petrus de la Chambre
Marini filius,
testamenti curator,
amico optimo monimentum posuit.

Ce Monument est de l'invention & de l'exécution de *Barthelemi de Melo*, Sculpteur de l'Académie Royale de Peinture & de Sculpture.

Michel de Marolles dont on vient de lire l'Epitaphe, étoit fils de ce brave Marolles, qui resta victorieux dans le combat singulier qui se fit aux portes de Paris, derriere les Chartreux, le 2. d'Août de l'an 1589. entré l'Isle-Marivaut & lui. Michel de Marolles embrassa l'état Ecclésiastique, & passa sa vie à cultiver les sciences & les arts. Depuis l'an 1619. qu'il donna la traduction de Lucain, jusqu'en 1681. qu'il mourut, il s'occupa sans relâche à composer des ouvrages, & à les donner au Public. Il a traduit presque tous les Auteurs Classiques, & les plus difficiles ne l'effrayerent point. On peut dire qu'il a travaillé pour des ingrats, car ses traductions sont peu estimées par ceux même qui en profitent tous les jours, & qui souvent les redonnent au Public avec quelques corrections, & avec les changemens qui se sont faits dans nôtre Langue depuis la mort de cet Abbé.

Dans un pilastre qui fait symétrie avec celui dont je viens de parler, est engagée dans le vif une espece de tombeau de marbre où l'on voit deux écus acolés, dont l'un est de sable à la bande d'argent, chargée de trois lionceaux de sable; & l'autre est de gueules à trois écussons d'hermines. L'inscription qui accompagne ce Monument, fera connoître les familles à qui sont ces armoiries, & les raisons qu'on a eues de les mettre ici.

Dans cette Chapelle dite de saint Charles, a été inhumé haut & puissant Seigneur, Messire Louis d'Auger, *Chevalier,* Marquis de Cavoye, *grand Maréchal des Logis de la Maison du Roy, mort le 3. de Février* 1716. *âgé de* 76. *ans.*

Et haute & puissante Dame, Louise-Philippe de Coetlogon *son épouse, véritable mere des Pauvres, & Bienfactrice de cette Eglise, morte le 3. Mars* 1729. *âgée de* 83. *ans.*

Je remarquerai en passant que le surnom de M. de Cavoye est mal ortographié dans cette inscription, car ce n'est pas d'*Auger*, comme il est ici, mais d'*Oger*.

Dans le vif de l'embrasement de la baye ou arcade par laquelle on entre dans cette Chapelle de saint Charles, font engagées deux colonnes de marbre blanc d'environ huit pieds de haut, & qui font en fymetrie. Au haut de chaque colonne eft une urne, où l'on fuppofe que font les cendres de ceux en l'honneur de qui elles ont été élevées ; & au bas font les noms & les armes de ces mêmes perfonnes.

Au pied de celle qui eft à droite en entrant dans cette Chapelle, on voit un écu dont le champ eft de gueules, à trois écuffons d'hermines. Derriere cet écu font deux ancres de vaiffeau paffées en fautoir, de même que deux bâtons fleurdelifés. Ces ornemens ou honneurs, font les marques des dignités de Vice-Amiral & de Maréchal de France. Cet écu eft d'ailleurs décoré des Coliers des Ordres du Roi. Au-deffous eft cette Epitaphe.

CY GIST

ALLAIN EMMANUEL, *Marquis de* COETLOGON, *Maréchal & Vice-Amiral de France, Chevalier des Ordres du Roi, Grand-Croix de l'Ordre Royal & Militaire de faint Louis, Confeiller d'Etat au Confeil Royal de la Marine, Capitaine Général pour le Roy d'Efpagne dans* les *Mers Occidentales de l'Amerique*, décédé le 7. Juin 1730. âgé de près de quatre-vingt-cinq ans.

 Le Marquis de Coetlogon dont je viens de rapporter l'Epitaphe, avoit servi toute sa vie avec beaucoup de distinction, & avoit signalé sa valeur, sa piété, son amour pour la justice, & sa régularité pour la discipline militaire dans toutes les occasions qui s'étoient présentées, & dans tous les Commandemens qu'il avoit eus, tant sur mer que sur terre. Il a semblé au Public que ses longs services auroient mérité des récompenses moins longtems attendues. Il ne fut point compris dans la Promotion des Maréchaux de France qui fut faite en 1724. Il ne fut fait alors que Chevalier de l'Ordre du S. Esprit. Enfin le premier de Juin 1730. il fut fait Maréchal de France, & mourut six jours après avoir reçu cet honneur.

 Au pied de l'autre colonne sont les Armes & l'Epitaphe de *Vincent Languet*, Comte de Gergy, frere de l'Archevêque de Sens & de M. le Curé de cette Eglise. Il avoit servi son Prince en tant d'occasions, qu'on a oublié de marquer dans son Epitaphe, qu'il avoit été Gentilhomme ordinaire de la Maison du Roi.

CY GIST

JACQUES-VINCENT LANGUÉT, *Chevalier, Comte de Gergy, Seigneur de la Grange-Saint-Jean & autres lieux, Conseiller du Roy en tous ses Conseils, Chevalier de l'Ordre de Wirtemberg, Ambassadeur du Roy près la République de Venise, cy-devant Ministre Plénipotentiaire de Sa Majesté à la Diette de l'Empire assemblée à Ratisbonne, Envoyé Extraordinaire à Florence, Mantouë & autres Princes de Lombardie; auprès du Duc de Wirtemberg, aux Princes des Cercles de Suabe, de Franconie, & à la Diette de Norlingue, lequel est décédé le* 17. *Novembre* 1734. *âgé de* 68. *ans; après avoir servi le Roy dans ces divers ministeres l'espace de trente-cinq années consecutives.*

REQUIESCAT IN PACE.

Les armoiries de Messieurs Languet sont *d'azur, au triangle renversé d'or, & dont chaque angle est chargé* d'une molette d'éperon de gueules, supports deux Lions.

Entre la Chapelle de saint Jean l'Evangeliste & la Sacristie, on voit une espece de tombeau de marbre, engagé dans le vif du mur, & au dessus est un piedestal sur lequel est une renommée. Sur ce tombeau sont les armes de Courcillon qui sont *d'argent à la bande de fusées couchées de gueules, à un Lion d'azur courant le long de la bande*. On y lit aussi les Epitaphes qui suivent.

ICI REPOSENT

Très-haut & très-puissant Seigneur PHILIPPE DE COURCILLON, *Marquis de Dangeau, &c. Grand-Maître des Ordres de Nôtre-Dame de Mont-Carmel & de saint Lazare, Gouverneur de Touraine, Chevalier des Ordres du Roy, & Chevalier d'honneur des deux Dauphines, décédé le* 13. *Septembre* 1720. *âgé de quatre-vingt-quatre ans.*

Et Philippe Egon, Marquis de Courcillon, *son fils, Gouverneur de Touraine, décédé le* 20. *Septembre* 1719. *âgé de* 33. *ans.*

Les deux Dauphines dont le Marquis de Dangeau avoit été succeffivement Chevalier d'honneur, étoient Marie-Anne-Christine-Victoire de Baviere, femme de Louis de France, Dauphin de Viennois, fils de Louis XIV. morte le 20. Avril 1690. & Marie-Adelaïde de Savoye, femme de Louis de France, Duc de Bourgogne, puis Dauphin de Viennois, morte le 12. Février de l'an 1712.

On voit sur un pilastre du bas côté qui est à droite, en entrant dans cette Eglise par le grand Portail, une médaille de bronze dont on est également frappé & enchanté. Peut-être depuis le fameux *Varin* n'a-t-on rien fait dans ce genre-là où il y ait tant de feu, tant de fierté & tant de correction qu'on en remarque dans ce morceau. C'est le buste en bas-relief de feu M. de *Besenval*, Colonel du Régiment des Gardes Suisses. Ceux qui l'ont connu, &. qui voyent ce bas-relief, croyent le voir & l'entendre parler, tant il est ressemblant, tant il est animé. Au-tour de sa tête sont ces mots, *ori par animus*. Au dessous de la médaille sont ses armes, un bâton de Commandement, les marques de l'Ordre Royal & Militaire de S. Louis, &c. groupés ensemble. On y voit aussi l'écu des armoiries du défunt, auquel est accolé celui de Madame son épouse. Besenval porte écartelé, au premier, d'azur à la bande d'argent; au second, d'or au fer de cheval, gris de fer, car il y a des Nations qui mettent *le gris* au nombre des couleurs du Blazon; au troisiéme, d'or à une Biche de gueules; & au quatriéme, d'azur à la Sirenne de carnation. Madame de Besenval porte de gueules au Bélier d'argent, & passant. Ces deux écus sont surmontés d'un bonnet ou couronne de Baron.

Dans un cartouche ingénieusement imaginé, est l'Epitaphe qui suit:

CY GIST

JEAN-VICTOR DE BESENVAL, *Baron de Bronstad, Lieutenant Général des Armées du Roy, Colonel du Régiment des Gardes Suisses de Sa Majesté; cy devant Envoyé Extraordinaire auprès du Roy de Suéde Charles XII. Ministre Plénipotentiaire près les Puissances du Nord, & les Princes de la Basse-Allema-*

gne pendant l'Interregne de l'Empire, & auprès du Roy Auguste II. & de la République de Pologne ; décédé le 11. Mars 1736. âgé de 64. ans.

Qui que vous soyés, priés pour lui.

Ce *Monument lui a été érigé par son Epouse*, Catherine Comtesse Bielinska, *fille du grand Maréchal de Pologne*.

Cet admirable morceau de sculpture a été inventé & exécuté par *Messonier*, Dessinateur du Roi pour les Pompes Funébres, Fêtes Galantes, Feux d'Artifices, Carousels, Habits & Décorations de Théatre, &c.

Près de cette Eglise, du côté du Nord, est le Presbytere où demeurent le Curé & les Prêtres qui lui aident à desservir cette vaste Paroisse. Attenant cette maison, est le Cimetiere. La Cure de cette Eglise est à la nomination de l'Abbé de S. Germain des Prez.

A l'entrée de la rue du vieux Colombier, se présente un grand & beau bâtiment qui est le plus nombreux Séminaire de Paris, & celui qui a servi & qui sert, pour ainsi dire, de berceau à la plûpart des Prélats du Royaume.

LE SÉMINAIRE DE S. SULPICE.

Ce Séminaire a été institué par *Jacques Olier*, Abbé de Pebrac & Curé de saint Sulpice, l'an 1642. & l'on peut dire que c'est plûtôt l'ouvrage de Dieu que celui des hommes. L'Abbé Olier étoit un jeune homme qui vivoit régulierement selon le monde, mais il y a loin entre bien vivre selon les hommes, & vivre selon Dieu. La sœur *Agnès de Jesus*, Religieuse Dominicaine du Couvent de Langeac en Auvergne, & fille d'une grande piété, fut l'instrument dont Dieu se servit pour amener l'Abbé Olier entierement à lui. Cette sainte fille ne connoissoit point M. Olier, lorsque la sainte Vierge lui ordonna de prier Dieu pour lui. Elle se mit * à faire en 1631. les prieres les plus ardentes pour cet Abbé, & persista trois années entieres à prier, à gémir, à pleurer, & à faire de grandes pénitences pour lui. Dieu qui écoute toujours favorablement les prieres qui partent d'un cœur tel que celui de la Mere Agnès, opéra dans celui de l'Abbé Olier cette conversion parfaite, dont les particularités se voyent dans

* Vie de la Vénérable Mere Agnès de Jesus, imprimée au Puy en 1665. *in* 4.

la Vie de ce serviteur de Dieu. La Mere Agnès ayant connu personnellement M. Olier, elle voyoit, avec une satisfaction qu'on ne peut exprimer, les grands progrès dans la Grace que faisoit de jour en jour cet admirable serviteur de Dieu, & même prévoyoit par des lumieres divines les dons du saint Esprit qu'il recevroit, & les biens qu'il feroit à l'avenir dans l'Eglise. Ainsi éclairée, *elle lui prédit un jour que Dieu se serviroit de lui pour former grand nombre d'Ecclesiastiques, que la très-sainte Vierge le cheriroit toujours, & qu'il auroit beaucoup de croix.* Ceux qui ont connu M. Olier, ont vû évidemment tous les effets de cette prédiction.

Ibid.

Ce Séminaire, institué & commencé en 1647. par *M. Olier*, n'étoit gueres avancé lors de sa mort, arrivée le 2. d'Avril de l'an 1657. Heureusement pour cette pieuse & grande entreprise, *Alexandre le Ragois de Bretonvilliers*, qui fut Curé de saint Sulpice après la mort de M. Olier, entra dans les vûes de son prédécesseur, & fournit de son patrimoine à toutes les dépenses de ce vaste édifice, qui fut élevé & conduit sur les desseins de *Dubois*.

Les peintures de la Chapelle de ce Séminaire font d'une grande beauté, & ont beaucoup contribué à la grande réputation de feu *le Brun*. Ce Peintre a représenté dans le plafond, l'Aſſomption de la Vierge qui eſt à genoux ſur un nuage, & eſt ſoûtenue & accompagnée par des groupes d'Anges & d'Eſprits Bienheureux. Le Pere Éternel lui tend les bras pour la recevoir dans ſa Gloire. Comme c'eſt dans le Concile d'Ephèſe que la ſainte Vierge fut reconnue Mere de Dieu ſelon la chair, le Brun a repréſenté au bas de ce grand tableau les Peres de ce Concile, & quelques-uns de l'Egliſe Latine, qui ſont tous dans des attitudes d'humilité & d'admiration.

Le tableau qui eſt ſur l'Autel eſt du même Peintre, & repréſente la Deſcente du ſaint Eſprit ſur la ſainte Vierge & ſur les Apôtres. Comme il étoit très-ſatisfait de ce tableau, il s'y eſt repréſenté dans un coin, à l'exemple de pluſieurs grands Peintres qui en ont uſé de même dans les tableaux qu'ils ont le plus eſtimés.

M. Olier fut le premier Supérieur de ce Séminaire, & ſon corps eſt dans la Chapelle dans une biere de plomb.

On

On garde dans la Sacristie de ce Séminaire, ou dans celle de l'Eglise de saint Sulpice, un Crucifix * dont la Mere Agnès de Jesus avoit fait présent à feu M. Olier. Cette piéce est d'autant plus vénérable, qu'on sçait qu'à son occasion Dieu opera un miracle en la personne de M. *Philippe*, Prêtre, Vicaire Général de l'Archevêque d'Aix, & Supérieur de son Séminaire. Cet Ecclésiastique étant encore dans la Communauté des Prêtres de saint Sulpice, fut saisi d'une fiévre très-violente le propre jour de la Fête de ce saint Patron. M. Olier alors Curé de cette Paroisse, ayant appris sa maladie, lui apporta promptement le Crucifix de la Mere Agnès qu'il avoit toujours sur lui, & lui dit : *Tenez, voilà qui vous guérira*. Aussitôt que le malade eut reçû de sa main ce Crucifix, il sentit diminuer sa fiévre, & en fort peu de tems il fut entierement guéri, au grand étonnement du Médecin.

* Vie de la Mere Agnès de Jesus, p. 515. & 516.

Vis-à-vis de ce Séminaire, est l'Académie de M. de Vendeuil, mais l'entrée ou porte, est dans la rue des Canettes. C'est une des trois Académies qu'il y a actuellement dans Paris, pour apprendre à la jeune Noblesse à monter à cheval, & les autres exercices convenables à de jeunes gens destinés pour le monde.

Reprenons la rue du vieux Colombier, & continuons à parcourir ce qu'elle a de remarquable.

LES FILLES DE NÔTRE-DAME DE LA MISERICORDE.

Ce Couvent est assez près du Séminaire de saint Sulpice, mais il est de l'autre côté de la rue. Ces Religieuses ont été instituées à Aix par la Mere Madeleine Martin, fille d'un soldat, connue dans la Religion sous le nom de *Madeleine de la Trinité*; & par le P. *Antoine Yvan*, Prêtre de l'Oratoire, son Directeur. Cette pieuse fille pendant une longue & extraordinaire maladie dont elle fut affligée en 1633. crut voir clairement que Dieu la destinoit à être Mere d'un nouvel Institut qui serviroit d'azile aux filles de qualité, ou autres d'honnête condition, qui n'ayant point de bien, ne pouvoient être reçues dans les autres Maisons Religieuses. Elle communiqua son dessein au P. *Yvan* qui ne le

Vie de la Mere Madeleine de la Trinité par le P. Grozez.

goûta point, & qui même fit son possible pour l'en dissuader, mais n'ayant pû vaincre sa résolution, & ayant appris d'ailleurs que le P. *Isnard*, Jesuite, & Recteur du College d'Aix, avoit eu un dessein presque semblable, mais qu'il n'avoit pû l'exécuter, étant mort au service des Pestiferés, il se rendit enfin à la perseverance de Madeleine. Comme il en avoit parlé à quelques Dames de pieté, & au sieur *Mimata*, Chanoine d'Aix, il leur fit connoître que si on vouloit acheter une maison, il avoit des filles toutes prêtes à se consacrer à cet Institut. La maison fut achetée & donnée sans aucuns meubles à Madeleine Martin qui en prit possession le jour de sainte Ursule de l'an 1633. avec une seule compagne que la mere de Madeleine entretenoit par charité. Elles manquoient des choses les plus nécessaires, & eurent beaucoup à souffrir, mais c'étoit précisément ce qu'elles recherchoient. La Demoiselle Bontems, veuve du sieur de Barthelemy, fut leur premiere bienfaictrice, leur donna des meubles, & pourvût à leur subsistance. Cet essay ayant réussi, porta le sieur Yvan à former le dessein d'établir un nouvel Ordre. Il acheta un grand jardin, & l'on commença le bâtiment d'un Monastere en forme, le 14. Août de l'an 1637. sans en avoir rien communiqué à l'Archevêque d'Aix qui y forma toutes les oppositions que le ressentiment qu'il en eut, pût lui inspirer. La Mere Madeleine surmonta tous les obstacles, & se fit un protecteur du Prélat qui lui avoit été si opposé. Le Monastere s'acheva, & la Mere Madeleine & ses filles en prirent possession le 8. Septembre 1638. M. *Sforza*, Vicelégat d'Avignon, approuva l'Institut de la Miséricorde en vertu d'un Bref que le Pape lui avoit donné : le Comte d'Alais, Gouverneur de Provence, obtint des Lettres Patentes du Roi en faveur de ce Monastere, datées du 13. Novembre 1639. & enfin l'Archevêque d'Aix érigea cette maison en Monastere, sous le nom *de Filles de Nôtre-Dame de Miséricorde*, & sous la Regle de saint Augustin, avec des Constitutions particulieres qui seroient faites pour cette Communauté. Il donna lui-même l'Habit Religieux à la Mere Madeleine, laquelle le donna aussitôt à cinq autres filles le 13. Juin 1639. & six mois après, à six autres Postulantes. L'ouvrage du P. Yvan & de la Mere Madeleine, reçut enfin l'approbation solemnelle du Pape Urbain VIII. le 3. Juillet 1642., & celle d'Innocent X. le 2. d'Avril 1648. La Mere Madeleine ne fut pas longtems à établir deux autres Monasteres de son Ordre, l'un à Marseille, & l'autre à Avignon. La réputation de cette sainte fille se répandoit de plus en plus. Christine de France, Duchesse de Savoye, l'appelloit à Chambery pour un pareil établissement, dans le tems que la Reine Anne d'Autriche, à la sollicitation de l'Abbé Olier, écrivit au Cardinal de Sainte Cecile, Archevêque d'Aix, pour obtenir de lui qu'il envoyât la Mere Madeleine à Paris où l'on souhaitoit d'avoir un Couvent de son Ordre. Ce Prélat ne voulant point priver la ville d'Aix des exemples de vertu qu'y donnoit la Mere Madeleine, eut le courage de ne point consentir aux prieres de la Reine. Cette Princesse piquée du refus de l'Archevêque, fit expédier des Lettres au nom du Roi, par lesquelles il étoit ordonné aux Religieuses de la

Miséricorde d'Aix de venir à Paris pour y établir un Monastere de leur Institut. L'Archevêque étoit à Rome, & ces Lettres furent adressées au sieur *de Mimata* son Grand-Vicaire, qui le même jour qu'il reçût cet ordre du Roi, apprit que le Cardinal de Sainte Cecile, Archevêque d'Aix, étoit mort à Rome. La Mere Madeleine partit donc avec trois de ses Religieuses le 12. Novembre 1648. pour se rendre à Paris, mais il s'éleva de si grands troubles dans cette Ville, que la Reine fut obligée d'en sortir à la veille de l'audience qu'elle avoit promise à la Mere Madeleine. Ce terrible contretems déconcerta cette sainte fille, sans néanmoins lui faire abandonner le dessein de s'établir dans cette Capitale. Madame de Boutteville la reçût chez elle, mais cette Dame ayant été bientôt obligée de quitter Paris, elle laissa nos quatre Religieuses avec une aumône de trente écus pour toute ressource. Elles étoient réduites à cette extrémité, lorsque la Duchesse d'Aiguillon ayant gagné un procès contre son esperance, quoique la Mere Madeleine lui eut prédit qu'elle le gagneroit, lui envoya sur-le champ la somme de mille livres. Avec si peu de ressource, la Mere Madeleine animée d'une sainte confiance, ne rabatit rien du dessein qu'elle avoit formé d'établir à Paris un Monastere où elle pût recevoir & y faire subsister des filles sans dot. L'Abbé de saint Germain des Prez refusa longtems son consentement, mais enfin s'étant laissé fléchir, la Mere Madeleine acheta aussitôt une maison dans la rue du vieux Colombier qui appartenoit au sieur *Bobiere*, moyenant la somme de cinquante mille livres. Elle n'avoit pas le premier sol lorsqu'elle prit cet engagement, mais la Duchesse d'Aiguillon donna vingt mille livres, & son exemple excita tellement la libéralité des autres amis de la Mere Madeleine, que lors de la passation du contrat, elle paya les cinquante mille livres au sieur Bobiere. Madame de Boutteville, M. de Montmort & plusieurs autres personnes de distinction, donnerent le moyen à la Mere Madeleine de mettre cette maison en état de recevoir sa Communauté qui y fut introduite le 3. Novembre 1651. & la Chapelle fut benie par Dom Placide Roussel, Prieur & Vicaire Général de l'Abbaye de saint Germain des Prez. Le P. Yvan étant venu à Paris deux ans après, mourut d'apoplexie dans la Sacristie des Filles de la Miséricorde le 8. d'Octobre de l'an 1653. La Mere Madeleine obtint la permission de l'enterrer dans le Chœur de son Monastere où l'on lui rendit de grands honneurs, & où la Reine assista à son Oraison Funebre. Dès que la Mere Madeleine vit le Monastere de Paris solidement établi, elle fit un voyage en Provence pour visiter ceux d'Avignon, d'Aix & de Marseille, puis revint à Paris. Elle en sortit une seconde fois pour en aller établir un à Arles, & l'autre à Salon, & revint une troisiéme fois à Paris; mais après la mort de la Reine mere, on lui suscita tant de persecutions, qu'elle s'en retourna en Provence. Ayant été invitée d'aller à Rome pour y établir un Monastere de son Ordre, elle se mit en chemin, mais étant tombée malade à Avignon, elle y mourut le 20. Février 1678.

LA COMMUNAUTÉ DES FILLES ORPHELINES,
dites DE LA MERE DE DIEU.

M. *de Poussé*, Curé de saint Sulpice, établit en 1680. dans la rue du vieux Colombier, ce petit Hôpital pour les Orphelines de sa Paroisse. Elles sont au nombre de dix-huit ou vingt, & sous la direction du Curé de saint Sulpice qui commet un Prêtre pour les diriger & veiller sur leur conduite. Elles sont d'ailleurs instruites & conduites par deux ou trois filles vertueuses qu'on nomme *Sœurs*, & qui sont en habit modeste, sans néanmoins avoir fait des vœux. Leur maison est accompagnée d'une Chapelle qui est sous le titre de l'Annonciation. Cet établissement parut si utile, qu'il fut confirmé par Arrêt du Parlement du 24. Mars 1679.

La rue du vieux Colombier se termine enfin au carrefour de la Croix rouge, où cinq autres rues viennent aussi aboutir; ce qui suffit pour faire comprendre que cet endroit seroit très-propre pour y faire une belle Place, si jamais on prenoit la résolution d'embellir ce Quartier de Paris, comme on en a embelli quelques-autres qui n'étoient pas à beaucoup près si avantageusement disposés que l'est celui-ci. Quant à présent on ne remarque ici que la maison des Prémontrés Réformés, & une Boucherie de cinq étaux qui appartiennent à un, ou à plusieurs Particuliers.

L'Eglise et le Couvent des Pre'montre's Re'forme's.

Ces Chanoines Réguliers qui sont de la Réforme & étoite Observance de l'Ordre de Prémontré, vinrent s'établir en cet endroit l'an 1661. par la faveur de la Reine Anne d'Autriche, qui non seulement leur fit obtenir des Lettres Patentes pour leur établissement, & le consentement d'Henry de Bourbon, Evêque de Metz & Abbé de saint Germain des Prez, mais même leur fit donner la somme de dix mille livres pour leur aider à bâtir leur Eglise & Maison. Tout étant ainsi disposé, le P. *Paul Terrier* acheta de *Marie le Noir*, veuve de feu René Chartier, Medecin du Roi, une place qui fait la pointe des rues de

Séve & de Chasse-midi, dite autrefois des vieilles Tuilleries. Cet achat fut conclu le 16. d'Octobre 1661. Aussitôt après, on jetta les fondemens de l'Eglise & du Monastere, sur les desseins de d'*Orbay*, Architecte du Roi. La Reine Anne d'Autriche posa la premiere pierre de l'Eglise sous le titre du Très-Saint Sacrement de l'Autel, & de l'Immaculée Conception de la Vierge. Dès qu'elle fut achevée, elle fut benite par le P. Dom Ignace Philibert, Prieur de l'Abbaye de saint Germain des Prez, en présence de la Reine mere qui y entendit la premiere Messe célébrée par un de ses Aumôniers. Cette Eglise s'étant trouvée trop petite dans ces derniers tems, pour la grande affluence de peuple qui s'y rendoit, les Religieux entreprirent d'en bâtir une nouvelle qui fut plus spacieuse, dont François-Armand de Lorraine d'Armagnac, nommé à l'Evêché de Bayeux, posa la premiere pierre, au nom du Roi, le 20. de Juin 1719. Cette nouvelle Eglise est à la vérité beaucoup plus grande que l'ancienne, mais elle est bien moins réguliere. Il suffit de la voir, ou d'en sçavoir les dimensions, pour être convaincu que les proportions y sont mal observées; puisqu'elle a cent cinquante pieds de longueur sur trente-trois de largeur, en y comprenant les bas côtés.

Les Prémontrés ont non seulement fait construire cette Eglise de fond en comble, mais ils ont aussi fait bâtir une grande maison où ils sont plus commodément logés qu'ils n'étoient; & en même tems en ont fait élever plusieurs autres sur des emplacemens qu'ils ont acquis dans les rues de Séve & du Chasse-midi, desquelles maisons ils retirent des loyers considerables. Il faut avouer que tous ces bâtimens font honneur à la piété des Parisiens, ou pour mieux dire, à la Providence.

La rue du Chasse-midi commence d'un côté à la Croix-rouge, & aboutit à la rue du petit Vaugirard. Cette rue se nommoit autrefois *la rue des vieilles Tuilleries*, à cause qu'il y avoit des Tuilleries. On la nomma ensuite *la rue du Cherche-midi*, qui, selon Sauval, étoit le nom d'une Enseigne qu'il croit y avoir vûe, où se voyoit peint un cadran, & des gens qui y cherchoient midi à quatorze heures.

Cette Enseigne, ajoûte-t-il, a semblé si belle, qu'elle a été gravée & mise à des Almanachs tant de fois, qu'on ne voyoit autre chose, & même on en a fait un proverbe : *Il cherche midi à quatorze heures, c'est un chercheur de midi à quatorze heures, &c.* Cependant le nom de *Chasse-midi*, tout corrompu qu'il est, a prévalu, & il n'y a plus que quelque érudit précieux qui l'appelle *la rue du Cherche-midi*.

Le Prieuré de Nôtre-Dame de Consolation.

Ce Monastere de Filles qu'on nomme quelquefois *les Religieuses de Chasse-midi*, parce que leur Couvent est situé dans cette rue, fut établi dans cette Ville le 17. de Juillet de l'an 1634. des Religieuses de la Congrégation de Nôtre-Dame, instituée pour instruire la Jeunesse, & venues de Laon, acheterent pour lors de *Barbier*, Intendant des Finances, une grande maison qu'il avoit dans la rue du Chasse-midi, & s'y établirent. Elles y firent bâtir une petite Eglise qui fut benite sous l'invocation de saint Joseph ; & obtinrent des Lettres Patentes au mois de Septembre de ladite année 1634. lesquelles ne furent regiſtrées que dix ans après. Pendant cet intervalle elles s'étoient tellement endettées, que le Parlement ordonna par ſon Arrêt du 3. Mars 1663. que leur maiſon ſeroit vendue par decret, mais elle ne fut adjugée qu'en 1669. Pour lors ces Religieuſes prirent le parti de mettre leur maiſon ſous la dépendance de l'Abbaye de Malnouë, dont l'Abbeſſe rembourſa & dédommagea l'adjudicataire. Ainſi ce Monaſtere devint l'ouvrage de *Marie-Eléonor de Rohan*, Abbeſſe de Malnoue. Cette illuſtre & vertueuſe Abbeſſe étoit fille du Duc de Montbazon, & ayant fait Profeſſion dans le Couvent des Benedictines de Montargis le 12. d'Avril 1646. elle fut nommée à l'Abbaye de la ſainte Trinité de Caen, une des plus conſiderables du Royaume, & en prit poſſeſſion le 23. Décembre en 1651. n'ayant pas encore vingt-trois ans accomplis. Elle joignoit à ſa grande naiſſance un eſprit brillant, & une éloquence rare dans les perſonnes de ſon ſexe. Elle a paraphraſé en françois quelques Pſeaumes de David, & quelques Livres de Salomon, qu'on a donnés au Public sous le titre de *Morale du Sage*, où l'on trouve des tours nobles & fort élevés *. L'air de Caen contraire à sa santé, ses démêlés avec l'Evêque de Bayeux pour la Jurisdiction de son Abbaye, & peut-être encore d'autres motifs, la déterminerent à permuter son Abbaye de la Trinité de Caen, avec celle de Malnoue qui lui étoit bien inferieure. Elle vint s'établir dans cette derniere le 13. Novembre 1664. & se chargea dans la suite de la conduite du Prieuré de Chasse-midi de Paris le 11. Novembre 1669. sans quitter cependant l'Abbaye de Malnoue. Il fut pour lors passé un concordat entre les anciennes Religieuses de cette maison & Madame de Rohan, Abbesse de Malnoue, par lequel des Religieuses Benedictines furent introduites dans cette maison, & y furent établies sur les Lettres Patentes des anciennes Religieuses qui la cédoient. Madame de Rohan y établit pour Prieure perpetuelle la Mere *Françoise de Longaunay de Franqueville*, Religieuse de la sainte Trinité de Caen, & une de celles que Madame de Rohan avoit amenées avec elle. Le

* M. Huet, Origines de Caen.

même concordat portoit que la Mere *Charlote de Longaunay* succéderoit à sa sœur, en cas que Madame de Rohan, qui comme fondatrice, étoit Supérieure majeure, vint à mourir la premiere. Madame de Rohan fit sa demeure dans ce Prieuré jusqu'à sa mort, qui arriva le 8. d'Avril de l'an 1681. Elle n'étoit âgée que de cinquante-deux ans & quelques mois. On voit dans l'Eglise de ce Prieuré l'Epitaphe que le fameux *Pelisson* fit en 1682. pour cette illustre Abbesse. La voici:

ICI REPOSE

Très-illustre & très-vertueuse Princesse,
MARIE-ELEONOR DE ROHAN,
premierement Abbesse de Caën,
puis de Malnoue:
seconde Fondatrice de ce Prieuré
qu'elle redonna à Dieu,
& où elle voulut finir ses jours;
plus reverée par ses grandes qualités,
que par sa haute naissance.
Le Sang des Roys trouva en elle
une ame Royale:
en sa personne, en son esprit,
en toutes ses actions
éclata tout ce qui peut rendre la piété
& la vertu plus aimables.

Sa Profession fut son choix,
& non pas celui de ses parens :
elle leur fit violence pour ravir
le Royaume des Cieux.
Capable de gouverner des Etats,
autant que de grandes Communautés,
elle se réduisit volontairement
à une petite,
pour y servir avec le droit
d'y commander;
douce aux autres, sévere à elle-même :
ce ne fut qu'humanité au dehors,
qu'austerité au dedans.
Elle joignit a la modestie de son sexe
le savoir du nôtre ;
au siécle de Louis le Grand,
rien ne fut ni plus poli, ni plus élevé
que ses Ecrits :
Salomon y vit, y parle, y regne encore,
& Salomon en toute sa gloire.
Les Constitutions qu'elle fit pour
ce Monastere,
serviront de modele pour tous les autres.
Comme si elle n'eut vécu
que pour sa sainte postérité,
le même jour qu'elle acheva son travail,
elle tomba dans une maladie
courte & mortelle,
& y succomba le 8. d'Avril 1681.
en la 53ᵉ année de son âge.

Jusqu'en ses derniers momens
& dans la mort même,
bonne, tendre, vive & ardente
pour tout ce qu'elle aimoit ;
& sur-tout pour son Dieu.
Tant que cette Maison aura des Vierges
épouses d'un seul époux,
tant que le monde aura des Chrétiens,
& l'Eglise des Fideles,
sa mémoire y sera en benediction :
ceux qui l'ont vuë n'y pensent point
sans douleur,
& n'en parlent point sans larmes.

Qui que vous soyés, priés pour elle,
encore qu'il soit bien plus vraisemblable
que c'est maintenant à elle
à prier pour nous :
& ne vous contentez pas
de la regreter, ou de l'admirer ;
mais tâchés de l'imiter, & de la suivre.

Sœur Françoise de Longaunay,
premiere Prieure de cette Maison,
sa plus chere fille,
l'autre moitié d'elle-même,
dans l'esperance de la rejoindre bientôt,
lui a fait élever ce Tombeau.

Le moindre & le plus affligé
de ses serviteurs,

*eut l'honneur & le plaisir de lui faire
cette Epitaphe,
où il supprima, contre la coutume,
beaucoup de justes louanges,
& n'ajoûta rien à la vérité.*

Tous ceux qui ont du goût, ont admiré, ou admirent tous les jours cette Epitaphe, & la trouvent digne de son Auteur, & de l'illustre Abbesse pour laquelle elle a été faite. Feu M. *Gilbert de Choiseul*, Evêque de Tournay, la traduisit en Latin. Elle fut aussi traduite en Italien par l'Auteur de la *Congiura di Raffaello della Torre*, & elle a été imprimée un grand nombre de fois.

En 1737. les Religieuses de ce Couvent entreprirent de faire bâtir une nouvelle Eglise. Le 2. de Mars de cette même année, le Cardinal *de Rohan* fit la cérémonie d'en poser la premiere pierre; & le lendemain la Duchesse de Mortemart en posa la seconde. Ce bâtiment fut continué avec tant de vivacité, que le 20. Mars de l'an 1738. cette nouvelle Eglise fut benite solemnellement par le Supérieur de cette Maison, & dès le lendemain 21. de Mars, M. Languet,

Curé de faint Sulpice, y célébra la premiere Meffe.

Les Abbeffes de Malnoue n'ont retenu d'autre fupériorité fur ce Monaftere de Nôtre-Dame de Confolation du Chaffe-midi, que le droit de confirmer l'élection des nouvelles Prieures, fans néanmoins pouvoir s'oppofer à leur élection, ni les changer quand elles font élues.

Auprès de ce Couvent étoit l'Hôtel de *la Comteffe de Verrue*, où l'on voyoit un affemblage exquis de meubles, de livres & de tableaux des grands Maîtres. L'Ecole Flamande furtout, étoit ici une des plus riches & des plus belles que l'on connut; mais toutes ces belles chofes ont été difperfées à la mort de cette Dame, arrivée le 18. de Novembre 1736.

LA COMMUNAUTÉ DU BON PASTEUR.

Cette Maifon eft dans cette même rue, mais de l'autre côté : elle a été inftituée pour des Filles repenties par Madame *de Combé*. Cette Dame étoit née à Leyde l'an 1656. *Jean de Cyz* fon pere, étoit un Gentilhomme Hollandois qui eut fix enfans de fon mariage, parmi lefquels étoit *Marie de Cyz*; celle-ci, de même que ses freres & sœurs, fut élevée dans le sein de l'hérésie, mais elle avoit, pour ainsi parler, une ame naturellement catholique. Un bon Prêtre caché dans Leyde, pour y soûtenir les Catholiques, trouva le moyen d'instruire cette enfant, & jetta dans son cœur la divine semence qui a porté du fruit en son tems. Elle n'avoit que dix-neuf ans quand ses parens la marierent à un Gentilhomme nommé *Adrien de Combé*. Son humeur violente convenoit si peu à la douceur de Madame de Combé, qu'au bout de dix-huit mois elle demanda sa séparation, & l'obtint. Monsieur de Combé mourut six mois après. La sœur & le beau frere de Madame de Combé venant à Paris, elle les y suivit. Après differens évenemens qui la conduisoient imperceptiblement vers la Religion Catholique, Apostolique & Romaine, & pendant une dangereuse maladie qu'elle eut, elle fit son abjuration entre les mains du Vicaire de saint Sulpice, & reçut le Viatique & l'Extrême-Onction. Après avoir passé quelques années dans la retraite & les exercices de piété, une fille qui vouloit sortir du desordre où elle étoit tombée, s'adressa au Confesseur de Madame de Combé, qui chargea cette bonne Dame de la Pénitente. Bientôt elle eut une petite Communauté de cette espece de filles, que le desir de changer de vie & de faire pénitence, avoit rassemblées. Mais comment une femme dénuée de tout secours humain, qui n'avoit qu'un très-petit bien, étrangere, qui n'avoit presque aucune connoissance à Paris, & en un mot qui n'avoit que du zéle, put-elle entreprendre de retirer & de nourrir toutes les filles qui s'adresseront à elle? Elle l'entreprit cependant en 1686. & le succès surprenant a fait voir que c'est l'œuvre de Dieu. Dans le tems que Madame de Combé n'avoit plus de place pour les pauvres filles qui s'adressoient à elle, une Dame la vint voir, & s'engagea de fournir deux cens livres par an pour louer une maison un peu plus grande. Il s'en trouva une à bon marché dans la rue du Chassemidi, & c'est-là comme la pierre fondamentale de la Maison du *Bon Pasteur*. C'étoit quelque chose, mais c'étoit peu en comparaison de ce qui restoit à faire. Il faloit pourvoir à la subsistance de la Communauté, & c'étoit là le difficile, car le travail ne pouvoit pas suffisamment fournir de quoi vivre. Quoique Dieu mit quelquefois à l'épreuve la confiance que Madame de Combé avoit en lui, cette pieuse Veuve demeura toujours inébranlable. Il n'en étoit pas de même de son Confesseur qui n'alloit point jusqu'à ce parfait abandon à la Providence. Un contre-tems qui survint, sembloit autoriser la mondaine prudence de ce Directeur. La Dame qui s'étoit obligée de payer le loyer de la maison, s'étant laissée séduire par des calomnies qu'on avoit débitées contre Madame de Combé, retira sa parole, & la Maison du Bon Pasteur parut alors ébranlée jusqu'au fondement. Le Confesseur à ce coup fut extrêmement découragé, mais Madame de Combé ne rabatit rien de la grande confiance qu'elle avoit toujours eue en la Providence. *Ou Dieu spiritualisera les corps*, lui disoit-elle, *ou il nous donnera une maison plus spacieuse pour loger toutes les filles qui se présentent ; car il ne m'est pas possible de les refuser, il me le reprocheroit à son*

Jugement. C'étoit ainsi qu'elle pensoit & qu'elle parloit le 15. Mars 1688. & à peine eut-elle cessé de parler sur ce sujet, qu'il entra un Commissaire qui venoit par ordre du Roi, & de la part de M. de la Reynie, pour mettre Madame de Combé en possession d'une maison appartenante à un Calviniste qui avoit quitté le Royaume. Cette maison étoit en assez mauvais état, & l'on estima que les réparations iroient à plus de deux mille livres. Le Roi en ayant été informé, envoya *Desgranges* peu de tems après, apporter de sa part une ordonnance de quinze cens livres; & Sa Majesté ne borna pas là ses pieuses libéralités. On travailla avec tant de diligence aux réparations de cette maison, & à la rendre convenable à une Communauté, que le jour de la Pentecôte de cette même année 1688. on célébra la Messe pour la premiere fois dans la Chapelle. Depuis ce tems-là, la maison & la Chapelle ont été agrandies à plusieurs reprises. Madame de Combé établit d'abord dans sa Communauté les grandes regles de la vie chrétienne; l'amour de la pénitence, le détachement du monde, & l'imitation de Jesus-

Jesus-Christ qu'elle proposa à ces Brebis égarées sous l'idée du *Bon Pasteur*, qu'elles doivent écouter & suivre. Madame de Combé mourut le 16. de Juin de l'année 1692. sur les cinq heures du matin, âgée d'environ 36. ans : mais sa Communauté a toujours subsisté depuis, & obtint des Lettres Patentes du Roi au mois de Juin de l'an 1698. qui furent registrées le 12. Juillet suivant.

Elle est composée de deux sortes de personnes ; de filles que l'on nomme *Sœurs*, dont la conduite a toujours été réguliere, & de filles *Pénitentes*. Les premieres après avoir travaillé à leur propre sanctification, se consacrent gratuitement à la conversion, & à la sanctification des filles qui sont tombées dans le desordre ; & ces dernieres pour expier leurs péchés, embrassent *volontairement* une vie de mortification, de travail & de retraite.

Tout ce que je viens de dire sur la Maison du Bon Pasteur, est extrait d'un petit Livre anonime qui contient une relation abregée de la Vie de Madame de Combé, & les Reglemens de la Communauté du Bon Pasteur.

Ce Livre qui est écrit avec beaucoup de politesse & d'onction, & qui a été imprimé plusieurs fois, est de feu M. *Boileau*, mort Chanoine de saint Honoré.

Ici la rue du Chasse-midi change de nom pour prendre celui des vieilles Tuilleries.

La rue de S. Maur aboutit d'un côté à la rue de Séve, & de l'autre à celle des vieilles Tuilleries. Il n'y a pas longtems qu'on la nommoit *la rue neuve S. Maur*, pour la distinguer de la rue de S. Maur qui aboutit au faubourg S. Laurent, & qui est plus ancienne que celle-ci. La rue neuve S. Maur, ou la rue S. Maur, n'est remarquable que par la maison dont je vais parler, & sur la porte de laquelle est écrit :

ECOLE DE LA CHARITE'
POUR LES PAUVRES FILLES DE LA PAROISSE.

Le P. *Nicolas Barré*, Minime, ayant connu quelques filles vertueuses qu'il trouva disposées à se consacrer à l'instruction des jeunes personnes de leur sexe, dont la pauvreté ne leur permettoit pas d'avoir des Maîtresses qui pussent les instruire, assembla ces filles charitables en 1678. & leur fit ouvrir la premiere de ces Ecoles. Le succès en fut si heureux, que plusieurs Curés de Paris s'empresserent d'avoir de ces Ecoles dans leur Paroisse. Trois ans après, c'est-à-dire en 1681. le P. Barré voyant le fruit de cet établissement, engagea quelques Maîtres d'Ecole à faire une pareille société pour l'instruction des jeunes garçons pauvres & indigens. Le premier établissement de ceux-ci se fit au Quartier de S. Germain des Prez. Les Maîtresses & les Maîtres de ces Ecoles vivent en Communauté sous la conduite d'une Supérieure & d'un Supérieur, mais ne font point de vœux. Les uns & les autres souffrirent de grandes traverses qui leur furent suscitées par les Maîtres & Maîtresses d'Ecole qui étoient munis des Lettres du Chantre de l'Eglise de Paris. Comme l'Eglise de Paris a été la source des Etudes dans cette ville Capitale, le Chantre de cette Eglise a conservé toute autorité sur les petites Ecoles, & les Maîtres & Maîtresses sont obligés de lui prêter serment, de le respecter comme leur Supérieur, & de lui rendre une parfaite obéissance. Ils ne peuvent ni les unes, ni les autres, tenir Ecole qu'avec ce préalable, & qu'après avoir obtenu du Chantre des Lettres de permission qu'il n'accorde que pour un an, qui finit à la saint Jean-Baptiste, & tous les ans il les renouvelle. Les Maîtresses & les Maîtres des Ecoles charitables n'ayant reconnu, lors de leur établissement, d'autres Supérieurs que les Curés de Paris dans les Paroisses desquels ils étoient établis ; cette indépendance du Chantre donna lieu à un procès entre le Chantre & les Chanoines de Nôtre-Dame d'une part, & les Curés de Paris d'autre. L'instance étoit pendante au Parlement, & sur le point d'être jugée, lorsque les Parties passerent une transaction datée des 18. 20. 22. 23. 29. & 30. May de l'an 1699. Par cet acte les Parties convinrent que les Curés de la ville & des faubourgs de Paris prendroient du Chantre des Pouvoirs de gouverner les Ecoles de Charité de leurs Paroisses, qui leur seroient accordés sur la simple présentation de leurs provisions & prise de possession, sans qu'il fut besoin de présenter requête au Chantre, ni d'avoir des conclusions de son Promoteur; & que ces permissions dureroient autant que le Curé qui les auroit obtenues seroit en Charge; que ceux qui seroient pourvus de leur Cure pendant la vacance de la Chantrerie, prendroient la permission du Chapitre de Nôtre-Dame; que chaque Curé dans sa Paroisse institueroit & destitueroit les Maîtresses & les Maîtres des Ecoles de Charité *ad libitum*, & sans que ceux qu'ils institueroient fussent tenus de prendre des Lettres du Chantre; que pour distinguer ces Ecoles d'avec les autres, on mettroit sur la porte un écriteau portant : *Ecole de Charité pour les Pauvres de la Paroisse.* Qu'on ne recevroit dans les Ecoles de Charité que des Enfans véritablement pauvres & de la Paroisse; que le Chantre, ou dans la vacance de la Chantrerie, le Chapitre de Nôtre-Dame pourroit visiter les Ecoles de Charité une fois l'an, en présence du Curé, sans qu'aucun des Maîtres ou Maîtresses du Quartier puisse y assister; que le Chantre par maladie ou absence, ne pouvant faire cette visite dans le cours de l'année, il pourra après un mois écoulé de l'année suivante, la faire faire par un Vice-gerent, qui doit être un des Chanoines de la Cathédrale, Prêtre & Gradué ; que hors les tems de ces visites, les Maîtresses & les Maîtres des Ecoles de Charité ne pourront être traduits pardevant le Chantre, son Vice-gerent, ou les députés du Chapitre ; enfin que les Maîtresses & les Maîtres des Ecoles de Charité seront exhortés d'assister au Synode du Chantre ; mais que les quatre d'entr'eux nommés par le Chantre, seront obligés de s'y trouver pour faire rapport aux Curés de ce qui s'y sera passé *. A peine ce procès fut-il terminé qu'on en intenta un autre aux Maîtresses & aux Maîtres des Ecoles charitables. Les Maîtres Ecrivains prétendirent que selon les Arrêts du Conseil qu'ils avoient obtenus, il n'étoit permis qu'à eux d'enseigner l'Ecriture & l'Arithmetique, ce qui leur étoit disputé par les Maîtres d'Ecole. Le Conseil par son Arrêt du 9. May 1719. termina ce differend, en maintenant les Maîtres des petites Ecoles dans le droit d'enseigner l'Ecriture, l'Ortographe, l'Arithmeti-

* D. Felibien & D. Lobineau. Hist. de Paris, *Tome I.* pag 616. 617.

que, les Comptes à parties doubles & simples, & les Changes étrangers.

Il y a présentement de ces Ecoles charitables dans presque toutes les Paroisses de Paris, mais les Communautés les plus nombreuses de ces Maîtresses & de ces Maîtres, sont celle des Filles établies dans la rue de S. Maur, & celle des Freres qu'on nomme de *l'Enfant-Jesus*, établis dans la rue de Nôtre-Dame des Champs, desquels j'ai déja parlé.

Au bout de la rue du petit Vaugirard qui est une continuation de celle des vieilles Tuilleries, est l'*Hôtel de l'Enfant-Jesus*, qui est une grande maison accompagnée d'un assez grand enclos, où M. *Languet*, Curé de S. Sulpice, a formé & établi une Communauté de trente jeunes filles de condition qui y sont élevées comme on éleve celles qui sont dans la Maison Royale de S. Cyr : c'est-à-dire, qu'on s'applique à former leur cœur & leur esprit au culte de Dieu & à la vertu, & où on leur montre aussi à travailler à des ouvrages convenables à leur naissance & à leur sexe. Cette Maison est conduite par quelques-unes des filles de saint Thomas de

Villeneuve, auxquelles le Curé de S. Sulpice en a confié le soin.

Pour finir la description de ce Quartier, je vais un peu loin, & commencer ce qui me reste à en dire, par la rue *des Boucheries*.

Cette rue aboutit d'un côté à la rue des Fossés S. Germain, & de l'autre au coin de la rue de Bussy, vis-à-vis la barriere des Sergens. *Sauval* remarque qu'en 1550. elle se nommoit la grand-rue près les Boucheries; & en 1552. 1569. & 1583. la grande rue S. Germain. Présentement on la nomme la rue des Boucheries depuis la porte S. Germain, jusqu'à la rue de Bussy, mais autrefois elle ne portoit ce nom-là que jusqu'à la rue des Mauvais Garçons; car depuis là jusqu'à la rue de Bussy, c'étoit la rue de *la Blanche-Oye*, à cause du lieu occupé présentement par la Foire, qui s'appelloit encore en 1476. *le lieu de la Blanche-Oye*. Les Boucheries qui ont donné le nom à cette rue, consistent en vingt-deux étaux, établis en Avril 1370. confirmés par Charles V. en 1374. à differens Particuliers.

On voit dans la rue des Boucheries les Chronographes ou Inscriptions qui suivent, contenant les dates des évenemens.

Ceux que voici se voyent sur les portes d'entrée & dans l'interieur de l'Hôtel de Dauphiné, ayant issue dans les rues des Boucheries & des Quatre Vents.

A l'Hôtel de Dauphiné sur la rue des Boucheries :

Meta Deæ Carnæ saCra esto paX-qUe sIt Intra. Année 1717.

———

Sur la maison attenant, appellée *l'Epée Royale :*

os MaDeat baCCho : thoraX eXhaUrIat Ignes. Année 1727.

———

Dans l'interieur du susdit Hôtel :

en Mutata Domus, CandesCit pIX VelutI nix. Année 1716.

———

Du côté de la rue des Quatre Vents, il y avoit celui-ci :

oMnes porta DeCet : neC obeX
eXasperat atroX.

La rue du Four vient ensuite. Elle a été ainsi nommée à cause du *Four banal* de l'Abbaye saint Germain des Prez qui y étoit bâti. Elle aboutit d'un côté à la rue du petit Marché, & de l'autre à la Croix-rouge. *Sauval* nous apprend qu'en 1551. cette rue n'étoit pas encore pavée, non plus que les autres des environs. Les Habitans du faubourg s'en plaignirent souvent au Prevôt de Paris, qui à la fin condamna l'Abbé & les Religieux de l'Abbaye à les faire paver à leurs dépens. Ceux-ci en appellerent au Parlement, qui par son Arrêt du 22. Janvier suivant, ordonna que la dépense en seroit faite à frais communs par la Ville, par l'Abbaye & par les Habitans du faubourg. Cet ouvrage coûta dix-huit mille livres, mais il traîna si longtems, qu'en 1584. il n'étoit pas encore achevé, & même ne l'auroit été de longtems, si le Roi n'avoit commis le Président de la Guesle, avec Brisart & Feu, Conseillers au Parlement, pour contraindre les Parties condamnées à donner chacune leurs six mille livres, & de les employer incessamment à achever de paver lesdites rues.

La rue de Séve, autrefois de *Sevre*, a été nommée ainsi à cause du village de *Séve*, qu'on nommoit anciennement de *Sevre*, auquel elle conduit.

On ne peut presque point faire un pas dans cette rue sans rencontrer quelque Couvent ou Communauté, je vais parler de tous à mesure qu'ils se présentent.

L'Abbaye aux Bois.

Cette Maison fut d'abord occupée par des Religieuses de l'Annonciade, Ordre institué à Bourges sous la Regle de saint François, par *Jeanne de France*, fille de Louis XI. & femme repudiée du Roi Louis XII. Une colonie de ces Religieuses étant venue à Paris en 1637. elle s'établit dans une maison de la rue S. Pere, où l'Official de l'Abbaye de S. Germain leur permit de célébrer l'Office Divin, après que Gaston de France, Duc d'Orleans, leur eut fait assurer deux mille livres de rente à prendre sur les biens de Mademoiselle, sa fille, qu'il vouloit qui fut regardée comme leur fondatrice, & qu'elles eurent obtenu des Lettres Patentes du Roi. Peu de tems après elles acheterent une place dans la rue de Séve, & y bâtirent un Monastere sous le titre *des Annonciades des dix Vertus de Nôtre-Dame*. Elles y furent introduites le 20. d'Octobre 1640. par Dom *Benoît Brachet*, Prieur & Grand-Vicaire de l'Abbaye de saint Germain des Prez, en présence de *Mademoiselle*, fondatrice, & de la Princesse de Condé. Le lendemain il benit leur Chapelle, & les lieux reguliers qui étoient déja bâtis, mais lorsque ce Monastere fut entierement construit, il fut beni de nouveau par le même Prieur & Grand-Vicaire le premier de Juin 1643. Soit que le temporel de cette Maison fut mal administré, ou qu'elle n'eut pas été suffisamment fondée, les Annonciades des dix Vertus ne purent au bout de dix ans s'y soûtenir davantage, & furent obligées en 1654. de se disperser. Pour lors l'Abbesse & les Religieuses *de Nôtre-Dame aux Bois*, dans le Diocèse de Noyon, qui s'étoient retirées à Paris à cause des guerres, acheterent cette maison cinquante

Hist. de Paris, par D. Felibien & D. Lobineau.

mille écus, & s'y établirent. Elles y ont bâti une nouvelle Eglise en 1719. & dès le 8. de Juin de l'an 1718. S. A. R. Madame, veuve de Philippe de France, Duc d'Orleans, frere unique du Roi Louis XIV. en avoit posé la premiere pierre sur laquelle on avoit gravé cette inscription :

Par la Grace de Dieu,
très-haute, très-puissante, & très-illustre
Princesse,
ELISABETH-CHARLOTE PALATINE
DU RHIN,
Duchesse d'Orleans,
a posé cette premiere pierre
l'an de grace-1718.
le 8. de Juin.

Dans cette pierre est encastrée une grande médaille d'or, donnée par S. A. R. Madame, sur laquelle est en bas-relief le portrait de cette Princesse ; & sur le revers, elle y est assise sur deux Lions, tenant de sa main droite une médaille représentant le dessein de cette Eglise, & au tour de cette médaille on lit : *Diis genita &*
genitrix Deûm. Au bas de cette pierre est écrit : *Haute & puissante Dame,*

Madame Marie-Anne de Harlay, Abbesse de cette Abbaye.

Cette Abbaye est de l'Ordre de Cîteaux, & fut fondée en 1207. par *Jean de Nesle*, Châtelain de Bruges, dans un lieu nommé *Batiz*, au milieu des bois, & dans le Diocèse de Noyon.

L'Hôpital des petites Maisons.

Le Roi Charles VIII. ayant porté ses armes victorieuses dans le Royaume de Naples, ses troupes en rapporterent une maladie, qui, à ce qu'on dit, avoit été jusqu'alors inconnue en France, & que les Espagnols avoient apportée d'Amerique. Le Parlement de Paris ne fut pas plûtôt informé des progrès que cette infâme maladie faisoit dans cette Ville, qu'il prit les mesures les plus convenables pour le soulagement de ceux qui avoient le malheur d'en être attaqués, & pour empêcher qu'elle ne se communiquât. Il ordonna aux Etrangers qui en étoient atteints, qu'ils eussent à sortir de Paris ; que les Parisiens malades de cette même maladie, & qui avoient des maisons pour se retirer, s'y enfermassent pour n'en sortir qu'après qu'ils feroient parfaitement guéris; & que les autres n'avoient qu'à se retirer dans le faubourg saint Germain où ils trouveroient des personnes préposées pour leur donner la subsistance & le pansement convenables à leur maladie. Aussi-tôt, c'est-à-dire en 1497. la Ville entrant dans les vûes du Parlement, prit à loyer une place qui appartenoit à l'Abbé de saint Germain des Prez, y fit construire quelques bâtimens à la hâte, & on y reçut successivement tous les vérolés qui se présenterent. On donna à cette espece d'Hôpital le nom de *Maladerie de saint Germain*, & l'on continua à le faire servir aux Pauvres qui étoient attaqués de cette maladie jusques vers l'an 1544. Pour lors le Parlement ayant pris connoissance des facultés de la plûpart des Maladeries de Paris, & ayant trouvé que celle-ci n'avoit aucuns revenus, & que cependant elle ne manquoit point de malades qui y venoient sur le soir, des autres Maladeries, pour y loger, & pendant le jour alloient de côté & d'autre mandier publiquement & répandre la contagion partout; la Cour ordonna que la Maladerie de S. Germain des Prez seroit détruite, les materiaux néanmoins reservés pour en bâtir une autre qui fut plus éloignée. Le Cardinal de Tournon pour lors Abbé de saint Germain des Prez, ne tint pas grand compte de l'Arrêt du Parlement, vendit lesdits materiaux en la même année, & donna l'emplacement qui étoit de deux arpens & demi, à Guillaume Gellinard, Secretaire du Duc d'Orleans, moyennant trente livres de rente, sept sols six deniers de cens pour chaque arpent, & trois cens livres une fois payées. Celui-ci le revendit en 1557. à l'Hôtel de Ville de Paris, qui y établit un Hôpital pour les pauvres Infirmes, pour les Enfans malades de la teigne, pour les Femmes sujettes au mal caduc, pour les Fous & les Insensés. *Jean Luillier*, sieur de Boulencour, Président de la Chambre des Comptes, fut celui qui contribua le plus à cet établissement par les grandes sommes qu'il donna pour les bâtimens, pour les meubles, & pour l'entretien de ceux qu'on y reçoit. On le nomme l'*Hôpital des petites Maisons*, parce que les cours qui le composent, sont presque entierement entourées de petites maisons fort basses qui servent de logement ou à de pauvres Veuves de Paris, ou à des Vieillards pareillement veufs, qui sont à l'aumône du grand Bureau des Pauvres, ou à des Fous & des Insensés. Cet Hôpital est sous la direction du grand Bureau des Pauvres, dont les Chefs & les Administrateurs y ont établi des Sœurs de la Charité qui ont le soin de l'Infirmerie, & cinq Prêtres qui en desservent la Chapelle qui a été rebâtie en 1615. Ils y entretiennent aussi un Chirurgien qui, outre le soin qu'il donne aux malades de la Maison, traite aussi les vérolés & les teigneux qui lui sont envoyés par les Administrateurs du grand Bureau. Autrefois il n'y avoit que deux Prêtres pour desservir la Chapelle de cet Hôpital, & ils dépendoient du Curé de saint Sulpice; mais depuis quelque tems les choses ont changé de face, car aujourd'hui il y a ici cinq Prêtres dont le principal a la qualité de Curé, & prend l'institution du Grand-Vicaire de l'Abbaye de saint Germain des Prez, sur la présentation des Administrateurs. Les autres Prêtres prennent aussi du même

Grand-Vicaire l'approbation & la permiſſion de confeſſer, & de faire les autres fonctions dans cette Egliſe.

LA COMMUNAUTÉ DES FILLES DE S. THOMAS DE VILLENEUVE.

Le P. *Ange Prouſt*, Auguſtin de la Réforme de Bourges, étant Prieur à Lamballe en Bretagne, en 1660. y raſſembla un certain nombre de filles de piété, qui ſeulement par des vœux ſimples ſe dévouerent au ſervice des Pauvres à l'exemple de ſaint Thomas de Villeneuve, Archevêque de Valence en Eſpagne, qui avoit été Auguſtin, & s'étoit diſtingué par une ardente charité pour le ſoulagement des Pauvres. Ces Filles ſont Hoſpitalieres, & ſous la Regle de ſaint Auguſtin. Leurs vœux ſont ſimples, & lorſqu'elles les prononcent, on leur met un anneau d'argent au doigt. Leur habillement eſt une robe noire fermée pardevant, & ceinte d'une ceinture de cuir; leur coëffure conſiſte en des cornettes de toile blanche, en une coëffe blanche pardeſſus, & quand elles ſortent, en une coëffe de gaze noire qu'elles mettent ſur leurs cornettes, & en un grand voile noir sur la coëffe. On ne fut pas longtems à s'appercevoir de l'utilité de cet Institut. Dès le mois de Mars 1661. le Roi accorda des Lettres Patentes à cette Societé de Filles, par lesquelles il leur fut permis d'établir de pareilles Communautés dans toutes les Villes où elles seroient appellées pour servir les Malades dans les Hôpitaux; pour élever gratuitement les pauvres filles orphelines, & les mettre en état de gagner leur vie, & aussi pour recevoir des femmes & des filles qui voudroient faire des Retraites de piété dans leurs Maisons. Elles furent aussitôt appellées & établies à Montcontour, à S. Brieuc, à Dol, à S. Malo, à Rennes, à Quimper, à Concarnau, à Londernau, à Brest, à Morlaix, à Malestroit, à Châteaubrient, & en plusieurs autres lieux de differentes Provinces. Enfin elles parvinrent à Paris, où le Roi Louis XIV. leur permit en 1700. d'avoir une Maison pour servir de Chef à l'Institut, & entretenir la correspondance générale avec les autres Maisons, pour le maintien du bon ordre & de la subordination. Cette Maison où résident la

Directrice générale & la Procuratrice générale, a subsisté sans Lettres Patentes jusqu'au mois de Juin 1726. que le Roi Louis XV. leur en accorda, qui furent regiſtrées au Parlement le 7. de Septembre ſuivant, & par leſquelles il leur eſt permis d'acquerir juſqu'à vingt mille livres de rente pour l'entretien de quarante Sœurs. Leur premier Supérieur général fut le P. *Ange Prouſt*, leur Inſtituteur, qui mourut le 16. d'Octobre de l'an 1697. Après ſa mort, elles élurent M. de *la Chetardie*, Curé de ſaint Sulpice, auquel a ſuccedé dans cette ſupériorité M. *Languet*, auſſi Curé de ſaint Sulpice. Le Supérieur général & la Directrice générale ſont élus par toutes les Maiſons de la Societé, qui envoyent leur voix par écrit à celle de Paris.

L'Hôpital des Incurables.

Le deſſein de fonder un Hôpital pour les Pauvres malades dont les maladies étoient incurables, fut conçu par *Marguerite Rouillé*, femme de *Jacques le Bret*, Conſeiller au Châtelet, laquelle donna à l'Hôtel-Dieu par acte du premier Octobre 1632.

des maisons, des vignes, & des jardins qu'elle avoit à Chaillot, & six cens vingt-deux livres de rente, pour faire bâtir en ce lieu, & fonder un Hôpital qui porteroit le nom d'Hôpital des Pauvres Incurables de sainte Marguerite. Un Prêtre nommé *Jean Joulet*, Sieur de Châtillon, sans avoir eu la moindre relation avec la Dame le Bret, avoit conçu le même dessein, & le communiqua au Cardinal de la Rochefoucauld. Cet Ecclésiastique mourut peu de tems après, & par son testament légua une partie de ses biens à l'Hôtel-Dieu de Paris, à la charge & condition que les Gouverneurs de cette Maison les employeroient à la fondation d'un Hôpital pour les Pauvres malades Incurables. Le Cardinal de la Rochefoucauld qui étoit instruit des intentions du défunt, & qui d'ailleurs entroit avec zéle dans tous les établissemens qui avoient la charité pour principe, voulut avoir part à celui-ci, & après en avoir conferé avec les Gouverneurs & Administrateurs de l'Hôtel-Dieu de Paris, Maisons & Hôpitaux de la Santé, qui avoient entre les mains le legs du sieur de Châtillon, il fut passé un contrat de donation entre-vifs le quatre Novembre de l'an 1634. pardevant *Beurrey* & *le Moyne*, Notaires-Gardenotes au Châtelet de Paris, par lequel ledit Cardinal donna deux mille huit cens soixante-six livres de rente, plus la somme de dix-huit mille livres tournois dûe audit Seigneur Cardinal, à prendre sur *Estienne Brioys*, Fermier général des Aydes de France, plus la somme de sept mille six cens livres tournois en deniers comptans, pour lesdites sommes, & celle qui provenoit du legs du sieur de Châtillon, être employées à bâtir, & à fonder un Hôpital pour les Pauvres dont les maladies sont incurables. Les Gouverneurs de l'Hôtel-Dieu, Maisons & Hôpitaux de la Santé, pour parvenir à l'exécution d'un si bon & charitable dessein, destinerent, affecterent & délaisserent par le même acte la quantité d'environ *dix arpens* de terre audit Hôtel-Dieu appartenans, à prendre en une piéce de dix-sept arpens ou environ, assise au terroir de S. Germain des Prez, proche & derriere l'enclos de l'Hôpital des petites Maisons, en la grande rue sur le chemin qui conduit à Sevre. Par le même acte il fut aussi convenu que l'Hôtel-Dieu jouiroit des rentes que ledit sieur de Châtillon avoit léguées, jusqu'à ce qu'il fut indemnisé de la valeur des dix arpens de terre qui étoient de l'ancien patrimoine de l'Hôtel-Dieu, & qu'il cédoit pour la construction dudit Hôpital. Cette indemnité fut en même tems fixée à la somme de quatre mille livres une fois payée, eu égard à l'assiete desdites terres, & prix courant de ce tems-là des terres voisines.

Les Gouverneurs de l'Hôtel-Dieu, firent commencer aussitôt les bâtimens de cet Hôpital, sur les desseins & la conduite du sieur du Bois, Architecte, & on y travailla avec tant d'assiduité & de vivacité qu'en 1636. il y avoit déja des lieux & salles où les pauvres pouvoient être reçus & traités, & les Officiers nécessaires pour leur service & traitement logés & accommodés. La Chapelle étoit ce qu'il y avoit de moins avancé faute de fonds. Une personne qui ne voulut point être connue, donna deux mille quatre cens livres pour commencer à meubler cet Hôpital,

& le Cardinal de la Rochefoucauld y joignit quatorze cens livres le 15. d'Avril de cette année 1636. pour acheter trente-six lits garnis, & les mettre, dix-huit dans une salle pour les hommes, & les dix-huit autres dans une autre salle pour les femmes, sans que lesdits deniers puissent être divertis en quelque façon que ce soit à autre usage que pour l'achapt desdits trente-six lits garnis. Le Cardinal de la Rochefoucauld qui croyoit n'avoir rien fait pour cette Maison, parce qu'il restoit encore beaucoup à faire, donna par contrat du huit Août de ladite année 1636. la somme de trente-huit mille quarante sept livres six sols tournois, dont quinze mille en argent comptant, pour donner moyen ausdits sieurs Gouverneurs de faire bâtir & élever ladite Chapelle, le plus *soudainement* que faire se pourroit, n'étant pas moins nécessaire de penser au salut des ames des pauvres qui y seroient reçus, qu'au traitement de leurs corps.

Comme cet Hôpital étoit une œuvre publique, & un établissement de Communauté qui ne se pouvoit faire que de l'autorité du Roi, & que par
son

son congé & permission, les Administrateurs supplierent très-humblement Sa Majesté de vouloir bien leur accorder des Lettres Patentes qui autorisassent ledit établissement. Elle leur en accorda au mois d'Avril de l'an 1637. d'aussi favorables qu'ils le pouvoient souhaiter, car il l'exempta à perpetuité *de lods & ventes* qui pouvoient lui être dûs, ainsi que de tous droits d'amortissemens, de francs-fiefs, de nouveaux acquets, de tous droits de Gabelles & autres pour ses Paroissiens ; mais il s'expliqua plus particulierement sur le droit de Gabelles, au mois de Mars 1639. en lui accordant un septier de sel par an au prix marchand ; & afin que l'Hôpital eut plus de facilité à terminer les differends qu'on lui susciteroit, il voulut & ordonna que ses Procès seroient portés en premiere instance au Parlement, & ce qui regarderoit ses exemptions, à la Cour des Aydes privativement aux autres Jurisdiction inferieures. Ces Lettres Patentes furent registrées au Parlement le 6. May 1637. à la Chambre des Comptes le 8. Juin de la même année ; à la Cour des Aydes le 12.

Tome VI.

du même mois & de la même année; & au Bureau des Finances de la Généralité de Paris, le 16. dudit mois & an.

Le Duc de Verneuil Abbé de saint Germain des Prés donna le 20. Janvier 1638. des Lettres par lesquelles il consentit à l'établissement de cet Hôpital, & accorda tant pour lui que pour ses successeurs Abbés dudit saint Germain, de donner *Vicariat* au Prêtre qui lui sera présenté par lesdits Administrateurs, pour administrer les Sacremens de Pénitence, Eucharistie & Extrême-onction, avec toutes les fonctions Curiales à l'endroit desdits malades incurables, Officiers & Administrateurs dudit Hôpital, & Serviteurs actuellement, & Domestiquement servans à icelui, fors & excepté les Sacremens de Baptême & de Mariage, que ledit Vicaire ne pourra s'entremettre de conferer, &c. sans qu'il puisse prendre qualité de Curé, sous quelque prétexte que ce soit, mais seulement celle de *Vicaire*.

Le Roi Louis XIV. a aussi en differens tems accordé plusieurs graces à cet Hôpital. Dès le 17. Juin 1643. à la requête du sieur Robineau, Gouverneur particulier de l'Hôpital des Incurables, il accorda quatre pouces d'eau de fontaine audit Hôpital, lesquels restoient à disposer de la chute des fontaines du Parc de Luxembourg, venant de Rongis, laquelle après avoir servi dans ledit Parc, se décharge par un conduit sous terre dans un regard qui est hors d'icelui. Ledit Robineau fit faire aux dépens de l'Hôpital un regard & les caneaux convenables pour conduire cette eau audit Hôpital.

En 1640. le 11. du mois de Mars le grand Autel de l'Eglise de cet Hôpital fut consacré sous le titre de l'*Annonciation*, par M. Jean de *Passelaigue*, Evêque de Bellay qui y enferma des Reliques de saint Crespin, de saint Crespinien, de saint Maurice, Martyrs, & des onze mille Vierges.

Jusqu'ici l'Hôpital n'avoit que ce qui lui avoit été donné par le Cardinal de la Rochefoucauld, avec trois ou quatre cens livres de rente, & étoit chargé d'entretenir deux personnes malades, mais peu de tems après, *Marguerite Rouillé*, veuve de Jacques le *Bret*, Conseiller au Châtelet, de laquelle j'ai parlé au commencement de cet Article, tranſporta à cet Hôpital la donation qu'elle avoit faite le premier Octobre 1632. pour établir un Hôpital de pauvres Incurables à Chaillot. Cet acte de tranſport eſt du trois Juillet 1641. & porte en ſubſtance que ladite Demoiſelle le Bret voyant qu'il y avoit un Hôpital des Incurables déja érigé au Faubourg ſaint Germain des Prés, elle y tranſporte la donation précédente, en ſe reſervant l'uſufruit des maiſons de Chaillot, leſquelles après ſon décès ſeront vendues par les Adminiſtrateurs de l'Hôtel-Dieu de Paris, que ladite Demoiſelle décharge de l'érection d'un Hôpital d'Incurables audit Chaillot : à la charge que leſdits Adminiſtrateurs recevront dès à préſent deux pauvres Incurables audit Hôpital ſaint Germain, qui leur ſeront par elle préſentés, & s'appelleront les pauvres de ſainte Marguerite, auſquels après ſon décès en ſera ajoûté un troiſiéme qui portera le même nom ; lequel nombre de trois pauvres ſera continué à perpetuité ſous le même nom, & ſeront tous filles ou femmes de la Ville & Fauxbourgs de Paris, & de la Paroiſſe ſaint Euſtache, privativement, & à l'exclusion des autres. A ces trois places ladite Demoiselle le Bret en ajoûta une quatriéme de la même Paroisse saint Eustache, le 20. Juillet 1644. & une cinquiéme de Chaillot, à la nomination du Curé de cette Paroisse, par acte du 12. Août 1648. L'exemple de cette pieuse Dame a été suivi par plusieurs personnes charitables qui ont fondé le grand nombre de lits qu'on voit aujourd'hui dans cet Hôpital. Voici les noms de ses principaux bienfaicteurs. *Jacques de Hillerin*, Prêtre, Conseiller au Parlement; *Charles Robineau*, Secretaire du Roi; *Antoine Loysel*, Conseiller au Parlement; *Vincent Nevelet*, Auditeur des Comptes, & *Catherine le Bret*, sa femme; *Perrot*, Administrateur de l'Hôtel-Dieu, & des Incurables; *Marie le Prevost*, veuve de Nicolas le Camus sieur de Pontcarré; *Marie Thiot*, veuve de Jean des Monts Marchand Fripier; *Louis Caillebot*, Chevalier sieur de la Salle; *Catherine Girard*; *Pierre de Hodic*, Président aux Enquêtes; *Jacques Danes*, Evêque de Toulon; *Françoise de Chaulnes*, veuve de Nicolas Thibaud, sieur de Beauvais, Maître des Comptes ; *Roger Duc de Bellegarde* ; *Roger du Plessis*, Seigneur de Liancourt & de la Rocheguyon ; *Judith de Mesmes*, veuve de Jean Barillon, sieur de Mancy ; *Jean-Baptiste Lambert*, Secretaire du Roi ; *Antoine Bergerac*, Ayde de Camp dans les Armées du Roi ; *Mathieu de Morgues*, Prédicateur du Roi, & premier Aumônier de Marie de Medicis, Reine de France ; *Pierre Viole*, Président aux Enquêtes ; *Christophle du Plessis*, Baron de Montbart ; *Anne Hurault de Chiverni*, veuve de Charles d'Aumont, Marquis de Nolet ; *Marie-Catherine de la Rochefoucauld*, Marquise de Senecé ; *François Talon*, Curé de saint Gervais, &c.

Dans l'Eglise, & dans la Sale des hommes, on remarque les Epitaphes de quelques personnes qui y sont inhumées.

Au bas des marches du grand Autel, on lit :

Hic conditum est Pericardum
cum parte Viscerum
Eminentissimi Cardinalis
FRANCISCI DE LA ROCHEFOUCAULD,

hujus Nosocomii Fundatoris,
qui obiit
Anno R. S. H. 1645. 16. Kalend.
Martii,
ætatis suæ 87.

A côté de cette tombe il y en a une autre avec cette Inscription :

JOANNI PETRO CAMUS
Bellicensi Episcopo,
viro ingenio, memoriâ, eloquentiâ,
scriptis innumeris, pietate,
vitæ innocentia, charitate admirabili,
qui sibi pauper vivere,
mori & humari voluit.
Hujus Nosocomii Administratores
posuere.
Vixit annos 68.
obiit anno salutis reparatæ 1652.
6. Kalendas Maii.

Jean Pierre Camus, Evêque de Bellay, étoit né à Paris où sa famille, qui étoit originaire d'Aussonne, étoit venue s'établir. C'étoit un homme qui ne s'occupoit que de son salut, & de celui du prochain; qui ne prêchoit & ne publioit des livres que pour faire triompher la Religion, & confondre le vice. Homme sçavant, d'une vie exemplaire, & d'une bonne foi incroyable si nous n'en avions des preuves convainquantes. Un Seigneur aussi illustre par la beauté de son esprit * que par sa grande naissance, dit dans une de ses Reflexions Morales, *que tout le monde se plaint de sa memoire, & que personne ne se plaint de son jugement.* Si ce Seigneur avoit connu particulierement M. Camus Evêque de Bellay, il auroit trouvé en lui une exception à sa reflexion. Nous lisons dans un livre intitulé, *Esprit du Bienheureux François de Sales,* * que M. Camus Evêque de Bellay lui disoit un jour, *Pleust à Dieu que je vous peusse donner de la memoire qui m'afflige souvent de sa facilité, car elle me remplit de tant d'idées que j'en suis suffoqué en prêchant, & même en écrivant, & que j'eusse un peu de jugement, mais de cettui-ci je vous assure que j'en suis fort court.*

Surquoi M. de Geneve se prit à rire, l'embrassa tendrement, & lui dit ces propres paroles : *je n'ay jamais trouvé qu'un homme avec vous qui m'ait dit qu'il n'avoit guere de jugement.*

M. Camus avoit été nommé à l'E-

* Le Duc de la Rochefoucauld.

* Part. I. foi 34. pag. 157.

vêché de Bellay par le Roi Henry le Grand, & avoit été sacré en 1609. par saint François de Sales, Evêque de Geneve.

Au premier pillier de la croisée à droite, est l'Epitaphe de *Jean-Baptiste Lambert*, Commis de M. de Fieubet, Trésorier de l'Epargne, lequel Lambert mourut à l'âge de trente-sept ans, & avoit gagné environ quatre millions de bien. Il legua par son testament à cet Hôpital la somme de *cent cinquante mille livres*, pour la fondation de vingt-six lits; laissant le reste de sa riche succession, à Nicolas Lambert, son frere, Maître des Comptes.

JOANNES-BAPTISTA LAMBERTUS
Parisinus, Regi à Consiliis & Secretis,
beatus esse cœperat bonis fortunæ;
at morbi vis lenta, & insanabilis
beatiorem reddidit;
Nam cum ea luctatus quatuor annis
invicta patientiâ,
tandem Christianæ fidei munitus
Sacramentis,
Humanis rebus clausit occulos,
Divinis aperuit,
anno Domini 1644.
ætatis 37.

HIC JACET.

Hoc fratri optime de se merito
NICOLAUS LAMBERTUS,
*Regiorum Computorum Magister
ex asse hæres,
mœrens Monumentum posuit.*

Mathieu de Morgues, connu sous le nom d'*Abbé de saint Germain*, qui avoit été premier Aumonier de la Reine Marie de Médicis, & celui de tous ceux de sa Maison qui lui avoit été le plus inviolablement attaché, se retira dans cet Hôpital après la mort du Cardinal de Richelieu, & disoit sur cette retraite : *veni ad insanabiles ut sanus fierem.* Il avoit composé une Histoire de Louis XIII. où il y auroit eu bien des particularités qui ne feroient point d'honneur à la mémoire du Cardinal de Richelieu, & lesquelles ne seront jamais sçuës, parcequ'après la mort de l'Abbé de saint Germain, cette Histoire fut détournée, & a été sans doute supprimée. Cet Abbé mourut le 29. de Décembre de l'an 1670. âgé de 88. ans, & fut inhumé en cet Hôpital.

On remarque dans la Salle des hommes quatre bustes de marble blanc posés sur des piédouches contre les murs de face. Ce sont les Bustes de saint Charles Borromée, de S. François de Sales, du Cardinal de la Rochefoucauld, & de M. Camus Evêque de Bellay. Les deux premiers ont été sculptés par *Durand*, & les deux autres par *Buister*.

Dans cette même Salle on lit cette Epitaphe :

D. O. M.

Viro clarissimo PETRO CHANDELIER,
Regi à Consiliis, in suprema Regiarum
rationum Curia Auditori,
Domûs Dei, hujus Nosocomii,
& nuper Catholici Xenodochii
Administratori eximio;
qui hos honores munerisque gradus
omnes attigit dum fugeret;
nullus invidit nullius æmulo :
Clarissimus virtutibus præluxit aliis
sibi obscurus animo forti suavissimisque
informatus moribus, amicos
numeravit
Plurimos, amicus verus,
vixit cælebs,
Pauperes adoptavit omnes, sanos,
ægros,

Infantes, abjectos, sanitatemque,
desperantes, quas opes vivens ipsis
fundebat,
moriens legavit huic Domui
largam trium pauperum dotem,
corpus pauperum Cameterio,
sic publicæ natus utilitati
Deo, proximoque totus vixit
annos 44. & tres menses.
Jam cœlo maturum cita prævenit
immortalitas constanti animo,
viva fide, firma spe,
ardenti charitate,
20. Decemb. ann. 1679. denatus est
Viator luge & pacem precare.

Les malades sont servis dans cet Hôpital avec beaucoup de soin & de charité par des Sœurs grises, ou servantes des pauvres instituées par saint Vincent de Paul; & par un Chirurgien qui gagne la Maîtrise en servant ledit Hôpital pendant six ans, grace que le Roi accorda par Lettres du 4. Février 1645. registrées le 27. Juillet de l'an 1646.

Dans cette même rue, mais au-delà de la Barriere, se présente un petit Couvent de Filles dont je vais parler.

LES BENEDICTINES DE NÔTRE-DAME DE LIESSE.

Le Couvent des Religieuses de *Nôtre-Dame de Liesse* fut dabord fondé à Rhetel, Diocèse de Reims, en 1631. mais la guerre étant survenue, les desordres qui l'accompagnent ordinairement, obligerent ces Religieuses en 1636. de se venir refugier à Paris. L'Abbé de saint Germain des Prés leur permit de demeurer dans une Maison de la rue du vieux Colombier qu'elles prirent à loyer, & même de bâtir une Eglise & un Couvent dans l'étendue de sa Seigneurie. *Anne de Montaffié*, Comtesse de Soissons, voulut être leur fondatrice, par une donation qu'elle leur fit de deux mille livres de rente, à quoi *Louise de Bourbon*, Duchesse de Longueville, autorisée par le Duc son mari, ajoûta une rente annuelle de cinq cens livres. Pour lors elles obtinrent du Roi Louis XIII. de nouvelles Lettres Patentes, datées du mois d'Octobre de l'an 1638. pour s'établir au Faubourg saint Germain. Quoique ces Religieuses eussent reçu en très-peu de tems, en cet endroit, huit Novices à profession, il paroît cependant par une lettre que le Roi fit écrire à l'Abbé de saint Germain des Prés le 28. Juin 1644. que sœur de sainte *Thérèse*, lors Supérieure des Filles de Nôtre-Dame de Liesse, y avoit été transferée de Montmartre, avec une autre nommée la sœur *de la Vierge*, & une troisiéme nommée la sœur de saint *Joseph*, sœur de la Supérieure qui avoit été tirée d'un Monastere de S. Martin, dont la situation n'est point indiquée. Cela causa quelque trouble dans cette Communauté, & le Roi en ayant été informé, ordonna à l'Abbé de saint Germain des Prés de les renvoyer dans leurs Couvents. L'année suivante les Religieuses de Nôtre-Dame de Liesse furent transferées de la rue du vieux Colombier dans une autre Maison du même Faubourg, nommée le *Jardin d'Olivet*, contenant deux arpens & demi de terre. *Marie Briçonnet*, veuve d'Estienne le Tonnelier, Conseiller au grand Conseil, avoit legué le 2. Juillet 1626. cette portion de terre à *Genevieve Poulin*, & à *Barbe Descoulx*, pour y bâtir une maison, &

une Chapelle, & s'employer à l'instruction des jeunes filles, en attendant qu'on y put établir une Communauté de Religieuses. Celles de Liesse, qui étoient fort mal logées n'eurent garde de laisser échaper cette occasion, & se donnerent tous les mouvemens convenables pour obtenir le Jardin d'Olivet. Barbe Descoulx qui en étoit Superieure depuis la mort de Genevieve Poulin, y donna son consentement sous le bon plaisir du Roi qui permit par une Lettre de Cachet du 30. Août 1644. au Prieur de saint Germain des Prés, de transferer les Religieuses de Liesse au Jardin d'Olivet, ce qui fut fait le 5. de Septembre suivant. Les Filles séculieres qui y demeuroient, eurent l'option ou d'y demeurer leur vie durant dans l'état de sécularité, ou d'y faire profession de la vie Religieuse, si elles avoient de la vocation pour cet état, & qu'elles en fussent trouvées capables. Cette union des deux Communautés, sembloit devoir augmenter le nombre des Religieuses, cependant en 1657. elles se trouverent réduites à deux ou trois, ce qui fit naître le dessein d'y faire un nouvel établissement, mais le Roi s'y opposa par la lettre qu'il fit écrire de Stenay, à l'Abbé de saint Germain des Prés le premier d'Août de cette année 1657. L'Eglise de ce Couvent fut construite & benie en 1663. Voyés *Dom Bouillard, Dom Felibien, & Dom Lobineau.* J'ajoûterai seulement ici, ce qu'on ne trouveroit point dans leurs livres, c'est que la Prieure de ce Monastere est elective par la Communauté, & que lorsque la Communauté l'élit pour sa vie, elle est Prieure pour le reste de ses jours, au lieu que si la Communauté ne l'élit que pour trois ans, elle n'est que triennale.

Fin du sixiéme Tome.

Fautes

Fautes à corriger dans ce Volume.

Page 11. ligne 1. sites, lisez stites.
page 13. ligne 21. extractam, lisez extructam.
page 16. lig. 20. après columenos, mettez une virgule.
page 25. ligne 26. le Prevôt, lisez les Prevôt.
page 80. ligne 1. meme, lisez me me.
p. 81. lig. 25. d'un Bourg, ajoût. ou petite Ville.
page 97. ligne 8. en l'achapt, lisez à l'achapt.
p. 169. lig. 27. mettez une virgule après le mot iste.
ibid ligne penult. une autre virgule après le mot morum.
page 170. ligne premiere, iste, lisez is te.
page 175. ligne 22. de Mesme, lisez de Mesmes.
page 190. ligne penultiéme, mettez une virgule après Presbyter.
page 299. ligne 14. Vorsoris, lisez Versoris.
page 359. ligne 19. le parc, lisez le pavé.
page 360. ligne derniere, mettez un point après montrer.
page 370. ligne 16. ôtez le mot d'abord.

Tome VI.   X

www.ingramcontent.com/pod-product-compliance
Lightning Source LLC
Chambersburg PA
CBHW050242230426
43664CB00012B/1792